Organizadores
PAULA PICCOLO
ARNALDO V. CARVALHO

Jogos de Tabuleiro na Educação

DEVIR

devir.com.br

Gerente Editorial
Paulo Roberto Silva Jr.

Coordenador Editorial
Kleber Ricardo de Sousa

Editor de Arte
Marcelo Salomão

Revisão
Marquito Maia

ISBN
978-65-5514-102-3
maio/2022

Atendimento
imprensa@devir.com.br
sac@devir.com.br
eventos@devir.com.br

R.Basílio da Cunha, 727
São Paulo - SP. Brasil
CEP 01544-001
CNPJ 57.883.647/0001-26
Tel: 55 (11) 2604-7400

Dados Internacionais de Catalogação na Publicação (CIP)
(Câmara Brasileira do Livro, SP, Brasil)

Lima, Laise
 Jogos de tabuleiro na educação / Laise Lima, Felipe Neri, Luciano Bastos ; Paula Piccolo, Arnaldo V. Carvalho, (org.). -- São Paulo, SP : Devir, 2022

 ISBN 978-65-5514-102-3

 1. Jogos de tabuleiro 2. Jogos na educação
 I. Neri, Felipe. II. Bastos, Luciano. III. Piccolo, Paula. IV. Carvalho, Arnaldo V. V. Título.

22-108773   CDD-371.397

Índices para catálogo sistemático:

1. Jogos de tabuleiro : Educação   371.397

Eliete Marques da Silva - Bibliotecária - CRB-8/9380

AGRADECIMENTOS

Deus, família e amigos que nos fortalecem na jornada e nos apoiam no reconhecimento da nossa missão.

(Laíse Lima e Felipe Neri)

Agradecimentos especiais à Editora Devir, por esta e por muitas outras contribuições ao maravilhoso mundo da imaginação, abrindo portas para a criatividade, a alegria e a cooperação.

(Luciano Bastos)

Agradeço a Deus, a minha família, em especial minha mãe e minha esposa por sempre me apoiarem e terem paciência comigo, e aos meus filhos por sempre me inspirarem.

(Leonardo O. Costa)

À minha família, amigos, mestrandos e professores que me inspiram e embarcam nas minhas 'loucuras'; à Luci e Ana, colegas da Unitau, Paula, Odair, pessoal da Ludus Magisterium.

(Karin Quast)

À minha família por estar sempre ao meu lado. À minha sócia e parceira de empreendimento, Graziela Grise, que está comigo nessa loucura que é botar de pé e manter uma editora de jogos.

(Isabel Butcher)

À toda minha família, em especial à minha mãe Arinete e o meu namorado Caio, pelo apoio e incentivo constante. Ao amigo Pedro Vitiello, por contribuir significativamente com o meu letramento lúdico e por se aventurar comigo na criação da Ludus Magisterium. À Editora Devir, pela oportunidade de colaborar com a produção deste livro.

(Suellen de Oliveira)

Agradeço à minha família pelo apoio e carinho, e aos jogos pelas inúmeras e formidáveis amizades que fiz ao longo dos anos.

(Pedro Vitiello)

Agradeço à minha mãe, ao meu pai e a você. Entenda-se você como todos aqueles que buscam novos caminhos para a educação, transformando o ensinar em um ato contínuo de renovação para um futuro melhor, pois sem essa ideia, este livro não teria motivo para existir. Agradeço também ao Stan Lee, George Lucas, Douglas Reis, Gary Gygax e Douglas Adam e Nuno Venâncio. Obrigado por tudo.

(Odair de Paula Junior)

Agradeço ao Nuno, por comprar nossa ideia do livro, ao Arnaldo, pela parceria na organização, à Karin Quast, por me mostrar que a academia pode ser criativa e lúdica, e ao pessoal da Ludus Magisterium.

(Paula Piccolo)

Aos familiares, amigos, mestres e aprendizes que me incentivaram ou deixaram-se encantar para entrar neste círculo mágico, viver e imaginar novos mundos, repensar relações... que sempre possamos recriar e ter esperanças para transformar nossa realidade.

(Carolina Spiegel)

Agradecemos a Editora Devir, por acreditar que, por meio da educação, podemos transformar vidas e que os jogos constituem uma importante ferramenta para alcançar esse propósito.

Nuno Venâncio, que acreditou na qualidade dos professores do tabuleiro da Ludus Magisterium para a produção deste texto.

Agradecemos também a Paula e Arnaldo, por organizarem este livro e aos demais amigos do coletivo Ludus Magisterium, pela constante troca de experiências. Esperamos que esta produção possa te inspirar a usar jogos de tabuleiros no ensino, seja ele informal, não formal ou formal.

(Os autores)

DEDICATÓRIA

Dedicamos nosso capítulo à equipe Oficinas Lúdicas, nossos criativos e inovadores que sonham junto conosco e trabalham por uma transformação na educação brasileira.

(Laíse Lima e Felipe Neri)

Dedico meu capítulo à Nívia Pombo, os olhos mais abertos que há mais de dez anos insistem em não me permitir fechar os meus.

(Arnaldo V. Carvalho)

Dedicado à comunidade de jogadoras e jogadores em sua infinita e maravilhosa pluralidade e no amor que compartilhamos pelo lúdico.

(Luciano Bastos)

Dedico a todos os alunos que participaram da construção dos jogos para aprendizagem (Super Trunfo Bacteriano, Warganismo e Medician), e aos alunos que já passaram e para aqueles que ainda passarão pelo STAND NERD e pelo Coletivo Nerd... Que esta passagem por estes projetos possa contribuir com a formação de vocês como profissionais e cidadãos críticos, neste país que necessita tanto de ludicidade e respeito ao próximo, principalmente em tempos de negacionismo e obscurantismo.

(Leonardo O. Costa)

Dedico meu capítulo à minha mãe (in memoriam), que me iniciou no universo dos jogos de cartas e tabuleiro; ao Marco e à Danielle, que sempre me apoiam e me incentivam.

(Karin Quast)

Dedico a Alice, Zoé e Tânia este capítulo: sem vocês, a história da Curió não existiria. Dedico também aos amigos de jogatina e aos eventos de jogos de que participei, como a efêmera Festa do Peão de Tabuleiro (em São Paulo), Castelo das Peças, SeJoga, entre tantos outros que se empenham em fortalecer e difundir os jogos de tabuleiro.

(Isabel Butcher)

"Ensinar não é transferir conhecimento, mas criar as possibilidades para a sua própria produção ou a sua construção." (Paulo Freire). Dedico este livro aos professores que compreenderam a célebre frase do Paulo Freire e que adotaram o uso de jogos de tabuleiro como estratégia de ensino para favorecer o processo de construção de conhecimento. Dedico também aos professores que ainda não os utilizam, na esperança de inspirá-los por meio deste livro.

(Suellen de Oliveira)

Dedico minha escrita aos professores que tive ao longo da vida, pessoas incríveis e que jamais pararam de me estimular a pensar.

(Pedro Vitiello)

Dedico à dona Lourdes, seu Odair e madame Cyntia, que sempre me apoiaram. Dedico ao Sr. e Sra. Slovic, por me manterem ativo neste vasto universo. E à Paula por me aturar do seu lado e, com isso, possibilitar que eu possa fazer parte de algo tão importante. E a todas as amizades que fiz no mundo dos jogos de tabuleiro e do RPG e àqueles que sabem que a resposta é 42.

(Odair Junior)

Dedico a concretização deste livro à minha mãe, Vera Piccolo (in memoriam), que foi minha melhor amiga e o ser mais evoluído que conheci. E ao meu marido e companheiro de nerdice, Odair de Paula Junior, por me incentivar e apoiar incansavelmente, e por jogar comigo.

(Paula Piccolo)

À Clara e Maurício, por me lembrarem diariamente que o mundo pode ser mágico.

(Carolina Spiegel)

SUMÁRIO

APRESENTAÇÃO (Nuno Filipe Venâncio)

PREFÁCIO (Paula Piccolo e Arnaldo V. Carvalho)

PRELÚDICO (Arnaldo V. Carvalho)

PARTE I: Porque usar jogos de tabuleiro na educação

1. Adesão e resistência na experiência do jogar educativo (Pedro Vitiello)
2. O que está em jogo quando jogamos? (Karin Quast)
3. Jogos Cooperativos em sala de aula (Carolina Spiegel)
4. O Jogo como ferramenta para o ensino das Humanidades (Luciano Bastos)

PARTE II: Como usar jogos de tabuleiro na educação

5. O jogo *Código Secreto* em uma oficina para a saúde mental (Laíse Lima e Felipe Neri)
6. O uso pedagógico do jogo de tabuleiro (Suellen de Oliveira)
7. Diálogo coloquial, informal, lhano e até mesmo extratemporal, mas ainda assim inteligível, sobre RPG e STORYTELLING, *ou* RPG e Storytelling: Suas relações com a educação e as competências do Século XXI (Odair de Paula Junior)
8. Matemática e jogo de tabuleiro: uma simbiose (Pedro Marins)
9. O que NÃO fazer com jogos na educação (Paula Piccolo e Odair de Paula Junior)
   Visão crítica e educação lúdica: pílula pós-capítulo (Arnaldo V. Carvalho)

PARTE III: Como criar jogos de tabuleiro na educação

10. A importância do repertório lúdico na elaboração de jogos para a aprendizagem (Leonardo O. Costa)

Letramento Lúdico e Letramento Lúdico-Pedagógico: Pílula pós-capítulo (Arnaldo V. Carvalho)

11. Introdução à Teoria de Projeto de Jogos (Geraldo Xexéo)
12. A narrativa cinematográfica na criação de jogos de tabuleiro (Renata Palheiros)
13. Os jogos de tabuleiro e a infância (Isabel Butcher)
14. A terceira idade e os jogos de tabuleiro (Pedro Vitiello)
15. Os projetos Coletivo Nerd e Stand Nerd (IFRJ) (Kate Batista e Leonardo Costa)

EPÍLOGO: Como seguir aprendendo a ensinar por meio dos jogos de tabuleiro?

APÊNDICES

I - Lista de componentes de jogos de tabuleiro

II - Como utilizar o *board game geek* (bgg) para pesquisar jogos de tabuleiro de acordo com as características desejadas (mesmo não sabendo inglês)

III: Como utilizar o site Ludopedia para pesquisar jogos de tabuleiro de acordo com as características desejadas

IV: Jogos cooperativos disponíveis pela Devir

APÊNDICE-DESAFIO: Expandindo o vocabulário lúdico

APRESENTAÇÃO

Trabalho na Devir com jogos nas escolas desde 2015, mas foi em 2020 que tivemos certeza do pensamento que andou conosco nesses 5 anos: A importância do Jogo de Tabuleiro na educação.

Durante a GENCON de 2020, totalmente virtual, foi dado um espaço de importância para o trabalho com jogos de tabuleiro na educação. O mundo inteiro foi convidado a participar com suas experiências e estudos. Dessa forma, tivemos a oportunidade de apresentar o projeto do Devir Escolas para a comunidade de jogos de tabuleiro e, consequentemente, para o mundo.

Ademais, durante a feira, reparamos que 60% a 70% do conteúdo apresentado era brasileiro e com isso pudemos notar o quão o Brasil estava avançado nesse quesito. Lá, constavam experiências de diversos países, mas nenhum mostrava tantas iniciativas.

Foi então que surgiu uma ideia que trabalhava todas as necessidades que nós havíamos constatado nesses anos de ação nas escolas, juntando-as com o importante emprego educacional dos jogos de tabuleiro feito aqui no Brasil.

O resultado foi esse livro que você lê agora.

Em nossas mais de 500 visitas em escolas e pelo menos 2000 partidas de jogos de tabuleiro, sentimos que a falta de conhecimento dessa atividade por parte dos docentes era um grande problema.

Quase não havia livros modernos sobre o assunto, ainda mais em português. Era clara a carência de um ponto de partida ou material de referência.

A ideia estava lá, mas como torná-la realidade? O primeiro passo era selecionar autores que já tivessem experiências práticas no assunto. Mas não bastavam ser autores, tinham também de ser educadores.

É aqui que entra a Ludus Magisterium.

Antes terei de dar um passo para trás e falar sobre o Devir Escolas.

Em 2015, em uma conversa com o Douglas Quinta Reis (Falecido em 2017 e um dos fundadores e sócio da Devir), expressei minha vontade de trabalhar na Devir com algo ligado a educação. Venho de uma família de editores e sempre estive conectado ao meio cultural, sou autor de um livro de Sudoku para crianças e já havia feito muitos eventos em escolas e afins.

Como o Douglas já me conhecia de longa data, teve uma ideia de usar meu conhecimento a fim de alimentar a causa. Com isso, ele criou um setor com o objetivo de divulgar a importância dos jogos de tabuleiro na escola e na educação como um todo.

A Devir foi a primeira editora nacional a manifestar interesse direto em favorecer o jogo de tabuleiro e o RPG como veículo de aprendizagem.

As primeiras publicações sobre o assunto foram pela Devir Iberia, braço do grupo Devir na Espanha, com o estudo de "Jogos de Mesa e Neuroeducação"(Espanha,2017) e o de "Jogos de Mesa e o BNCC"(Devir Brasil em 2018).

Contando a essencial parceria com Juliana Dutra e a Deep, que nos dá o apoio pedagógico e direcionamento educacional

Em suma, trata-se de um setor da Devir que leva o jogo de tabuleiro para dentro da escola e mostra sua importância como ferramenta de apoio a educação.

Como fazemos isso?

Com palestras para os professores e coordenadores sobre essa importância e com eventos de jogos para os alunos. Saiba mais sobre o projeto na página www.devir.com.br/escolas.

Assim, foi durante essa caminhada que conhecemos a Ludus Magisterium.

A Ludus Magisterium é um coletivo de professores/educadores do Brasil inteiro com uma coisa em comum: Acreditar no jogo de tabuleiro em algum contexto educacional, além de usá-lo na prática. Vale lembrar que trata-se de uma iniciativa totalmente filantrópica, apenas com o objetivo de difundir o uso. Seus membros são pioneiros nesse quesito, sendo também players, organizadores, autores, criadores de conteúdo e agitadores culturais.

Conhecemos esse coletivo durante o Simpósio Fluminense de Jogos e Educação em 2018. Lá, vimos a importância do trabalho daquelas pessoas e a quantidade de conhecimento que emanava do grupo.

Daí para falar com a Paula Piccolo e selecionar os autores para o livro, foi um pulo, quase uma escolha óbvia.

Sabemos que o campo ainda tem muito a evoluir, mas consideramos que esse livro contém a base para começar a empreitada numa base bem estruturada.

Esperamos que essa publicação consiga atingir essa finalidade em você leitor.

Que o futuro seja lúdico.

Nuno Filipe Venâncio

Juliana Almeida Dutra

Graduada em Comunicação Social pela UNESP; pós-graduada em Gestão Escolar pela USP; especializada em Gestão e Marketing pela FGV, IMI e ESPM; MBA em Pesquisa de Mercado, Mídia e Opinião pela ESPM; especializada em Sociologia das Emoções do Trabalho - USP; Storytelling e Transmídia - ESPM; Inovação (ambiente, pessoas e processos) - IEC e Gestão do Relacionamento e Estratégia - Kellogg USA. Coach formada e pós graduada pelo ICI - Integrated Coaching Institute e Escola Politécnica de Jyväskylä/Team Academy - Finlândia.

PREFÁCIO

O vasto mundo dos jogos de tabuleiro modernos[1] apenas começa a ser explorado pelo viés educacional. Nos diversos segmentos formais da educação, professores apenas começam a levar esses jogos para o ambiente em que atuam, a elaborar estratégias de uso e a pesquisar sobre o tema.

Esses educadores ainda são poucos, mas suas ações, muitas vezes "solitárias" em suas instituições, fazem a diferença. Profissionais de diferentes áreas do saber, eles se propõem a pesquisar, desenvolver e compartilhar aquilo que lhes parece ser uma tendência: a cultura do jogar veio para ficar, e os jogos de tabuleiro ocupam um espaço vital em uma educação para a sociedade do século XXI, com seus avanços e contradições. Uma parte especial desses educadores estão reunidos em uma rede, uma comunidade única, muito especial denominada *Ludus Magisterium*.

Surgida em março de 2019 a partir de um grupo de *WhatsApp* criado "no lugar certo e no momento certo", Ludus Magisterium rapidamente se multiplicou e aproximou pesquisadores em educação com jogos de tabuleiro. Parcerias e iniciativas diversas surgiram, e a rede construiu identidades, promoveu cursos, oficinas e eventos, tanto presenciais como virtuais. Durante a pandemia, se destacou como fonte de propostas para jogos de tabuleiro e educação em língua portuguesa nos principais eventos mundiais para este gênero de jogo, a Gen Con (2020 e 2021) e a Spiel (2020). Foi também na Ludus Magisterium e sua roda permanente de debates sobre o assunto, via WhatsApp, que surgiu a ideia deste livro.

Na conversa, ocorrida em dezembro de 2019, abordou-se a deficiência de publicações na área de jogos de tabuleiro e educação, e considerou-se escrever mais do que artigos científicos isolados: a principal necessidade editorial era de uma obra de referência, que apresentasse de forma séria e aprofundada essa abordagem lúdica para a educação como um todo.

Ali começou a nascer *Jogos de Tabuleiro na Educação*, o livro que está em suas mãos. Seus autores, membros da Ludus Magisterium, desde o princípio contaram com o apoio da Devir - que abraçou, incentivou e concretizou enfim o projeto, que não se pretende ser o último. Há muitos pesquisadores de qualidade na área e temos a certeza de que, nos próximos anos, novas publicações impulsionarão os estudos em língua portuguesa e propagarão os saberes aqui desenvolvidos por toda a parte.

A obra traz seus capítulos organizados em três partes:
- Porque usar jogos de tabuleiro na educação;
- Como usar jogos de tabuleiro na educação;
- Como criar jogos de tabuleiro na educação.

"Antes do início", preocupamo-nos com os marinheiros de primeira viagem, aqueles que se interessam por jogos, ou por educação, ou melhor ainda, por sua combinação, mas que nada ou pouco sabem acerca de sua natureza e dos diversos tipos

---
[1] Também diferenciados dos "outros", entre os jogadores de língua portuguesa, com seu correlato em inglês, *board games*.

de jogos. Assim, surgiu um prelúdio escrito por Arnaldo V. Carvalho, um "antes do lúdico" mas já lúdico texto com conceitos básicos.

Abrindo a primeira parte, temos Pedro Vitiello, o principal responsável pela idealização e concretização da Ludus Magisterium, utilizando uma analogia entre a evolução cinematográfica e a dos jogos de tabuleiro e seus usos em educação. O capítulo, *Adesão e resistência na experiência do jogar educativo*, mostra que jogos de tabuleiro consagrados, muitos considerados "tradicionais", podem ser bons, mas pertencem a uma temporalidade, e seu uso extensivo limita o potencial proporcionado pelas possibilidades atuais. Assim, Vitiello conclama o leitor a "também conhecer inúmeros outros cineastas e produzir algo essencialmente novo e maravilhoso". Por fim, o capítulo chama a atenção para o preconceito acerca do uso de jogos na educação, e mostra que este não tem razão de ser.

Feito o convite a se conhecer mais dos/sobre os jogos de tabuleiro modernos, passamos ao capítulo escrito por Karin Quast, que nos traz um embasamento teórico dos motivos de se usar jogos na educação, com o capítulo *O que está em jogo quando jogamos?*. Com Vigotski como principal interlocutor teórico, Quast fala de motivação, oportunidades de aprendizagem e das riquezas que o jogo traz consigo. Ao abordar os processos de aprendizagem e escolarização, explica com clareza que os conceitos científicos então influenciam os cotidianos, e esses, por sua vez, conferem certa concretude aos conceitos científicos. E essa articulação de mão dupla ocorre nos jogos. Os conceitos cotidianos também podem ser construídos e evoluírem a partir da experiência com jogos, além destes possibilitarem níveis crescentes de reflexividade dependendo das interações com o jogo e a partir do jogo - residindo aqui o importante papel da mediação do professor e os processos dialógicos. Ao mesmo tempo, a partir da concretude do jogo pode-se trabalhar os conceitos científicos (que podem já estar contidos no jogo)."

Na sequência, Carolina Spiegel mostra o conhecimento teórico e prático em torno dos *Jogos cooperativos em sala de aula*, nome do terceiro capítulo. Spiegel versa, com leveza, eficiência e, ao mesmo profundidade, sobre essa modalidade recente de jogos no universo do tabuleiro e sua utilização no ensino superior.

Luciano Bastos fecha a primeira parte de nosso livro, com o capítulo *O Jogo como ferramenta para o ensino das Humanidades*. Seu texto contempla o "espaço de aprendizado para os segmentos do ensino dos anos finais e Médio, em campos do conhecimento como Filosofia, Sociologia, Geografia, Literatura e História, o que permite um diálogo contextual com a produção cultural de seu tempo e a possibilidade de uma educação crítica e transformadora."

Abrindo a segunda parte da obra – *Como usar jogos de tabuleiro na educação*, temos o capítulo de Laíse Lima e Felipe Neri, mostrando como se inspiraram na fórmula[2] do jogo *Código Secreto*, da Devir, para a realização de uma atividade. Com adaptações, o jogo fez parte de uma oficina lúdica para trabalhar a saúde emocional de adolescentes. O capítulo, denominado *O jogo* Código Secreto *em uma oficina para a saúde mental*, exem-

---

2 Adaptações são legais e não ferem eticamente os jogos de tabuleiro e as questões de autoria. Veja mais no capítulo O que NÃO fazer com jogos na educação, de Paula Piccolo.

plifica com qualidade o potencial que jogos de tabuleiro têm em diferentes contextos, desenvolvendo habilidades e competências.

Outra autora que demonstra como adaptar e criar jogos é Suellen de Oliveira, que conta suas experiências – nem todas bem-sucedidas – e as lições que aprendeu no capítulo *O uso pedagógico do jogo de tabuleiro*. E dá um grande conselho: "Jogue o máximo de jogos, tanto quanto possível! Assim, você irá conhecer diferentes tipos de mecânicas e poderá utilizar ou adaptar alguma delas para desenvolver o seu jogo; e com um pouco mais de experiência, quem sabe você não consegue criar uma mecânica nova?"

Ainda na segunda parte do livro, temos o capítulo de nome duplo-gigante, força 18[3], de Odair de Paula Junior: *Diálogo coloquial, informal, lhano e até mesmo extratemporal, mas ainda assim inteligível, sobre RPG e STORYTELLING*, ou *RPG e Storytelling: Suas relações com a educação e as competências do Século XXI*. Com ludicidade e seriedade, Junior conceitua e ensina sobre RPG e suas aplicações em educação. Um prato cheio para quem gosta de exercitar a criatividade e sair do comum: "Se acha que trilha, bingo e batatinha-frita-um-dois-três são a resposta, volte duas casas. O jogo na educação deve ser algo inteligente, que atraia o aluno, despertando sua curiosidade, e não os jogos educacionais de sempre".

Pedro Marins, no capítulo *Matemática e jogo de tabuleiro: uma simbiose*, traz exemplos práticos de uso de jogos na educação para além da própria matemática. Há dicas de planejamento, incluindo o uso de fichas como metodologia, além de exemplos de aplicação de diversos jogos de tabuleiro utilizados em sala aula.

Por fim, o capítulo *O que NÃO fazer com jogos na educação*, escrito em coautoria por Paula Piccolo e Odair de Paula Junior, conclui a segunda parte. O texto traz os erros a serem evitados ao se utilizar jogos de tabuleiro na educação. Uma espécie de "manual", baseado no que já se observou acontecer em situações reais, para que os educadores que estão iniciando uma prática bem embasada não corram o risco de oferecer uma experiência negativa com jogos, pelo contrário.

Uma "pílula" (pequeno texto) sobre o tema da criticidade em jogos e educação é oferecida por Arnaldo V. Carvalho, encerrando a segunda parte do livro. Para ninguém esquecer que educação com jogo de tabuleiro é mais do que ferramenta de fixação de conteúdo ou socialização.

A terceira parte, *Como criar jogos de tabuleiro na educação*, se inaugura com o capítulo *A importância do repertório lúdico na elaboração de jogos para a aprendizagem*, de Leonardo Costa, cujo "objetivo é mostrar que para uma educação com jogos de tabuleiro de excelência, é necessário expandir o repertório e o conhecimento sobre os jogos, para que se possa criar as melhores experiências lúdicas para os alunos."

Aproveitamos o tema do repertório para uma rápida "expansão" de sua importância, como matéria-prima de dois conceitos brevemente explicados em uma curtíssima pílula de Arnaldo V. Carvalho: o letramento lúdico e letramento lúdico-pedagógico.

---

3 Aqui estamos brincando com uma conhecida regra do RPG *Dungeons & Dragons*, que quantifica características dos personagens, atribuindo valor a eles, e oferecendo subsídios a suas narrativas. Comumente, uma personagem com "força 18" (o valor máximo para personagens humanos) é descrita como de porte avantajado.

Geraldo Xexéo traz um capítulo ao mesmo tempo técnico e didático, sobre criação de jogos: *Introdução à Teoria de Projeto de Jogos*. Trata-se de uma trilha de aprendizagem para aqueles que sentem vontade de criar os próprios jogos que usarão na educação (e em outros campos também).

A narrativa cinematográfica na criação de jogos de tabuleiro, escrito por Renata Palheiros, é o casamento entre narrativa e jogo, uma aula de cinema e criação de jogos. Há exemplos de como criar e interpretar um jogo de tabuleiro tal qual uma narrativa, com seus pontos altos, clímax e afins. Um ponto de vista inovador ao campo, de alto interesse tanto teórico como prático.

Os jogos de tabuleiro e a infância, capítulo de Isabel Butcher, mostra a experiência de uma mãe que conhecia jogos de tabuleiro modernos e *game design* e percebeu uma ausência de jogos infantis com a mesma "pegada". Ela fundou uma editora e lançou, com sua sócia, dois jogos divertidos e criativos, e, ao mesmo tempo, reconhecidos pelos educadores como de alto potencial pedagógico! Destacamos como parte da riqueza de seu texto, os princípios que considerou ao desenvolver esses jogos. Dentre eles: "Focar em produtos criativos, bem ao estilo dos jogos modernos, ou seja: com regras simples, sem serem simplórias – sem jamais desmerecer a inteligência do nosso público; mesmo sendo para crianças, os jogos deveriam incorporar alguma tática, estimular os jogadores a tomar decisões e aprender com sua experiência"

Pedro Vitiello volta a nos honrar com sua contribuição no capítulo *A terceira idade e os jogos de tabuleiro*, em que mostra o trabalho voluntário que faz com jogos, e traz seu ponto de vista como psicólogo e dinamizador. Ele explica como escolhe os jogos, como ensina, como trabalha, quais aspectos do público-alvo devem ser considerados e como devem ser abordados.

Kate Batista e Leonardo Costa, no capítulo *Os projetos Coletivo Nerd e Stand Nerd (IFRJ)*, relatam como a cultura de jogos de tabuleiro e outros elementos nerd/geek foram, aos poucos, implantados em uma instituição de ensino e como os projetos ganharam asas com o passar dos anos. Um verdadeiro incentivo para os educadores que enfrentam resistência ao usar ou tentar usar jogos na educação. Os projetos se apresentam como dois *cases* de encher os olhos.

Não poderíamos "dar o peixe", mostrando sobre os jogos (por quê, como usar e como criar), sem oferecermos "a vara de pescar". Assim, optamos por um epílogo didático, em que Arnaldo V. Carvalho segura o leitor "pela mão" e o convida a conhecer ferramentas, estratégias, redes, plataformas, dentre outros, que lhe permitam trilhar sozinho o caminho de jogos na educação.

Com a certeza de que este livro vai continuar acompanhando o leitor na formulação de uma educação com jogos de qualidade, desejamos as boas-vindas!

Que a educação siga crescendo na direção lúdica, mais natural, saudável e divertida.

Paula Piccolo e Arnaldo V. Carvalho

Um *PRELÚDICO*
(A natureza e o estudo básico dos jogos
de tabuleiro e seu universo)

OS JOGOS DE TABULEIRO E SEU UNIVERSO

ATENÇÃO!

Este não é o primeiro capítulo do livro. É uma introdução, para quem não conhece ou conhece muito pouco sobre jogos de tabuleiro. Ela mostra a natureza dos jogos, as partes físicas e imateriais que os constituem, como os estudos classificam os diferentes tipos de jogos, os termos e expressões utilizados, e passeia com o leitor por esse universo imenso.

Se você considera conhecer essa parte, pode avançar para o primeiro capítulo!

Arnaldo V. Carvalho
Doutorando em Educação pelo PPGE/UFRJ. Mestre em Educação pelo PROPED/UERJ, quando foi bolsista PROEX/CAPES e defendeu dissertação sobre a Rede Ludus Magisterium; é formado em Pedagogia pelo ISERJ, onde coordenou diversas atividades relacionadas a jogos de tabuleiro, educação e formação docente. Ainda atua como pesquisador egresso do GPIDOC/ISERJ. Membro fundador da Ludus Magisterium. Organizou o II Simpósio Fluminense de Jogos e Educação (2019); os conteúdos de jogos e educação em português pela Ludifique para a Gen Con (2020, 2021); e Spiel (2020). É cooorganizador do livro *Representação Papéis e Jogos* (2021) e coautor dos livros *Brincar* e *Educar* (2021). Em sua "vida paralela", brinca de ser polímata: é terapeuta, pai, escritor, jogador, amante da Vida e da natureza.

OS JOGOS DE TABULEIRO E SEU UNIVERSO

Jogos de Tabuleiro na Educação foi escrito para auxiliar os leitores na descoberta do potencial pedagógico de um universo com mais de 130.000 (CENTRO E TRINTA MIL!) jogos de tabuleiro[1] catalogados por comunidades internacionais, que reúnem jogadores do mundo inteiro. Essa quantidade de jogos já existentes faz com que o rol de jogos que você pode ter conhecido em sua vida seja algo como grãos de areia de uma praia imensa.

Conhecer os jogos de tabuleiro e sua natureza, bem como os termos e expressões pertencentes a esse universo é fundamental ao educador que pretende a excelência no uso de jogos em educação. Por isso, começaremos assim, a oferecer uma base para que os demais capítulos sejam lidos em uma condição mais sólida.

Claro, se você já é um educador lúdico e antenado com tudo isso, pode pular esta introdução ou curtir como revisão - quem sabe até se desafiar a conferir se ela não te acrescenta em nada!

1.1 A natureza dos jogos de tabuleiro e seus aspectos: o lado material, o imaterial e o que dá vida (define) os jogos de tabuleiro

Anatomia dos jogo de tabuleiro

Uma das muitas fascinantes passagens de *O Físico*, romance histórico de Noah Gordon, narra o protagonista Rob Cole, estudante de medicina, tendo sua primeira oportunidade de observar o interior do corpo humano. À época, a dissecação de cadáveres era proibida no "Velho Mundo" - um tabu, que atrasou o avanço do conhecimento humano acerca de sua estrutura física. Gordon descreve a vivência de seu personagem em seus primeiros exercícios de anatomia: apaixonado pela vida, Cole sentia, ao dissecar e estudar, uma combinação de fascínio, respeito e gratidão. À medida que se debruçava em seu estudo - medindo, pesando e registrando e refletindo sobre órgãos, tecidos e suas conexões -, descobria mais sobre as virtudes do corpo, os males a ele impingidos, e formulava hipóteses sobre a causa das doenças, possíveis tratamentos e cura.

Bem, este livro não é sobre medicina ou cadáveres. Apenas sobre jogos de tabuleiro! Mas é com o mesmo respeito, fascínio e gratidão que *Jogos de Tabuleiro na Educação* procura mostrar a você os muitos detalhes que definem o jogo de tabuleiro e seu funcionamento. Afinal, assim como Rob Cole precisou ir a fundo no corpo humano para se tornar um grande cirurgião de seu tempo, você precisará, como educador, também fazê-lo, se quiser se tornar um ludoeducador de excelência.

A metáfora anatômica, afinal, procede: quando se desvenda algo em detalhes, cos-

---

[1] CARVALHO, Arnaldo V. Stand Nerd virtual: Introdução ao uso de jogos de tabuleiro em sala de aula. Disponível em: https://www.youtube.com/watch?v=3MTL7VPwTQg

tuma-se pegar emprestado a palavra "anatomia", como a "arte de ver, criteriosamente, por dentro"[2], Fizemos o mesmo. No final das contas, os jogos trazem, assim como os corpos, muitas histórias, que perpassam a humanidade e à ela se misturam.

Apenas um invólucro

Os anatomistas sabem que o que encontram em seu estudo é um espelho impreciso do corpo vivo. Compreendem que o corpo que lhe serve ao aprendizado agora é uma sombra do que já não é. Mesmo mantendo suas características. Isso também acontece com os jogos. É preciso reconhecer que seu corpo físico "está morto", e só revela sua verdadeira essência quando atrelado a uma energia, um certo "espírito" que não se faz presente quando não se sabe o que significa uma dada caixa com materiais diversos. A caixa, com suas regras e componentes, é apenas uma sombra do que só é quando acontece. Estudar a parte material, "o corpo" do jogo, é estudar em algo morto – e, ainda assim, essencial para que possamos operar no mundo dos vivos. Guarde essa informação - sobre o jogo estar morto, pois vamos voltar à ela mais adiante.

Tecido constitucional e orgânico

Materialmente, os jogos de tabuleiro são compostos por estruturas principais: a caixa e os componentes, dentre eles, um em especial: o manual de regras. Seria banal parar por aqui, e darmo-nos por satisfeitos nessa primeira "investigação anatômica". No entanto, cada uma dessas estruturas têm especificidades que nos ajudam a compreender, avaliar e desenvolver ideias acerca da experiência humana em torno do jogo.

A Caixa (pele): A qualidade da caixa revela a preocupação do fabricante com a duração do produto; de certo modo, isto também pode dizer respeito ao público-alvo. A leitura de quem fabrica, muitas vezes, é de que um jogo de adulto deve ter mais qualidade, pois, mais que um jogo, é um item de coleção. Fora o adulto ter a reputação de ser mais exigente. No lado oposto da mesma lógica, jogos vendidos em bazares "1,99", e cujo destino é uma criança, talvez uma lembrança de festa infantil, pode apresentar uma qualidade tão ruim que quando chegam em casa já estão parcialmente amassados. Produtos baratos, semidescartáveis, "feitos para quebrar" (afinal, quem liga, é coisa de criança). A qualidade da caixa, portanto, diz respeito ao quanto o fabricante respeita seus consumidores, e respeita a si próprio, fabricando um material durável. Ou talvez, mais do que isso: diz respeito ao valor que quem compra dá a quem recebe o jogo (ainda que seja para si mesmo). Por isso, em educação, especialmente nos primeiros segmentos da Educação Básica, refletimos longamente sobre a importância das crianças terem um contato plural com as formas de apresentação de um jogo, que podem, sim, serem feitos

---

2 Em termos literais, anatomia remete mais ao corte da forma (anato: forma / tomia: corte). A habilidade de cortar, separar e expor órgãos e tecidos do corpo humano, permitiu o avanço da medicina, inclusive dando origem à cirurgia.

com sucata, mas isso não exclui a importância do contato com um material construído com alta qualidade, e cujo cuidado – a ser exercitado desde tenra idade - permitirá seu uso sem prazos de validade.

Além deste aspecto (a resistência), há o aspecto estético: uma boa caixa atrairá os jogadores certos, com ilustrações que mostram o que há dentro da caixa, mas também sugerem um "ambiente lúdico" relacionado à experiência lúdica que ele proporciona. Informações além do jogo são fornecidas, em geral uma sinopse temática, a lista dos componentes, o indicativo de idade, a quantidade de jogadores e o tempo médio de uma partida. Além disso, pode haver detalhes quanto ao perfil de jogo, indicando certas escalas de seus fatores, como: sorte, estratégia e outros. É como uma embalagem de pimenta que tenta explicar com um ícone o quanto ela é ardida. Jogos que receberam prêmios frequentemente exibem o símbolo do prêmio em suas caixas. Jogos fabricados e distribuídos internacionalmente por vezes exibem os idiomas do jogo (presentes em regras, cartas etc.), e indicam o local de fabricação (mesmo jogos brasileiros por vezes são fabricados na China, por exemplo). E finalmente, mas não o menos importante: a caixa indica o autor do jogo e quem é a editora que o publicou. Assim como nos livros, há quem tenha certos autores como referência; Para outros, o que certas editoras publicam é sinônimo de qualidade. Em ambos os casos, há uma certa "assinatura", um estilo de criação e produção que é reconhecido por quem entende de jogos. A arte da caixa também pode fornecer pistas sobre as referências culturais e imagéticas relacionadas ao jogo. A verdade é que sua estética compõe o primeiro contato visual com o jogo, funcionando como a "pele", que protege mas também exibe uma forma para fora, capaz de comunicar e, assim, atrair ou afastar possíveis interessados.

Os componentes (órgãos): Cada componente tem uma função especializada, assim como os órgãos de qualquer corpo. Os mais conhecidos foram devidamente dissecados, e colocados em uma tabela, com seus nomes e propriedades elementares, como dados, cartas, fichas, dentre outros (ver anexo).

É interessante dizer que muitas peças não têm nome - sendo chamadas simplesmente assim, "peças". Todas as peças podem assim ser chamadas, a qualquer hora, como sinônimo de "componente". No entanto, isso não acontece com dados, cartas e com o tabuleiro. Normalmente, uma peça ganha nome quando tem função de destaque e/ou aparece em diversos diferentes jogos. O caso mais recente parece ser o da ficha "tile".

> No apêndice deste livro, você verá uma lista extensa, completa e ilustrada de diferentes componentes utilizados em jogos de tabuleiro.

Os componentes físicos do jogo variam muito de jogo para jogo, podendo haver quaisquer combinações entre eles. Apenas um, em especial, é de presença quase obrigatória: as regras. Todos os jogos de tabuleiro têm regras, e quando elas não estão presentes, o modo de jogar é transmitido oralmente - caso de jogos tradicionais, como os de carta baseados no baralho comum. As regras funcionam como o "cérebro" do jogo: é através dele que todos os demais elementos interagem..

Regras (cérebro): Recentemente, uma múmia egípcia passou por diversos exames de tomografia computadorizada, que tornaram possível a construção de um modelo digital do que teriam sido suas cordas vocais. A partir do padrão físico das cordas, os cientistas trouxeram a público o timbre vocal, isto é, o som da voz da múmia, tal como possivelmente era. De certo modo, o registro escrito é também "a voz" do autor se comunicando com o leitor. Assim como a voz humana comunica o que sua inteligência determina, nas regras, um fragmento da inteligência do autor se encontra representado. Assim, o manual de regras atua como cérebro do próprio jogo, que possibilita uma "inteligência artificial" acontecer, trazendo sentido a todos os demais componentes. Um único conjunto de componentes - como um baralho, por exemplo - pode dar origem a muitos jogos. Já as regras, quando mudam, produzem jogos diferentes. Por isso, as regras são o elemento identitário que torna cada jogo único.

Comumente, o manual contém diferentes grupos de informação: a descrição dos componentes; o tema do jogo, com uma contextualização geral em relação à sua proposta; o objetivo do jogo; a condição de vitória; dados gerais sobre o público-alvo (número de jogadores e idade), os determinantes de fim de jogo e o tempo estimado de jogo. As regras também determinam o ritual de preparação do jogo, ou seja, como os jogadores devem dispor os componentes para que o jogo esteja pronto e possa começar. Finalmente, o modo de jogar detalha o conjunto de mecânicas pelo qual o jogo acontece. Se o desenrolar das ações se dá por rodadas, turnos e/ou outros. Se o jogo é cooperativo ou competitivo. E, enfim, descreve suas mecânicas e como se entrelaçam no desenrolar de uma partida. As mecânicas são muito variadas, e serão frequentemente evocadas ao longo deste livro. Elas funcionam como "o sistema nervoso" do jogo, e exigem técnicas de anatomia profunda - uma dissecação à parte, muito bem-feita, pelos autores Engelstein e Shalev[3], que serão citados muitas vezes aqui.

Repare como as regras no sentido de "manual de procedimentos" também se comportam como o cérebro humano. Afinal, os registros de como o sujeito deve falar, comer, se movimentar, reagir etc. se situam na massa cinzenta; os registros, não os atos em si. Do registro aos fatos, transita-se da anatomia (matéria - o quê) para a fisiologia (como funciona). Sim, a "criatura" (jogo de tabuleiro) não pode ser estudada apenas por partes, nem apenas pelo físico. Quanto mais você cavar, mais se aproximará de tornar-se um cientista ~~louco~~ do jogo, uma(um) *Dra. (Dr.)*. ~~Frank~~*Ludenstein*.

Dra. (Dr). Ludenstein: Dando vida a um jogo

Temos os órgãos, inclusive um cérebro. Temos a pele. Onde estão os membros, e onde está a energia que difere o morto do vivo? Para dar vida a um jogo, é preciso que os "órgãos" do jogo possam funcionar, que o cérebro se manifeste em forma de movimento.

---

[3] Para ir direto: Engelstein, G. & Shalev. I. *Building Blocks of Tabletop Game Design: An Encyclopedia of Mechanisms*. CRC Press, 2019.

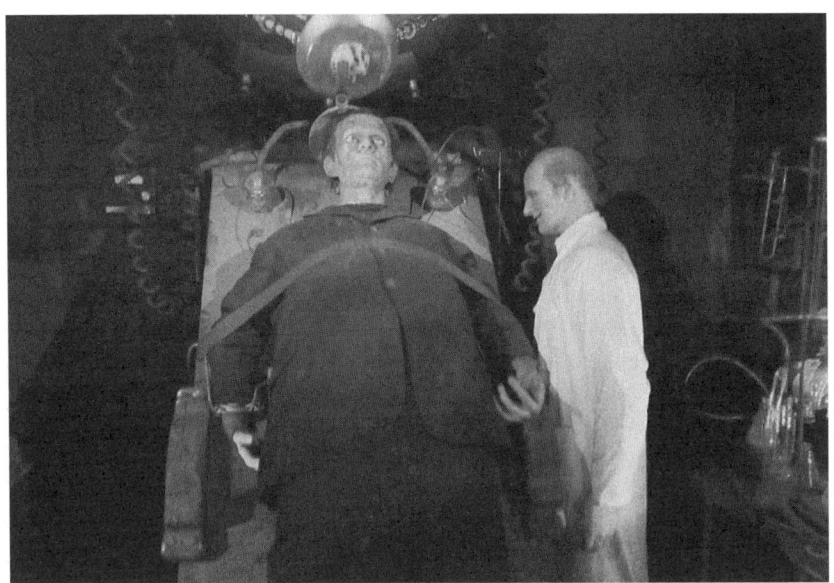

Fonte: SILVESTRE, Diego T. *Doctor Frankenstein and His Creature - Movieland Wax Museum in Niagara Falls, Canada*. Wikimedia, 2009.

A vida de um jogo depende da energia das pessoas.

Uma caixa e seus componentes são apenas uma carcaça vazia, fadada ao esquecimento do tempo. Ao pó.

Jogos de tabuleiro estão vivos enquanto recebem energia humana. Isto é, enquanto são lembrados, comentados, mexidos. Estão no auge de seu vigor no momento em que estão sendo jogados. Fora da mesa, hibernam em prateleiras, em um estado de encriptação quase cadavérica. *Tabula ludum* é pura ação.

Se é a energia da Vida o que faz a diferença, mediante sua presença, qualquer coisa pode se tornar jogo, porque jogo, em si, é uma parte do humano "do lado de fora". É parte de nossa natureza ciborgue[?]. Tal qual celulares e carros são extensões do corpo, os jogos são extensões das mentes individuais e interface de uma mente coletiva temporária. É o que faz qualquer tampinha ou moeda poder ser [parte do] jogo, se assim a energia humana determina.

O jogo não está na moeda. Nem na peça, ou nas regras, nem nos dados e cartas. O jogo está apenas entre os jogadores a jogar e talvez aqueles que os reconhecem como tal e que "interagem com aquela interação". Talvez. Talvez esses que assistem estejam na verdade jogando um outro jogo, o jogo de olhar o jogo.

Essa reflexão interessa ao educador, pois ele só consegue utilizar jogos em educação se conseguir êxito em fazer as pessoas deslocarem sua energia para o ato de jogar. A energia do interesse. Há certa ciência nisso, para além da paixão pelo tema. Educadoras(es) do tabuleiro são *cosplays* do "(Dra.) Dr. Ludenstein", a dar vida aos jogos por meio da energia de seus alunos. Ele deve conhecer a função dos componentes, do cérebro, da pele. Deve costurar os membros (alunas e alunos jogadoras/es), para que o jogo seja movimentado, e colher raios de suas tempestades sinápticas (de ideias e desejo), se quiser que sua criatura - simbionte entre humanos e artefato lúdico - se erga.

Pegue uma bela caixa de um jogo de tabuleiro, completa, com tudo o que há para jogá-lo. Coloque um paraquedas nela, sobrevoe uma ilha isolada no pacífico, e deixe que aterrisse em uma ilha isolada, onde vive um grupo aborígene que jamais teve contato com nossa cultura. Podemos imaginar a abertura da caixa e a exploração dos seus componentes. Mas não podemos acreditar que eles concluirão: "isso é um jogo"; menos ainda, que saberão jogar. Talvez utilizem peças como ornamentos, eventualmente deifiquem a capa, ou apenas queimem o material em uma fogueira. Não há como oferecer sentido exato para esse objeto que eu e você sabemos ser um jogo. Não, sem que haja algum conhecimento prévio deste artefato cultural. Enquanto mero corpo material, um jogo de tabuleiro não é um jogo. Só passa a ser jogo quando alguém ou grupo o reconhece como tal.

MARGIE, Tom. Colin Clive & Dwight Frye in "Frankenstein", 1931 [fotografia de cena do filme]. Flickr, 2007.

Sem mais metáforas: educadores lúdicos precisam envolver a turma.

Sejam pessoas que já gostam de jogos (em geral) ou não, o que determina se um grupo de pessoas irá gostar de um jogo específico não é simplesmente o jogo em si, mas a qualidade da experiência proporcionada em torno do mesmo. Isso não está no controle, seja do autor, do fabricante ou da caixa do jogo com seus componentes. O apreço por um jogo pode dizer mais a respeito da atmosfera de envolvimento do que esses fatores. As pessoas decidem se envolver com o jogo e jogá-lo pelo que há de intrínseco e extrínseco a elas.

O fator intrínseco é o que elas trazem em si, como motivação para tomarem parte de uma partida:
- Sua natureza social e interativa;
- Sua curiosidade, imaginação e criatividade;
- Seu senso estético; seu cabedal cultural;
- Suas memórias afetivas; sua noção identitária;
- Seu temperamento e seus gostos; seus laços com os demais jogadores;
- Seu pensamento matemático, lógico;
- Seu desejo de descontrair ou de exercitar a mente;
- Sua capacidade de entrega;
- Sua confiança na capacidade de escolha de quem propôs experimentar um dado jogo.

E do fator extrínseco, que é o que as pessoas percebem no exterior na atmosfera em torno do jogo, devem ser avaliados:
- O ambiente físico;
- A qualidade visual e sensorial do jogo;
- As pessoas com quem está socializando, suas falas e motivações.

Fatores intrínsecos e extrínsecos formularão uma "sensação" em relação ao acontecimento (a oferta de jogar), e de acordo com essa sensação, as pessoas emprestam graus variados de "energia" ao jogo. Energia, finalmente esclarecida, é o fator humano que reúne atenção, disposição, interesse, gosto, e se expressa por gesto, movimento, adesão ao jogo e proatividade no jogar.

Como os humanos têm "neurônios-espelho"[4], seu apreço por jogos pode ser de grande valia na avaliação interna e subjetiva que os alunos-jogadores farão, uma vez que você lhes lance a proposta de jogar. Mas isso não basta! A paixão mal administrada pode provocar catástrofes em todo tipo de abordagem lúdica - e acerca disso Paula Piccolo nos dedica um capítulo exclusivo e esclarecedor, aqui no livro.

Fato: Envolver pessoas com jogos exige mais do que o coração, mas também conhecimento dos jogos específicos que se deseja oferecer e capacidade de comunicação. Isso não é necessariamente algo "latente" nas pessoas, como uma espécie de "talento". Não. É algo que pode e deve ser exercitado e estudado. Eu sugiro que comece a aprender como se aprende um jogo, assim como diferentes formas de ensinar regras.

---

[4] TUBELO, Liana. O cérebro gosta de brincar. In: JUNIOR, Alípio R. P. SILVA, Tiago A. C. S. (Orgs). O Fenômeno do Brincar: Ciência e Imaginação. São Paulo: Supimpa, 2019.

Para aprender um jogo	Para ensinar um jogo
1. Leia o manual mais de uma vez e/ou assista vídeos com explicações; 2. Prepare o jogo (*setup*), como exercício simulado; 3. Simule uma rodada do jogo; 4. Se puder, assista uma partida do jogo; 5. Ensine o jogo (é quando se aprende de vez).	1. Aprenda sempre ANTES do momento do jogo. Obs: Nem sempre você conseguirá compreender totalmente o jogo antes de vivenciá-lo. Você deve focar em compreender os passos mecânicos do mesmo; 2. Escolha o momento de ensinar. Nem sempre "chegar de surpresa" é a melhor estratégia; 3. Construa um ambiente favorável à escuta e experimentação - crie um "clima"; 4. Transmita a ideia geral temática do jogo (se houver). Ex: "A ideia é que cada jogador controla naves espaciais com uma população inteira, cujo planeta foi destruído. Eles estão em busca de um planeta em condições de recebê-los". E, em seguida, a ideia geral da mecânica do jogo, começando pelo fator que determina a vitória. Ex: "Os jogadores estão buscando fazer o maior número de pontos possível, e para isso vão utilizar os diferentes recursos, alguns já disponíveis e outros que se pode buscar ao longo da partida". Após essa introdução de um minuto, aí, sim, se começa a explicar como jogar, em si. Primeiro, o reconhecimento do tabuleiro, diferentes componentes e seus tipos. Segundo, porque o jogo começa com dada configuração; Enfim, como funciona a ordem da partida e em que momentos cada mecanismo acontece. As condições detalhadas de vitória e final da partida normalmente ficam por último, mas dependendo do jogo pode ser importante antecipar; 5. Divida a explicação em etapas, e em cada uma delas, apresente exemplos e pergunte por dúvidas. Esteja sempre disposto a tirar dúvidas, lembrando que o que é óbvio para uns pode não ser para outros.

> **Resumo da ideia da "vida do jogo" e a importância
> de estudar para além da "anatomia"**
>
> Acontece na união entre o "artefato jogo" e as pessoas. Do elemento artefato, tira uma carta de instruções (cartas), que funciona do mesmo jeito que o "cérebro": sua função é coordenar ações, mas ele em si não é nada sem a energia que lhe confere um lado invisível, a mente. Esta "mente" começa no autor e se conclui na mente dos jogadores. A energia emprestada ao jogo passa pelos corpos dos jogadores e atinge as peças, movimentando-as, fazendo a "vida acontecer". É tarefa do professor tabuleirista facilitar a mobilização dessa energia entre os alunos-jogadores.
>
> Estudar o artefato é importante para compreender o jogo, mas apenas um lado dele, objetivo. O outro lado, subjetivo, energético, "mental", é igualmente essencial.

Há mais de um jeito de dissecar uma estrutura, e essa foi uma, bem rudimentar. Há uma teoria constitucional muito utilizada para estudar jogos (e desenhá-los), criada por Jesse Schell, que expande alguns dos elementos aqui assinalados. A chamada *tétrade constitucional* dos elementos que compõem um jogo será trabalhada mais adiante, no capítulo *Introdução à Teoria de Projeto de Jogos*, de Geraldo Xexéo.

1.2 Os muitos tipos de jogos de tabuleiro: classificação e categorização

Classificar é agrupar de acordo com critérios específicos de semelhança. Muitas formas de classificação de jogos já foram propostas, algumas mais complexas, outras muito simples. Por ser de interesse dos diversos campos do saber, acaba surgindo não uma taxonomia única, mas uma série de classificações baseadas em agrupamentos que interessem ao dado campo. Por exemplo, uma comunidade de jogadores "hobbistas" pode estar mais interessada nos parentescos experienciais e mecânicos dos jogos (ex: jogos de *deck building* [construção de baralhos]) para oferecer aos demais uma noção preliminar do tipo de experiência que será proporcionada; já os professores certamente se interessam em agrupar por critérios mais instrumentais, como a faixa etária, o tempo de jogo, a complexidade e os conteúdos, habilidades e competências trabalhadas. Por isso mesmo, não surgiu ainda uma "taxonomia" universal para os jogos de tabuleiro, capaz de contemplar todos os campos de estudo (assim como não há uma definição pacífica para os mesmos jogos).

No entanto, adquirir noções de categorização são importantes ao educador que pretende utilizar jogos de tabuleiro pedagogicamente, porque:

1. O ajuda a localizar rapidamente jogos de acordo com o que está buscando para suas atividades;
2. O ajuda a descrever rapidamente os jogos para seus pares educadores do tabuleiro, e mesmo para seus alunos, uma vez que o conhecimento de jogos tenha circulado e já faça parte dos saberes da turma;
3. O apoia na construção de jogos, delineando critérios para tanto.

O *Board Game Geek* construiu para seu banco de dados uma forma de categorização influenciada por Engelstein & Shalev, em que parte de uma categorização geral baseada em 84 temáticas, considera as mecânicas como critério mais específico, exibindo 182 delas, e finalmente permite que se refinem os jogos de acordo com 8 subdomínios, relacionados ao público-alvo dos jogos. Fora do escopo mais evidente de classificação, os jogos ainda recebem um agrupamento alternativo, por famílias diversas.

Já a Ludopedia classifica os jogos por um sistema que os classifica em 4 "Domínios", 19 categorias, 36 temas e 54 mecânicas.

Dado ao fato de que jogadores do mundo inteiro (Boardgamegeek) e falantes de língua portuguesa (Ludopedia) se concentram especialmente nesses dois *sites*, as classificações de jogos por eles oferecidas tendem a serem consideradas formulações recorrentes quando se deseja estudar jogos de tabuleiro, inclusive no contexto educacional.

Veja essa lista, com uma quantidade de possibilidades classificatórias, cada uma delas seguida de breve comentário:

- Por época de criação: Não há consenso sobre como agrupar e classificar os jogos historicamente, embora haja uma variedade de propostas nesse sentido;
- Por "geração": A utilização dessa classificação imita aquela empregada por estudiosos de *vídeogame*;
- Por estilo/proposta de criação ou equilíbrio tema/mecânica: *eurogames*, *ameritrashs*, jogos sérios etc.;
- Por gênero mecânico (mecânica principal): *Deck building game*, híbridos, narrativos, rolar e mover;
- Por gênero temático: Em correlação com os gêneros literários e cinematográfico, como jogos relacionados à ficção científica, guerra, aventura, mistério etc. (é interessante pensar que o romance é um item menos explorado em jogos de tabuleiro), e, por vezes, associados diretamente a uma franquia e afins (licenciamentos);
- Por faixa etária: Infantil, infantojuvenil, adulto;
- Pelos componentes em destaque: Papel e lápis, jogos de miniaturas, jogos de cartas etc.;
- Por quantidade de jogadores;
- Por modo produção: Artesanal, semiartesanal, industrial;
- Por influência destino/uso cultural: Tradicional, comercial, clássico, educativo;
- Por gênero de interação: Cooperativo, cooperativo por equipes, competitivo etc.;

- Por oposição distintiva: Analógicos/digitais; abstratos/temáticos; tradicional/comercial, artesanal/industrial; educativo/de entretenimento; estratégico/de sorte, simétricos/assimétricos, cooperativos/competitivos, alea/ago;
- Por público-alvo/finalidade de sua criação: Jogos infantis, jogos festivos, jogos de família, jogos de destreza, jogos estratégicos, jogos de simulação, jogos educativos, jogos colecionáveis, jogos sérios, jogos terapêuticos;
- Por peso probabilístico ("causas de incerteza"): Combinatório, de sorte, blefe/estratégico, misto;
- Pelo fator de vitória: Por pontos, por coleção de cartas, por ordem de chegada (corridas) etc;
- Pelo peso/complexidade: Leves, médios, pesados;
- Pelo tempo de jogo: Curtos, médios, longos;
- Pelo grau de competitividade (formando um *degradê* que vai dos jogos menos competitivos e com ênfase na fantasia/narrativa (alea) aos extremamente competitivos, que por vezes excedem a própria natureza do tabuleiro enquanto puro entretenimento e se tornam esporte (agon) - como o Magic: the Gathering ou o pôquer profissional[5];
- Por habilidades, competências, ou conteúdos. Ex: "Jogos para a disciplina 'física', jogos para trabalhar tomada de decisão, jogos que envolvam o fenômeno da fotossíntese, jogos que favoreçam a sociabilidade, e assim por diante."

As classificações facilitam a conversa entre os pares, jogadores e/ou estudiosos dos jogos de tabuleiro, formando um meio de identificação rápida da proposta de determinado título. Por exemplo, eu posso começar a apresentar um jogo usando uma categoria única: "Esse é um jogo estilo 'eurogame'". Mas posso combinar características classificatórias distintas, oferecendo vários elementos que ajudam a quem estou apresentando a compreender o potencial lúdico/pedagógico do jogo: "É um abstrato antigo, com pouca sorte, leve, fácil de aprender."

Por isso mesmo, é comum que *sites*, palestras, cursos etc. construam categorizações híbridas, por onde procuram apresentar a natureza dos jogos investindo numa divisão por tipos que leva em conta mais de um critério. Incluem-se aí grupos históricos, tradicionais, mecânicos, temáticos, de estilo de suporte etc., buscando exemplos conhecidos sempre que é o caso.

1.3 O universo dos jogos de tabuleiro apresentado por meio de uma categorização híbrida

Pessoalmente, já utilizei muitas vezes esse formato híbrido de categorização, em apresentações para educadores, porque ele me permite apresentar muitos aspectos do universo dos jogos de tabuleiro. Compartilho agora aqui, com vocês, o formato misto que melhor funcionou em minha experiência, para que em seguida possa apresentar o

---

5 Alea e agon são elementos de uma teoria constitucional de jogos sistematizada por Roger Caillois a partir de Huizinga. Ver: CAILLOIS, Roger. *Os Jogos e os Homens*. Petrópolis: Vozes, 2019.

universo dos jogos de tabuleiro. Utilizaremos a seguinte classificação/tipos de jogos:

- Jogos Tradicionais
- Jogos Abstratos
- Jogos de Guerra
- Jogos de Sorte
- Jogos Modernos (do início do XX aos Eurogames)
- Jogos de Interpretação (RPGs)
- Jogos Contemporâneos - Eurogames, jogos híbridos (*unplugged*/virtuais), jogos "convertidos"

Se observarem a lista, ela apresenta os grupos em uma ordem relativamente do "mais antigo ao mais moderno", mais ou menos como os jogos de tabuleiro pouco a pouco apareceram na cultura geral; a escolha desses agrupamentos me permite apresentar, além do contexto global dos jogos de tabuleiro, uma série de possibilidades pedagógicas a eles relacionada.

Tipos de Jogos

Jogos Tradicionais	Jogos Abstratos	Jogos de Guerra	Jogos de Sorte

Exemplos	Exemplos	Exemplos	Exemplos
Forca, batalha naval, corridinhas, trívias, jogo da memória, bola de gude...	Xadrez, Mancala, Baralho, Hive, Some Dez, Rummikub, Kingdoms, Aero	Kriegsspiel, War, Risk, Memoir 44, Commands & Colors, Diplomacia, Star Wars: X-Wing	Roleta, bingo, caça-níquel, trilhas.

Jogos Modernos	Jogos de Interpretação	Jogos contemporâneos	Versão tabuleiro

Exemplos	Exemplos	Exemplos	Exemplos
Banco Imobiliário, Detetive, War, Scotland Yard, Imagem & Ação, Academia, Perfil	Dungeons & Dragons, GURPS, Once upon a Time, Cidade Dorme	Catan, Carcassone, Ticket to Ride, Stone Age, Magic: the Gathering, Guerra do Anel, Tzolk'in	Age of Empires III, World of Warcraft, Gears of War, XCOM, Plague Inc., Doom, Civilization

1) **Jogos Tradicionais:** Se originam de diferentes culturas, locais e tempos. Um jogo recebe esse nome quando dois fenômenos ocorrem em relação a ele: a) alcança certa popularidade em um grupo social; b) sua origem está completamente perdida junto ao senso comum do grupo do qual faz parte quem o designa como "tradicional" (mesmo que o jogo seja popular no próprio grupo dessa pessoa). Em outras palavras, os jogos são creditados como fazendo parte da tradição de um ou mais grupos sociais - por vezes de um povo inteiro. Assim, todos os jogos antigos de que se tem notícia poderiam ser classificados como "tradicionais", incluindo o Jogo Real de Ur e o Senet. Dentre os conhecidos exemplos de jogos considerados tradicionais, temos, como a imagem indicou, o jogo de forca, a batalha naval, o jogo da memória e a bola de gude (que na verdade é o material que compõe uma família inteira de jogos), mas também o xadrez, o dominó, damas e o jogo de dardo. Assim como a inumerável família dos jogos de bola de gude, podemos pensar em outros grupos de jogos "tradicionais" que se baseiam em um componente ou uma combinação de componentes que se repetem, variando apenas a mecânica com que será jogado. Como ocorre com a imensa família dos jogos baseados em cartas de baralho, e também nas Mancalas e as múltiplas variáveis em torno do tabuleiro e peças do Go. Os dois últimos casos, aliás, deixam claro que "tradicional" nem sempre é "global": na cultura brasileira, como na portuguesa, o baralho é tradicional, mas não faz parte das tradições desses dois povos, o Go ou a Mancala. Curiosamente, por vezes a "tradição" apenas fixa um mecanismo reprodutível, não um jogo específico. O exemplo marcante é o "jogo de trilha", que remonta ao "Jogo do Ganso" surgido no século XVI, por sua vez uma inspiração com influência do Gamão e do Pachisi. Apesar de ter construído o formato básico que se desdobraria nos jogos de corrida composto de cartas, dados e peões, cujo mecanismo básico é "rolar e mover", as pessoas já não conhecem o Jogo do Ganso. Ficou na tradição apenas o mecanismo geral do jogo, que o imaginário social passou a considerar como definidor de "jogo de tabuleiro".

Mecanismo é um conjunto de mecânicas

Nos estudos teóricos sobre jogos, são utilizados dois termos para designar os processos de funcionamento do jogo, tal como determinados por suas regras. Na maior parte dos casos, "mecanismo" e "mecânica" são tratados como sinônimos. "Mecânica", é o termo mais utilizado nas listas que procuram definir o conjunto de processos determinados por regras criados ao longo da história e utilizados em diferentes combinações nos jogos de tabuleiro. No entanto, clássicos como o supercitado livro de Engelstein & Shalev, *Building Blocks of Tabletop Game Design An Encyclopedia os Mechanisms*, utiliza a palavra "mechanisms" [mecanismos] já no próprio título.

Embora não haja consenso teórico sobre a terminologia mais acertada, optamos pela visão de que há diferentes mecânicas, que atuam em sinergia para produzir o mecanismo geral do jogo, uma espécie de "assinatura" do mesmo, única.

Uma última observação sobre a atribuição de jogos como "tradicionais" é que nem sempre é verdade que esses jogos são antigos. O jogo da memória e o batalha naval, por exemplo, são tão antigos como o *Banco Imobiliário* - jogos surgidos já na primeira metade do século XX (embora o jogo da memória seja análogo a um jogo oriental muito antigo). No entanto, em uma sociedade que não prestava atenção em autoria e direitos autorais no que se refere a jogos, esses jogos, até por sua simplicidade, caíram no gosto popular, foram reproduzidos a esmo e em algum momento, sua origem for perdida junto a quem joga, mesmo que haja todo o registro histórico que permite aos pesquisadores resgatá-la.

Gosto de pensar na riqueza de se trabalhar etnografia através da identificação dos jogos como parte das diferentes culturas. O que representam? O que ensinam? O que evocam entre aqueles que o praticam, nos diferentes tempos e locais?

2) Jogos Abstratos: São conhecidos, em definição superficial, como "jogos sem tema algum", ou que remontam apenas abstratamente a um tema (daí o nome). Porque os jogos mais antigos eram todos abstratos ou semiabstratos (e assim foi até pelo menos o século XIX) é que eles aparecem antes dos demais. Notem que os abstratos podem variar muito em termos mecânicos, e, portanto, podem representar a sorte (outro grupo apresentado mais adiante), o conflito abstrato, a estratégia pura e simples. Os abstratos tradicionais foram, ao longo da história, associados à vadiagem, mas também ao alívio do trabalho; à sociabilidade, mas também à reflexão; à magia, assim como à religião; e assim por diante. No entanto, há muitos jogos abstratos que não são tradicionais. Foram criados sob a lógica do ensino formal (como uma variedade de jogos matemáticos) ou mesmo pela indústria de brinquedos e de jogos de entretenimento. Alguns desses foram consagrados no século XX, como *Senha*, *Lig4*, *Pega-Varetas* e *Resta 1*. Naturalmente, estes não estão entre os jogos antigos.

Alguns autores consagrados no panorama atual de jogos, aliás, são igualmente reconhecidos pela essência abstrata de seus jogos, mesmo quando "vestidos" por um tema. O principal deles, eu diria para conhecerem, é o alemão Reiner Knizia. Aliás, atualmente há muitos jogos abstratos lançados comercialmente, o que proporciona à educação uma incrível variedade estética, mecânica, lógica etc. com o qual se trabalham muitas habilidades. Exemplos de jogos abstratos criados no século XXI e publicados no Brasil: *Yangtze*, *Micro Robots*, *Battle Sheep*, *Hive*, *Dixit* e *Holi*: o *Festival das Cores*.

Sem a sugestão de um cenário, personagem ou enredo em concreto, o jogo abstrato permite que a mente produza múltiplas interpretações. Daí seu uso, ao longo dos séculos, para as artes da adivinhação - como ocorre com o jogo de búzios ou o baralho cigano (tarô); para longas reflexões existenciais e terapia, como ocorre com o *Go*, o *Otello*, o *Mahalila* (que originou o "*Escadas e Serpentes*"). O ensino formal utiliza extensivamente jogos abstratos, seja pela facilidade com que alguns são aprendidos (como damas, jogos de baralho simples, dominó etc.), ou executados (jogos muito longos costumam ser menos escolhidos em função dos tempos escolares). E ainda, por serem de fácil fabricação artesanal e, finalmente, por conta da tradição e divulgação de seus notórios e variados benefícios cognitivos e sociais - em especial em casos de jogos como xadrez, trilha e o jogo da memória.

Os abstratos são amplamente utilizados para a iniciação e memorização de elementos comuns do universo dos jogos de tabuleiro, como os dados (e seus valores muitas vezes impressos com "bolinhas"), cartas, peões e configurações comuns de tabuleiros, como trilhas, grades, dentre outros. Muitos jogos desse gênero também são interessantes para se ensinar algumas das subjetividades que acompanharão o jogo e o jogar e os processos de socialização que dele se desdobram: o prazer da descoberta e exploração de algo novo; ouvir regras; esperar a vez; perder - e lidar com a frustração - e ganhar - e lidar com o ego; aprender com o erro; ampliar o foco em torno das soluções; criar resiliência; ir até o fim, quando se participa de uma atividade voluntariamente, regida por regras; seguir regras; buscar soluções e desenvolver novos caminhos dentro das regras e limitações que são impostas; reconhecer e o outro, suas dificuldades, e potencialidades, e respeitá-lo; reconhecer a si em suas potencialidades e limitações; Eles também são muito úteis no exercício matemático.

Vale comentar que boa parte dos professores atualmente tem seus conhecimentos sobre jogos de tabuleiro limitados a esse gênero e alguns de seus desdobramentos. Mas você, leitor, está sendo encorajado por este livro a ampliar tanto sua capacidade metodológica como o leque de jogos possíveis em educação. Persista!

3) Jogos de sorte: Dos jogos abstratos, emergem os jogos de sorte, que agrupei em separado porque quero chamar a atenção para alguns de seus aspectos.

Primeiro, são muito utilizados por educadores, sobretudo na educação infantil e nos anos iniciais, pois em geral são muito simples, facilitando, além das habilidades já descritas no grupo abstrato, a composição de conjuntos de letras, palavras e/ou números, agrupamentos, classificação, probabilidades etc. O bingo é especialmente popular neste quesito. Enquanto os exercícios ocorrem, esses jogos também proporcionam o reconhecimento de componentes elementares dos jogos, como dados, peões, cartas, tabuleiro.

Segundo, os jogos de sorte usualmente foram utilizados ao longo dos tempos como "jogos de azar". Azar, uma palavra de origem árabe que designa "flor", figura comum impressa em antigos dados utilizados em jogos nessa cultura. Azar, porque a chance de perder em um jogo desse é normalmente muito alta. Azar, porque associou-se ao terreno das apostas (a ponto de também serem, por vezes, considerados "jogos de aposta"), e daí ao vício, à derrocada da virtude, à malandragem... E a partir da repressão em relação a esse jogar apostando dinheiro, ao proibido. Essa associação negativa com apostas em dinheiro, jogos de pura sorte como roleta, bingo, loteria e jogo do bicho, além de outros com alto fator de sorte como bacará e pôquer, extrapolou em nossa cultura para jogos em geral, que, aliás, assim como o riso, o ócio e outras formas de prazer, já era alvo de críticas especialmente pela Igreja, e regeu a educação por muitas gerações. Esse é um dos fatores que afastou por muito tempo os adultos brasileiros dos jogos, sobretudo os de origem menos abastada: os ricos sempre jogaram ao longo da história, em todas as suas idades. Os pobres foram orientados por nossa cultura, com apoio da educação formal, a "ir trabalhar" para não se tornarem "vagabundos". E nessa "orientação" para o trabalho, não há espaço para o lúdico do qual o jogar, a improdutividade para a vida prática - oposto ao utilitarismo - e a casualidade fazem parte.

4) Jogos de guerra: Muitos temas servem para agrupar jogos. Em nosso exemplo de grupos, trago um tema em especial, que nem é o mais utilizado em educação formal, mas aqui vai nos ensinar sobre noções históricas e teóricas acerca do jogo e do jogar. Trata-se do tema da guerra. A escolha por apresentar esta categoria, a despeito das problemáticas com ela envolvidas, se deve por um conjunto de motivos:

- Sua popularidade e os grupos que parecem se interessar, de um ponto de vista crítico;
- Sua riqueza possível de detalhes e as artes lúdicas daí derivadas - muito úteis em educação;
- A reflexão possível acerca de *Agon*, do elemento lúdico na guerra e na caça;
- Os desdobramentos que nos levam aos jogos narrativos.

Mostrar ao educador sobre a popularidade de um tema questionável no sentido ético atual é importante, porque embora o discurso possa negar, a sociedade brasileira tem tornado explícito o quanto valoriza ritos bélicos e comportamentos belicosos. Nos últimos tempos, estamos sendo bombardeados com as demonstrações de poder associadas ao militarismo, e é inevitável se pensar o quanto isso se torna um valor cultural, a ponto de movimentar a juventude em torno de brinquedos, objetos, livros, filmes e histórias retratando guerras, fictícias ou reais. Os jogos de tabuleiro trazem a oportunidade de se discutir sobre o assunto e ressignificá-los.

O tema traz, por isso, uma retomada na discussão que aparentemente tem sido menos alardeada nos últimos anos: até que ponto a exposição a filmes, jogos e mídias diversas com conteúdos relacionados à guerra, violência e comportamentos negativos influencia o comportamento de pessoas (em todas as idades)?

Outro ponto importante relacionado aos jogos de guerra, da perspectiva de uma educação baseada em jogos, é sua relação com o modelismo. Miniaturas, maquetes, dioramas, cenários feitos com minúcia, com frequência representados em escala, e por vezes confeccionados com sucata, compõem o ambiente construído para diferentes simulações em Jogos de Guerra.

Mesa com cenário em miniatura para um Jogo de Guerra.

Uma lata de batata frita transformada em torre medieval!

O modelismo tipicamente incorporado ao jogo de guerra pode ser aplicado a qualquer jogo, e gera momentos muito envolventes, de pura inspiração lúdica para todas as idades. Além de bem artístico, ajuda a exercitar habilidades como atenção, concentração, minúcia - senso de detalhes - e a inteligência espacial; competências relacionadas ao reaproveitamento de materiais, ao uso de cores, escalas e medidas, além da construção de modelos e maquetes em si, naturalmente são trabalhadas atreladas aos mais diversos temas presentes nos jogos que forem propostos. O uso de objetos em escala podem, inclusive, ajudar os alunos a uma melhor noção de proporção dos eventos retratados, adquirindo relações realistas entre os diferentes corpos num dado espaço e podendo compreender seus impactos.

> Imagine, por exemplo, reproduzir em escala os humanos do passado envolvidos em caçar um mastodonte. No ambiente, humanos e mastodontes seriam os únicos animais de grande porte? Como é caçar um animal imenso, que vive em bando, apenas com lanças e pedras? Que outros perigos correm esses humanos arcaicos? Podemos adaptar mecanismos de movimentação, resolução de conflito e outros, presentes nos jogos de guerra para a reprodução de muitos cenários, permitindo aos alunos um deslumbre do passado, ou mesmo conjecturar o futuro.

Outra característica presente nos jogos de guerra é a simulação, ou seja, a observação de situações calcada em fortes dados de realidade. No caso de uma simulação de batalhas históricas, por exemplo, é possível se discutir "o que aconteceria se", buscando-se a compreensão dos diferentes fatores que influenciaram no resultado final histórico. Foi, aliás, na busca por simulações que levavam em conta ações individuais, que surgiu, em meio aos jogos de guerra, a semente dos jogos de interpretação - os famosos RPGs (*Role-Playing games*), principal membro do próximo grupo de nossa divisão provisória dos jogos. Levar em conta fatores objetivos em escala macro (o que determinado grupo fez naquele momento), fatores objetivos em escala micro (o que determinados sujeitos fizeram naquele momento), e ainda, os fatores subjetivos (personalidades, emoções, *backgrounds* etc.) pode fundamentar discussões muito profundas mesmo entre crianças, culminando em aprendizagens integradas que envolvem disciplinas como história, geografia, psicologia, sociologia, economia, matemática, física etc.

Por essa razão, eu poderia "esconder a guerra" chamando esse grupo de "jogos de simulação", mas isso tiraria o crédito do tema em torno do qual circunda a maior parte das pessoas dedicadas a esse tipo de entretenimento. A guerra tem sido um ponto central nas mais diferentes culturas ao longo de pelo menos os últimos milênios, e como tema, precisa ser encarada mesmo pelo espírito mais pacifista, no sentido de que é compreendendo sua função ao longo da história, que se pode formular e efetuar ações para dissolver sua existência. Pode ser desconfortável, mas também precisamos lembrar, inclusive, que a guerra e a caçada contém elementos em comum com o lúdico, e incluindo o preparo, o conhecimento do fazer interferindo no resultado, a incerteza, as motivações da sobrevivência, a conquista, a existência simultânea de cooperação e competição. Em ensaio ludológico, Vítor da Fonseca associa o "surgimento da actividade lúdica no Homo Habilis (...) ao grande jogo da caça, actividade de sobrevivência donde decorrem inúmeras tendências evolutivas da espécie"[6].

E cita Huizinga, que por sua vez, dedica em *Homo Ludens* um capítulo inteiro a questão do Jogo e a Guerra. "Muitas vezes, as duas ideias [o jogo e a guerra] parecem inseparavelmente confundidas no espírito primitivo", diz o historiador, que faz questão

---

6 FONSECA, Vitor da. *O Enigma Psicomotor do Jogo e o seu papel no Neurodesenvolvimento da Criança: Ensaio de Ludologia*. Slides do Congresso Internacional de Brincadeiras e Jogos (anotações pessoais). 2019.

de distinguir ações deliberadas de matança com aquilo que considera ser uma guerra de fato. Observa, no primeiro caso, a ausência de *Agon*[7], e no segundo caso, não apenas sua presença, mas também seu elemento ritual. É necessário que o educador interessado vá se fundamentar, estudando antropologia, sociologia e história para compreender melhor o argumento de Huizinga. Suas afirmativas são carregadas de complexidade, e merecem ser lidas sob um olhar conceitual sólido.

Há evidências de que os jogos de guerra são de fato muito antigos e foram originados da tentativa de simular ambientes de batalha, para a construção de estratégias úteis a forças armadas de diferentes povos; no entanto, tais jogos adquiriram o formato estruturado tal como o que vemos hoje a partir do século XIX, sendo popularizado no século XX.

5) **Jogos do** século XX: Quem não conhece ou pelo menos ouviu falar de jogos de tabuleiro como *Detetive, Banco Imobiliário* e *War*? Esses e outros títulos, lançados no século XX, dominam o mercado há muitos anos, mesmo sob críticas dos atuais especialistas em jogo de tabuleiro - as críticas se dirigem às suas mecânicas. Como educadores, precisamos aproveitar o que os alunos trazem consigo, e quando o que eles trazem é essa experiência de jogar, parece razoável que possamos aproveitá-las. Para isso, é preciso conhecer as virtudes dos jogos, e também seus problemas. Vou colocar aqui então os principais pontos positivos dos jogos do século XX, e os principais pontos de crítica. Estamos falando de forma geral, então alguns jogos desse momento superam um ou mesmo todos os pontos de crítica e por vezes exibem outras virtudes não assinaladas:

Virtudes	Críticas
• Novos materiais e componentes (em relação aos jogos antigos); • Diversidade de temas; • Inovações mecânicas; • Popularidade; • Investimento em aparência; • Alta interação entre jogadores.	• Elevado fator sorte; • Pouca diversidade mecânica; • Alguns dos mais famosos jogos são "politicamente incorretos" do ponto de vista crítico atual<?>; • Tempo de jogo mal projetado; • Dominância dos conflitos diretos; • Eliminação de jogadores; • Baixo equilíbrio entre "frustração e recompensa"; • Escassez de dispositivos equilibradores durante o jogo.

---

[7] Agon, normalmente é traduzido como "competição", embora sua palavra em grego contivesse outras ideias, como de reunião. Huizinga nos explica que as competições apresentam diversas características de jogo, e inclusive são acompanhadas, com frequência, de festa e/ou ritual, outras manifestações lúdicas.

O ponto de vista dos professores do tabuleiro que conhecem os jogos do século XXI é que, quase sempre, para cada título construído nesse tempo já surgiram diversos outros que superaram os problemas críticos e apresentaram ainda mais virtudes, como veremos adiante. Mas é preciso considerar que: a) pode ser mais fácil encontrar alunos que já tenham passado pela experiência de ter jogado alguns desses jogos, e isso facilitará a dinâmica com jogos; b) pode ser mais fácil obter cópias do jogo a baixo custo: com tiragens mais altas, as caixas usadas podem ser de fácil aquisição. Caso o professor esteja engajado, ele pode iniciar uma campanha de arrecadação de componentes isolados, oriundos de jogos incompletos, cujos donos perderam ou danificaram as peças com o tempo, o que muitas vezes traz bons resultados e permite a reconstituição dos mesmos para uso em educação. Além disso, educação diz respeito à adaptação e observação crítica do mundo. Isso significa que podemos jogar qualquer um desses jogos e observarmos, junto aos alunos, seus "defeitos" mecânicos ou temáticos, e partir daí para reflexões e proposições educativas. Quando se jogam esses jogos, temos a oportunidade de revisitar um passado recente da humanidade e compreender muito sobre os dias de hoje. Podemos olhar, assim, o todo desses jogos e contextualizá-los na compreensão das transformações do século XX. Cabe aqui, inclusive, uma pequena narrativa sobre o assunto. Afinal, como os jogos de tabuleiro criados nessa época se estabeleceram e tornaram o jogar parte da cultura de entretenimento/consumo?

Sabemos que, na virada do século XIX para o XX, o processo de industrialização e suas transformações econômicas havia tornado os jogos de tabuleiro um produto atrativo para fabricantes e consumidores de certos países. Lançamentos comerciais abriam um mercado destinado à prosperidade, que evoluiu com a difusão de uma cultura urbana e de consumo de bens ofertados pelo capital. Foi neste momento que surgiram empresas que se tornaram gigantes do setor de jogos de tabuleiro, como as americanas Parker Brothers (responsável pelo sucesso de *Monopoly, Risk* e *Clue*) e Milton Bradley (fabricante entre outros sucessos do *Jogo da Vida, Candyland* e *Batalha Naval*) e em um momento seguinte, alemãs como Ravensburger (até então referência no Jogo da Memória e quebra-cabeças), Kosmos e Haba, tornaram-se companhias sólidas e mantiveram um ritmo de lançamento crescente por todo o período. Os principais títulos dessas indústrias tornaram-se, para muita gente, sinônimo do que significa jogo de tabuleiro, e são ainda as marcas hegemônicas encontradas em lojas de jogos e brinquedos, em todo o mundo. No Brasil, seus títulos se firmaram através de cópias ou de contratos de representação com editoras daqui. Por isso mesmo, os maiores sucessos em jogos deste tempo (e que até agora seguem como *best-sellers*) são muitas vezes chamados de "clássicos". Mas serão mesmo?

No fim dos anos 1980, o entretenimento com jogos havia assumido uma importância cultural e econômica de grandes proporções em países europeus e norte-americanos; mesmo países latino-americanos como Brasil, Argentina e Chile também experimentaram um alargamento das experiências do jogar: os clubes de jogo se multiplicaram, os fabricantes diversificaram seus títulos, e os jogos de tabuleiro ascenderam de experiência casual a *hobby*. Jogos de tabuleiro como *Escrete, Eleições, Jogo das Nações, Jogo do Poder, Supremacia, Waterloo, Diplomacia (relançado), Scotland Yard, Alaska, Contatos Cósmicos, Alerta Vermelho, Jockey, Interpol, Top Secret, Combate, Master, Armadilha, Dominio, Cara a Cara, Ponto de Equilíbrio, Rodada Final, Staff, Status, Leilão de Arte, Cartel, Focus, Imagem & Ação, Quina, Perfil, Academia, Sem Censura* e *Cilada* faziam parte de um rol maior de ofertas. Com a demanda aumentada, mais pessoas interessadas em fazer jogos, e uma nova estruturação do jogo de tabuleiro como *hobby*, surgiram feiras, premiações etc. E o *design* profissional de jogos começou a nascer.

6) Jogos narrativos: Com a indústria cultural bem estabelecida, a segunda metade do século XX traz uma nova etapa para o cinema, a literatura e a indústria de jogos. Foram anos em que o mundo recebeu sucessos da ficção literária como *As Crônicas de Nárnia* (1950), *O Senhor dos Anéis* (1954), *Duna* (1965), e *As Brumas de Avalon* (1979); do cinema e da TV como *Ben-Hur* (1959), *Star Trek* (1966), *Planeta dos Macacos* (1968) e *Star Wars* (1977). Todos esses títulos povoavam a imaginação de uma multidão de pessoas - inclusive os adeptos de jogos de guerra, de tabuleiro etc. Isto incluiu dois ávidos jogadores, responsáveis pela criação de *Dungeons & Dragons* (1974), oficialmente o primeiro *Role-Playing Game* [jogo de interpretação de papéis][8] e certamente o mais influente até hoje.

Na mesma época, também surgiram outros modelos de jogos, nos quais o jogador protagonizava um personagem – como, por exemplo, os livros-jogos, e na mesma chave, os jogos eletrônicos do gênero *adventure* (*Colossal Cave Adventure* teria sido o primeiro, em 1976). Curiosamente, em compasso com os muitos protestos civis dos anos 1970, a sociedade transitava de uma cultura de ler/assistir/presenciar histórias para uma outra, que desejava tomar parte dela - e mesmo influenciar em seus rumos. "Fazer a diferença" passou a ecoar por toda a parte. Estava plantada uma semente, que faria o RPG explodir como fenômeno criativo e comercial nos anos 1980.

RPG

O assim chamado RPG combina elementos de encenação (teatral), contação de histórias, criação de roteiro, direção cinematográfica, e oferece aos jogadores uma experiência completamente nova em entretenimento - e aprendizagem - com jogos. Porque utiliza como principal recurso a imaginação dos jogadores, dispensando a obrigação por tabuleiros (embora possa haver) e outros componentes (embora em geral se utilizem dados, papel e lápis, e eventualmente miniaturas), mediada por diferentes mecanismos cuidadosamente explicados em um conjunto de regras que podem ser curtas ou ocuparem diversos volumes de livros; ele é quase sempre considerado um gênero de jogo à parte, dos jogos de tabuleiro. Concorda-se, no entanto, que seja um "jogo de mesa" - mesmo que ele também não precise obrigatoriamente de uma mesa para acontecer.

---

[8] Algumas vezes, RPG é traduzido como JIP, "jogo de interpretação de papéis", especialmente em Portugal, ou ainda "jogo de personificação de papéis".

Odair de Paula Junior trará em nosso livro um capítulo todo especial sobre RPG e educação, e você poderá conhecer mais sobre ele e entender como funciona e como utilizá-lo em educação. Aqui, o importante de registrar é que este é o estilo de jogo narrativo mais importante jamais feito (para alguns especialistas), ou pelo menos dos últimos quarenta anos. Então, vou apenas concluir sobre esse agrupamento de jogos, dizendo que ao RPG se somam outras classes de jogos, como o já citado livro-jogo, mas também os "jogos de contar história" como *Once upon a time*, *Rory's Story Cubes* e *Dream On*, e outros em que histórias são vivenciadas ou cocriadas, como *Stuffed Fables*, *Sword & Sorcery: Espíritos Imortais* e *Tales of the Arabian Nights*.

Em educação, os jogos narrativos estão entre os mais poderosos veículos de aproximação dos aprendentes com seus objetos de aprendizagem.

7) **Os jogos do século XXI**: Como vimos através dos grupos anteriores, a cultura de jogos de tabuleiro (incluindo os narrativos) atrelada à indústria (que existe em torno de uma "mentalidade de novidade"), alcançou uma projeção sem precedentes, o que também ampliou concorrências e a exigência do público consumidor. Isso culminou com o desenvolvimento do *design* de jogos, que agora propunha uma renovação na estrutura geral dos jogos de tabuleiro - da qualidade dos componentes aos avanços mecânicos. Já nos anos 1990, surgiram os títulos consagrados como fundadores do "estilo de jogo alemão", ou simplesmente, *eurogame*. Um trio especial associado ao princípio dessa "revolução" no mundo dos jogos de tabuleiro são os títulos *Catan*, *Puerto Rico* e *Carcassone*. E a Devir fez questão de publicar, em sua trajetória enquanto editora, cada um deles no Brasil, justiça seja feita.

Na parte estética, os fabricantes apresentavam seus jogos com caixas mais resistentes, e fichas de plástico foram substituídas pela agradável sensação tátil dos cubos de madeira. Surge um tipo de peça genérica, semelhante ao "peão" dos jogos anteriores, que se tornaria ícone desse modelo de jogos: o meeple.

Meeple, o grande ícone dos jogos de tabuleiro modernos.

No tocante ao funcionamento desses jogos – as suas regras e mecânicas, inovações garantiam o interesse geral do grupo a jogar, por todo o tempo em que se estivesse vivenciando a experiência. São parte de tais inovações[9]:

- Um bom "sistema de recompensas", em que desde o princípio as ações dos jogadores oferecem pontos ou recursos aos mesmos, e as pessoas sentem que suas ações oferecem resultados, independente dos resultados das ações dos demais;
- Há prevalência do chamado "conflito indireto" - os jogadores não se atacam diretamente, como ocorre em jogos de guerra;
- Desaparece a eliminação de jogadores, também comum sobretudo em jogos de guerra;
- A duração de uma partida passa a ser bem controlada por mecanismos eficientes do próprio jogo;
- Dominam o cenário jogos com duração curta ou média (que duram no máximo 90 minutos);
- Mecanismos compensatórios do jogo levam os jogadores a chegarem ao fim da partida com chances de vitória, o que mantém a motivação geral no ápice para todos;
- A sorte nesses jogos de tabuleiro é bastante controlada, de modo que prevaleçam as habilidades diretas dos jogadores em suas ações;
- Pode haver mais de uma forma de vencer;
- Os jogadores podem realizar diferentes ações, cuja consequência é uma tendência não absoluta. Isso significa que esses jogos trabalham ao mesmo tempo com probabilidade, incerteza, noção de risco e tomada de decisão.

Além disso, esse novo momento do *design* de jogos trouxe muitas inovações mecânicas, incluindo o surgimento dos chamados jogos de tabuleiro cooperativos - onde os jogadores formam uma só equipe para vencer desafios propostos pelo jogo (os "coops", como também são chamados, serão tratados especialmente no capítulo de Carolina Spiegel); os mecanismos de construção de baralho (*deck building*) e o formato *legacy*.

Com tantas inovações, os jogos de tabuleiro passaram a atrair um público maior, e livrou a indústria de jogos de tabuleiro da retração ocorrida com rápida ascensão e adoção maciça dos jogos eletrônicos nos cotidianos. Pelo contrário, os jogos de tabuleiro cada vez mais se apresentam como proposta de "vida além das telas" e constitui um momento de refresco à hiperconectividade digital.

---

9 Um ótimo autor que discute esses diferenciais é Scott Nicholson. Procure por ele!

Jogos Modernos

Para diferenciar esse novo padrão dos jogos de tabuleiro em relação aos jogos anteriormente projetados (seja os tradicionais ou do século XX), adeptos do *hobby* os denominam como "jogos modernos" ou pelo nome em inglês *board games*. Ao longo deste livro, eles serão chamados pelos diferentes autores como "jogos modernos" - seu termo mais popular[1].

1 O uso do termo popular apresenta problemas conceituais, que os estudos acadêmicos poderão questionar em um futuro breve.

Para nós, educadores do tabuleiro, os jogos modernos revelam, por suas características, um imenso potencial pedagógico, se encaixando nos tempos possíveis em uma instituição de ensino, suscitando temáticas diversas, oferecendo modos de interação variados e capazes de atingir diversas mentalidades e tipos de alunos. Por esta razão, os autores deste livro darão atenção especial a tal qualidade de jogo.

8) "**Versão tabuleiro**": Do diálogo entre o jogo eletrônico e o físico ou analógico, surgiram três tipos de experiência:

a) A de "versões tabuleiro" de jogos eletrônicos;
b) A de versões eletrônicas dos jogos de tabuleiro;
c) Os jogos de tabuleiro que contém em seu mecanismo o uso de meios eletrônicos para acontecer, normalmente classificados como "jogos híbridos".

As três modalidades de jogos interessam à educação, seja pela atratividade (casos "a" e "c") como pela facilidade de acesso (dependendo do caso mais relacionado ao "a" ou a "b"). Jogos de tabuleiro cuja proposta é de oferecer uma experiência ambientada no *game* eletrônico serão atrativos na medida em que os aprendentes conheçam e curtam os jogos eletrônicos ali representados (como *World of Warcraft*, *Doom* e *Warcraft*, alguns dos "clássicos" eletrônicos que já apresentam versões analógicas).

Em ambientes onde o acesso a computadores e esses jogos for indisponível, o jogo físico pode ser também uma alternativa. Finalmente, os exercícios comparativos entre o jogo eletrônico e o analógico podem ser parte de uma estratégia pedagógica adicional. O caso das versões de jogos de tabuleiro apresentadas em versão eletrônica oferece três pontos positivos:

1) Testar os mecanismos dos jogos físicos, uma vez que muitos são disponibilizados gratuitamente na Internet (veja adiante uma lista de plataformas de jogos de tabuleiro modernos *online*);

2) Tornar acessível o jogo/jogar, caso o ambiente educacional disponibilize meios eletrônicos, mas não consiga fazer o mesmo em relação a um dado jogo de tabuleiro (e suas cópias);

3) Acelerar aspectos da experiência do jogar, uma vez que o tempo normalmente utilizado para o preparo do jogo (*setup* ou configuração inicial), o arrumar de peças e contar pontos ao longo e ao final do jogo são, na maior parte dos casos, realizados automaticamente pelo computador. Isso pode fazer o tempo de um dado jogo encaixar no tempo de aula. Claro que, neste caso, há prejuízo em relação à ausência desses processos. Arrumar o jogo para começar ou guardá-lo, constituem rituais de organização mental e aproximação com o aqui-agora, e a matemática envolvida na execução de certas ações durante o jogo constitui um exercício mental valiosíssimo. Fora a exclusão da qualidade de experiência sensorial e social que o jogo em três dimensões oferece.

Em relação aos jogos "híbridos", é preciso dizer que eles estão apenas começando, mas devem permanecer e se expandir. Cada vez mais, o celular e outros dispositivos irão determinar ou alterar circunstâncias narrativas do jogo, sendo acessado em momentos-chave, conforme as regras. Eles podem interferir na condição de vitória, ou mesmo, sugerir a configuração inicial dependendo do número e mesmo do tipo de jogadores à mesa. Nesse momento, a maior parte dos jogos híbridos utiliza em seu elemento eletrônico aplicativos próprios ou plataformas específicas; mas não necessariamente: um jogo de tabuleiro poderá utilizar, por exemplo, uma simples ferramenta de busca como parte do andamento do jogo. Nos anexos deste livro, você poderá encontrar uma série de plataformas online e realizar a experiência de jogar através da Internet.

Antes de passarmos ao próximo assunto, gostaria de destacar uma tipologia simples, segundo a apresentação material (ou digital) do jogo, que é de grande interesse aos educadores. Nesta, um mesmo jogo pode ser apresentado em diferentes formatos, incluindo: a) versão comercial/industrial; b) versão *imprimir e jogar*; c) versão "homemade"; d) versão artesanal com recicláveis; e) versão *desenhar e jogar;* e, finalmente, a versão digital do jogo. Para exemplificar cada apresentação, segue uma tabela de um jogo fictício:

Jogo "Guardiões da Justiça" e suas possíveis apresentações	
Versão comercial	Produzido pela Editora Tal, cubos de madeira, tabuleiro em cores aplicado em material cartonado, dados de resina e cartas enceradas. A caixa é em papel paraná, com corte industrial e o manual de instruções, em papel couchê com verniz.
Versão imprimir e jogar	A editora disponibilizou gratuitamente em seu *site* uma versão com arte simplificada, onde basta os jogadores imprimirem o tabuleiro e as cartas, e utilizarem dados de outra fonte para jogar. OBS.: Esse formato foi popularizado entre jogadores brasileiros com o termo em inglês *print & play*, ou simplesmente P&P e PnP.
Versão *homemade*	Na versão feita em casa, o "artesão" se esforçou para construir uma versão parecida com a qualidade industrial, ou mesmo melhorá-la. Para isso, utilizará uma diversidade de recursos. O tabuleiro pode utilizar técnicas de modelagem, onde peões e cartas podem se transformar em miniaturas feitas à mão (biscuit, durepoxi e massa de modelar profissional estão entre os materiais muito utilizados). Ele usará impressora colorida de alta qualidade, pode repintar digitalmente todos os componentes etc. Há "homemades" que são verdadeiras obras de arte.
Versão com recicláveis	Muito comum em escolas, o jogo foi reproduzido com a utilização de material reciclável, incluindo tampinhas de garrafa, frascos diversos, rolos de papel higiênico, palitos e canudos etc.
Versão "Desenhar e jogar".	Em uma viagem, um amigo que adora o "Guardiões da Justiça" resolveu mostrar aos companheiros de aventura a essência do jogo. Pegou papel e caneta, desenhou o tabuleiro e as cartas básicas, e substituiu o lance de dados por um sistema de lançamento de moedas. Não ficou tão bom, mas deu para mostrar. Esse sistema funciona bem em jogos muito simples como "jogo da velha" ou "forca". Mas recentemente uma classe de jogos chamada de *"roll & write"* vem resgatando com sofisticação a arte de jogar rabiscando.
Versão digital	Em um evento *online*, a Editora Tal resolveu convidar os visitantes a conhecerem o jogo, e para isso colocou uma versão digital do jogo na plataforma Tabletopia.

1.4 Palavras em Jogo: Termos e expressões fundamentais do universo dos jogos de tabuleiro

As disciplinas envolvidas em compreender, experimentar, utilizar e desenvolver em torno de jogos percorrem caminhos diferentes e formam um emaranhado de linhas de trabalho. Um "novelo" que formula um vocabulário lúdico específico.

Até aqui, você já reparou em algum termo desconhecido? Ao longo do livro, você terá a oportunidade de conhecer várias destas palavras, ou expandir o significado de algumas delas. Restarão ainda muitas outras a aprender ao longo de sua jornada, inclusive que não foram citadas! Como fundamento que permita você a identificar e construir os melhores caminhos para si mesmo, no tocante ao conhecimento de jogos e educação com jogos, vamos nos resumir a desambiguar alguns desses termos, começando por:

- Jogo de sociedade
- Jogo de mesa
- Jogo de tabuleiro
- Jogo analógico

Os três primeiros termos são utilizados muitas vezes como sinônimos. Em clara radicalidade, porém, podemos denotar que *sociedade*, *mesa* e *tabuleiro* constroem especificidades semânticas. O uso do termo "jogo de sociedade", trazido em tradução literal do francês "jeu de société", é o menos comum. Na França, designa jogos de tabuleiro em geral, embora exista a expressão menos utilizada "jeu de plateau", que é o afrancesamento de "board game". No entanto, em português, a presença da palavra *sociedade* sugere a conotação de jogos que promovem o encontro, a interação, e que não necessariamente se restringem à mesa. Assim, o termo abarcaria outros tipos de jogos sociais, que poderiam dispensar esta configuração, incluindo jogos com palavras, musicais, de representação, mímica etc. Isso torna o termo mais abrangente que os jogos de mesa ou de tabuleiro. Porém, o termo exclui os jogos solitários - cada vez mais diversos, aliás. Já "jogos de mesa" nos situa ao plano de uma atividade que se passa em torno da mesa, seja quando há materiais componentes do jogo, como cartas, dados, tabuleiros, peões, fichas e outras peças, ou ainda, quando simplesmente as pessoas jogam em torno da mesa por meio simplesmente da conversa e da imaginação (como alguns gêneros de jogos de RPG, por exemplo). Jogos de destreza utilizando a mesa inteira como superfície essencial à sua realização, como por exemplo o tênis de mesa (ou ping-pong) são igualmente englobados nesse termo. Assim, os jogos de tabuleiro designariam, em comparação com "jogos de mesa", um tipo ainda mais restrito de jogo, que necessariamente requer o uso de uma superfície em cima da mesa, a saber, o tabuleiro. No entanto, a descrição é imprecisa: tabuleiro vem do latim tabula, que dá origem também à tábua (peça lisa de madeira) e távola (mesa); Portanto, tabuleiro é uma superfície, originalmente em madeira, que pode ser a própria mesa onde se passa o jogo, ou uma representação de estrutura própria a ser colocada em cima da mesa ou em qualquer outro lugar. Se considerarmos "jogo de tabuleiro" apenas aqueles que apresentam o componente homônimo "tabuleiro", teremos de excluir todos os jogos de cartas, os RPGs (embora alguns utilizem tabuleiros como elemento espacial referencial) e outros. O termo ainda romperia com a flexibilidade estrutural em torno do jogar em outras superfícies que não a mesa. Por exemplo, em algumas regiões/tradições, é comum se jogar Mancala no chão e/ou na areia, assim como bolinhas de gude, jogo da velha e outros. Mancala deixaria de ser jogo de tabuleiro quando jogado no chão? Se, contudo, nos referimos a tabuleiro como superfície em geral, o termo se flexibiliza, e perde talvez uma conotação elitista e eurocêntrica (afinal, historicamente não era comum a classes populares ter uma mesa em madeira lisa destinada ao jogo, ainda menos o objeto tabuleiro como componente dos jogos/jogar, quando se considera o todo do que se sabe das culturas globais). De qualquer modo, embora os termos por vezes sejam sinônimos, percebemos em geral que seus usos se situam da seguinte maneira:

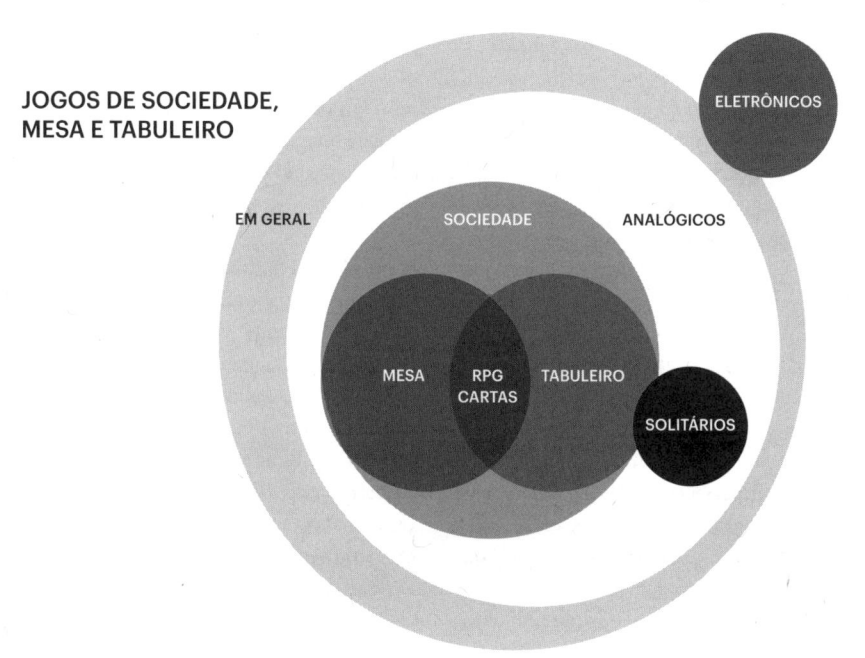

JOGOS DE SOCIEDADE, MESA E TABULEIRO

- ELETRÔNICOS
- EM GERAL
- SOCIEDADE
- ANALÓGICOS
- MESA
- RPG CARTAS
- TABULEIRO
- SOLITÁRIOS

Quanto ao jogo analógico, a desambiguação é mais simples: o termo é criado em oposição ao jogo digital, e assim, todos os jogos criados e jogados por uma perspectiva física, não eletrônica, podem assim serem chamados. Comumente, no entanto, o termo é usado como análogo ao jogo de tabuleiro.

Igualmente análogo *"só que não"* seria o uso do termo em inglês *board game* em meio a falas e textos de língua portuguesa. Ocorre que, em muitos casos, o termo é usado para separar o universo dos "jogos modernos" (adiante) dos demais jogos de tabuleiro. Trata-se de uma concepção que não será adotada neste livro: enquanto educadores, precisamos estar atentos ao juízo de valor que este uso do termo *board games*, enquanto distintivo de classe particular de jogos, carrega em si. Com uma só ação, a terminologia em inglês constrói uma valoração onde os *board games* seriam melhores que os demais jogos, mas acaba indo além: infelizmente, o Brasil vive uma cultura de desigualdade, onde a língua inglesa produz um filtro de acesso, seleciona pessoas, e determina quem pode (e deve) e quem não pode (e deve). Nessa compreensão, a Devir e diversas outras editoras têm utilizado a expressão jogo de tabuleiro, que será preferida também neste livro. Mesmo assim, a popularidade de *board game* como sinônimo, sobretudo dos jogos modernos/contemporâneos, é tão grande que você o verá com muita frequência, bem como poderá explorar o termo em inglês para suas pesquisas.

Finalmente, queremos chamar atenção para duas situações que ocorrerão em suas leituras acerca de jogos de tabuleiro:

• **Atenção 1** - Diferenças entre jogo e brincadeira, nem sempre claras, sobretudo em textos de origem estrangeira: em inglês, alemão, russo, espanhol, francês, italiano, as palavras correspondentes a *jogar* e *brincar* são sinônimas. Isso torna as decisões de tradução muito difíceis, e equívocos são frequentemente cometidos. Por exemplo, no livro *Psicologia do Jogo* de Daniil Elkonin, o referido jogo se refere à brincadeira imaginativa, de faz de conta, mais do que qualquer outra forma de exercício lúdico. Assim, nem tudo o que é dito em *Psicologia do Jogo* é válido em relação ao jogo de tabuleiro.

Mesmo em língua portuguesa, a fronteira entre jogo e brincadeira, jogar e brincar é flexível, e há ocasiões em que os textos abarcam ambos, o que é muito comum, sobretudo, entre os autores da infância, como Kishimoto e Brougère. Para estes, no entanto, o jogo toma um contorno suave, sem as exigências, incertezas e tensões que habitam o jogo estruturado ou com regras. Os jogos de tabuleiro são deste tipo: com regras pré-definidas, rígidas do momento em que se inicia ao momento em que o jogo termina; com um tempo de duração planejado segundo as mecânicas do próprio jogo (o que pode significar um tempo cronológico ou não); marcados por conflitos de diferentes ordens e pela incerteza de resultados; normalmente contêm algum critério relacionado à "vitória" - conquistada por um ou mais jogadores. Finalmente, nesta específica atividade *jogo*, a que denominamos *jogo de tabuleiro*, normalmente há alternâncias tensionais vivenciadas pelos jogadores de acordo com os diferentes fenômenos de interação entre si, e/ou entre os mesmos jogadores e os mecanismos do jogo: ações propostas, reações resultantes.

• **Atenção 2** - Aos textos que dissertam sobre "jogos", seja em sentido genérico, seja denotando outro tipo de jogos que não os jogos de tabuleiro: por vezes, um texto trata de "jogos" (ou de um certo jogo) simplesmente, mas seu contexto é o específico do jogo eletrônico, ou de jogos corporais, ou de outras atividades lúdicas, e nem sempre as características desses jogos e suas abordagens pedagógicas atendem as especificidades do jogo de tabuleiro.

Nos dois casos, reconhecer rapidamente a que atividade lúdica específica (ou não) o texto se refere evita equívocos conceituais muito frequentes, e além disso, constrói um filtro importante para a escolha do que se quer ler/estudar. Em suma, perde-se menos tempo quando sabemos sobre o que o autor realmente estuda e escreve.

PARTE I
Porque usar jogos de tabuleiro na educação

ADESÃO E RESISTÊNCIA NA EXPERIÊNCIA DO JOGAR EDUCATIVO

Pedro Vitiello
Psicólogo, mestre em saúde coletiva e brinquedista pela ABbri. Idealizador e fundador da rede Ludus Magisterium, que reúne pessoas interessadas em jogos de tabuleiro e educação.

ADESÃO E RESISTÊNCIA NA EXPERIÊNCIA DO JOGAR EDUCATIVO

O que, afinal, é um "Jogo Educativo"? Sempre que converso com profissionais da área de ensino sobre jogos e teorias de aprendizagem, um dos grandes temas que costuma aparecer é a questão dos "Jogos Educacionais". Alguns autores e criadores de jogos, certamente, têm pesadelos com isso. Talvez imagens de um grande dominó do alfabeto perseguindo-os em meio a uma floresta. E nisso há uma razão muito específica de ser.

Quando algo é anunciado como um "jogo educativo", dois equívocos costumam ser cometidos sobre o assunto. O primeiro é que aquele produto seja de fato educativo, e o segundo, a afirmação de ser de fato um jogo.

Na verdade, são raríssimos os jogos sob o termo "jogo educativo" que, de fato, eduquem. Pelo contrário, por vezes eles criam associações negativas, entre jogos e conteúdos escolares. Educadores bem-intencionados, mas com um conhecimento particularmente ruim sobre jogos, produzem, com admirável boa intenção, coisas como dominós, jogos de perguntas e respostas e os famosos "jogos de trilha", que, infelizmente, não conseguem seduzir um aluno a aprender, quanto mais aprender com jogos. Nesses casos, a afirmação de que tais artefatos sejam jogos se torna errada. Ou o são, mas em um sentido tão genérico, que não os tornam cumpridores de pelo menos uma das funções básicas dos jogos: (I) estimular um jogador a se sentir dentro de uma narrativa; (II) propor um desafio, por um enigma a ser decifrado. Jogos que não divertem, não são lúdicos, e se não o são, não aproximam o estudante do conhecimento.

Eu vejo professores muito bons, reproduzindo interminavelmente os jogos de trilha. Esses jogos fazem parte do repertório lúdico daquele professor. Por vezes é o único tipo de jogo que o professor conhece. E, de forma objetiva, mas não intencionalmente ofensiva, esses jogos costumam ser bem ruins.

Parte do problema está em uma concepção de educação como repetição e "decoreba". Como se a memorização, *per si*, de algo, trouxesse qualquer aprendizado mais profundo. Aprendemos quando o que é ensinado tem um significado. Nosso cérebro é excelente em reconhecer padrões e estabelecer conexões até mesmo onde não existem. Não é à toa que somos capazes de enxergar um anjo desenhado nas manchas de uma mesa, de ver rostos de personagens em nuvens ou animais desenhados na mancha de infiltração da parede. Faz parte de nossa essência esta capacidade imaginativa.

Quando forçamos um estudante a decorar algo, sem qualquer laço afetivo ou capacidade de ampliação de um significado, o aluno dificilmente recordará daquilo por mais do que alguns minutos. Ou, se tanto, até o dia de uma prova. Porém, experimente contar sobre quem era Mercúrio, e a associação do mito com o planeta mais rápido de nosso Sistema Solar poderá ser lembrada para sempre. Use uma música em uma aula de inglês, e sempre que aquela estudante ouvir um determinado refrão poderá se lembrar do significado de um termo.

Entender o porquê dos jogos educativos serem ruins é uma das coisas mais importantes que um bom professor pode fazer por seus alunos. A culpa não é do professor. Ele fez o melhor possível com o que conhecia. Mas entender que um jogo pode ser muito mais do que aquilo fará toda a diferença no processo de melhoria de sua abordagem lúdica de ensino. É aí que falamos de "cultura" ou "letramento" lúdico. Basicamente, jogar tanto quanto for possível jogos mais modernos, e com mecânicas e regras mais poderosas, ajuda de forma surpreendente a ampliar o horizonte (do professor?) dele e de seu potencial.

Veja como aconteceu, por exemplo, na história dos filmes: Charlie Chaplin produziu alguns dos melhores filmes de todos os tempos, ainda no cinema mudo. E se fossem os únicos filmes a serem vistos, seria gostoso de assistir para sempre. Mas Orson Wells produziu, pouco depois, já no cinema com som, o clássico *Cidadão Kane* (1941), que ampliou as possibilidades narrativas cinematográficas a outros horizontes. Por sua vez, o uso de cores que Akira Kurosawa faz em *Ran* (1985), não era possível para a tecnologia da época em que *Cidadão Kane* foi feito.

Cada nova tecnologia, cada nova técnica, traz em si um sem-número de possibilidades.

Jogos de trilha, hoje em dia, são filmes do Chaplin. Maravilhosos, mas só um pedaço da história. Se você quer fazer um bom filme, com a tecnologia atual, você pode, claro, fazer algo similar ao que Chaplin fazia. Mas pode também conhecer inúmeros outros cineastas e produzir algo essencialmente novo e maravilhoso.

Você pode usar trilha e ter jogos que são bem conhecidos dos alunos, ou desafiá-los de modos que eles sequer imaginam possíveis, e produzir uma experiência e uma relação com o aprendizado muito diferente e, potencialmente, mais rica.

Uma outra forma de se falar sobre isso, e me refiro aí, não a professores que tentam fazer bons jogos com o que conhecem, mas, sim, a jogos que nem mesmo quem cria acha que aquilo vai dar certo, da seguinte forma: um jogo pode ser uma dissimulação ou uma simulação.

Será uma dissimulação, uma mentira, quando há uma quebra clara, reconhecível, entre onde começa e termina um jogo, e onde começa a matéria escolar.

Exemplo: Imagine um jogo de dominó de abecedário de frutas (fictício). A de Avelã, B de Banana e assim por diante. Eu crio sete letras que só podem se relacionar com 7 letras iguais (A+A) ou sete frutas que começam com aquela letra. Eu o entrego a uma criança em processo de alfabetização para jogar. A chance dela achar aquilo interessante é baixa, porque:

- Para entender o jogo, ela precisa já saber as letras e escrever, ou seja, na pior das hipóteses, o jogo é inútil como aprendizado de algo novo e não produz um desafio;

- Sendo uma cópia do dominó, que a criança já jogou com os pais, mas com mais regras e imagens, excessivas (e muitas vezes de má qualidade), torna-se pouco atraente;

- Esse tipo de jogo é uma dissimulação, uma mentira sobre ser jogo, que não interessa ao estudante. Muitas crianças o perceberão como um instrumento de aprendizagem forçada, contra a qual irão resistir. A insistência para com esse tipo de oferta, pode soar como "armadilha" e criar um registro negativo em relação a atividades com jogos na escola.

Vamos agora a um exemplo positivo, em oposição ao anterior. Imagine então um jogo chamado "Abelhas e Colmeias", onde as crianças deverão associar animais e suas "casas". Elas levarão abelhas para a colmeia, a vaca para o celeiro etc.

Na primeira fase, você coloca só as cartas dos animais com imagens. Três ou quatro bastam. Falando Abelha e mostrando a carta, a criança rapidamente aprende para onde aquilo vai.

Na fase seguinte, você coloca as mesmas cartas, mas uma só com letra e pergunta: A de Abelha vai para onde? E V de Vaca? E assim por diante.

Na terceira ou quarta rodada, se só deixar as letras (poucas por vez), as chances da criança ter memorizado o som de cada letra é grande.

Sei que há enormes discussões sobre aprendizagem fonética ou não na aquisição de leitura. Criei os exemplos acima apenas como uma maneira de distinguir jogos e abordar o potencial educacional dependendo do que se produz e como se usa, não que devam ou possam ser aplicados em sala de aula apenas em uma visão de ensino. O mais importante que o retrato oferecido é que, em um jogo para crianças, é importante haver espaço para certa condição de simulação. Quando isso ocorre, as fronteiras entre o lúdico e o conhecimento de aula desmoronam e se tornam difíceis de se perceber, se não impossíveis. É o que se quer!

Oferecer um desafio compreensível aos jogadores (sejam crianças ou adultos), e, somado a isso, algum tipo de narrativa, preserva igualmente a ludicidade e o espaço de aprendizagem. A *simulação*, - aqui associada pela via lúdica à capacidade simbólica - produz aprendizagem; já a *dissimulação* - quando a mensagem finge ter sentido, mas não tem - produz resistência à mesma.

Um último aspecto a ser considerado é que, se o uso de jogos de tabuleiro em educação é um meio para a realização de objetivos pedagógicos diversos, ele requer um *know-how* oriundo de um campo específico de estudos. Assim, o educador que pretende utilizar essa abordagem, dentro ou fora de sala de aula, precisa se dedicar a estudar jogos, suas teorias e práticas em educação, para além do uso empírico comum observado no cenário escolar.

O QUE ESTÁ EM JOGO QUANDO JOGAMOS?

Karin Quast
  Doutora em Educação pela Unicamp, mestre em Linguística Aplicada pela Universidade de Taubaté (Unitau), especialista em Ensino de Língua Inglesa (Unitau) e licenciada em Letras. Como professora de inglês, trabalhou em diversos institutos de línguas e empresas, sempre buscando inserir atividades lúdicas e jogos. Lecionou Fonologia da Língua Inglesa no curso de Especialização em Língua Inglesa da Unitau por quase 15 anos, no qual utilizou jogos e, em algumas turmas, incentivou a elaboração de jogos para a prática de pronúncia. Atua no programa de Mestrado em Linguística Aplicada da Unitau desde 2015, orientando pesquisas voltadas ao ensino de línguas, incluindo temas como jogos, gamificação, *storytelling* e metodologias ativas. Continua atuando como professora particular de inglês e de pronúncia da língua inglesa, e também como tradutora.

O QUE ESTÁ EM JOGO QUANDO JOGAMOS?

Muito ouvimos falar sobre a importância dos jogos na Educação e no desenvolvimento e formação do ser humano. Na nossa história mais recente, e sob diferentes perspectivas, vemos Piaget discutindo o brincar/jogar, assim como Vigotski, Wallon, Elkonin, dentre outros. Na pedagogia Waldorf e no método Montessori eles também possuem destaque. Inúmeros estudos abordam o papel do jogo no desenvolvimento, mas geralmente com foco apenas em crianças pequenas.

Mas o que está em jogo quando jogamos? De forma resumida, nosso desenvolvimento motor, cognitivo, emocional, social, ético, moral, estético, identitário. Brincar e jogar, incluindo jogos de faz de conta ou de interpretação de papéis, trabalham esses aspectos como discutiram, sob diferentes enfoques, os autores mencionados acima (dentre outros). Vigotski aponta o jogo (em suas variadas formas) como a principal fonte de desenvolvimento da criança, em articulação, porém, com seus interesses, motivações e desejos, que variam segundo a idade.

Embora a discussão de Vigotski esteja principalmente centrada nos jogos de interpretação de papéis, nos interessam aqui, primordialmente, os jogos com regras, nos quais, aponta o autor ([1926] 2004, p. 105), os jogadores, em busca de atingir um determinado objetivo, subordinam (livremente) suas ações (e impulsos) a regras, que as limitam e regulam, ao mesmo tempo em que são influenciadas pelas estratégias, decisões e ações dos outros jogadores. Os jogos e suas regras, além de colocarem problemas, obstáculos, dificultam que usemos automatismos, salienta o autor (2004), ao contrário de certos tipos de exercícios.

Os jogos com regras Vigotski denomina "uma espécie de escola superior de brincadeira", pois contribuem para a organização das formas superiores de comportamento, aquelas envolvidas em tomadas de decisão e na resolução de problemas complexos, colocando em ação a coordenação de várias habilidades, além de apoiarem o desenvolvimento de aspectos sociais, interacionais (2004, p. 105) e emocionais – visto que jogar não apenas age sobre os instintos, mas contribui para a organização do comportamento emocional ao se coordenar sentimentos e as regras do jogo (p. 123), às quais, como já mencionamos, nos sujeitamos livremente. Vigotski, no início do século XX, já chamava a atenção de educadores em relação a educar o cidadão do mundo, que irá participar de relações sociais muito diversificadas e cada vez mais complexas, que demandam flexibilidade, plasticidade e adaptação criativa, aspectos que podem também ser desenvolvidos via jogos de tabuleiro.

Vamos aqui então refletir sobre o jogar enquanto:

(a) Atividade humana significativa (HUIZINGA, [1938] 2000; VIGOTSKI, [1926] 2004, [1930] 2009) e que implica, portanto, objetivo, motivação, *(inter)ação*, linguagem(ns), agência;

(b) 'Lugar' de produção de significados/sentidos;

(c) Propiciador de experiências para o desenvolvimento do ser humano, para novas formas de participação na cultura, em diferentes práticas sociais e em variadas esferas de atividade;

(d) Lugar de possível emergência do novo.

O que acontece então quando jogamos (além de nos divertirmos)? Jogos são apenas para crianças? Essas questões serão examinadas a partir da perspectiva histórico-cultural, especialmente com base nos textos de Vigotski.

Mas antes de falar dos jogos em si, precisamos delinear como Vigotski concebe o ser humano, seu desenvolvimento, a aprendizagem e o papel da linguagem neste desenvolvimento.

Desenvolvimento, aprendizagem, linguagem

Para Vigotski, o desenvolvimento humano não é uma questão de mero amadurecimento das funções cognitivas (que, para alguns, já são dadas *a priori*, são universais, fixas, imutáveis), pois o potencial biológico pode não vir a se concretizar dependendo do contexto social, do ambiente em que a pessoa vive, das práticas sociais das quais ela participa ativamente (ou não); nosso desenvolvimento é *socialmente construído*. Vigotski salienta que o cérebro é um sistema aberto, com alta plasticidade, e sua estrutura e funcionamento foram sendo moldados ao longo da história humana (a filogênese) e também são moldados a partir da história individual (a ontogênese). As formas culturais atuam sobre o desenvolvimento de nossas funções psicológicas; elas não simplesmente amadurecem. Toda função psicológica superior é uma *relação social internalizada*. Daí a importância das interações sociais, da linguagem (dos processos discursivos). Mas há relação entre ensino/aprendizagem e desenvolvimento?

Vigotski defende que o desenvolvimento das funções psicológicas superiores (FPS) é impulsionado pela aprendizagem. Assim, o plano da consciência não nos é dado ao nascermos, não tem um caráter universal; ele vai sendo construído em nossas relações sociais, ao sermos imersos na cultura. As relações sociais são convertidas em funções psicológicas. Essas funções – que não partilhamos com os outros animais – caracterizam o *agir consciente*. Alguns exemplos de FPS: fala; atenção, percepção e memória voluntárias; pensamento verbal; imaginação; generalização; abstração; raciocínio lógico; planejamento; autorregulação etc. As FPS vão se estruturando à medida que novas combinações entre as funções vão sendo realizadas, se relacionando e articulando entre si. Elas são mediadas pela linguagem que, por sua vez, vai regulando e organizando nossa atividade psicológica.

Logo, para que essas funções se desenvolvam, é preciso que a pessoa participe ativamente de diversas práticas sociais/culturais, incluindo brincar/jogar, e possa se apropriar do conhecimento acumulado pela humanidade. A Educação tem, portanto, um papel fundamental na apropriação de novas formas de atividade e inserção do aluno na cultura, em variadas práticas sociais (SMOLKA, 2009). Com os outros aprendemos não só a língua, os sistemas semióticos, mas também comportamentos, hábitos, atitudes, valores, formas de conceber a realidade etc.

Pensando na aprendizagem e, em especial, na sala de aula, vemos que ela acontece em um ambiente complexo, onde o conhecimento é produzido nas interações sociais, mediadas pela linguagem e por artefatos culturais. Ou seja, a nossa relação com aquilo que estamos aprendendo não é direta, mas (inter)mediada pelos outros que então indicam, delimitam, atribuem significados à realidade; é mediada também por artefatos culturais (criações humanas como livros, filmes, imagens, músicas, brincadeiras, jogos; todos os objetos e invenções). A chave da questão da aprendizagem não é meramente a interação e a mediação, mas a *qualidade* das interações e mediações, como veremos adiante.

Temos, pois, o jogo enquanto um artefato cultural e o jogar como uma prática social/cultural. Assim, ao jogarmos, interagimos com o jogo em si, que nos faz imergir na cultura, na história, no conhecimento ali condensado; vivenciamos os comportamentos, os valores impregnados no jogo. E, enquanto interagimos com outros jogadores (e desenvolvemos aspectos sociais e de autorregulação), podemos, ao mesmo tempo, refletir sobre as mais variadas situações. Nesse sentido, o jogo pode não apenas contribuir para o desenvolvimento cognitivo, de várias habilidades, competências, para a apropriação de conhecimento, mas também atuar como ponto de partida para a reflexão crítica.

E, falando da interação e mediação pelo outro, é importante refletir sobre um conceito vigotskiano muito utilizado na educação: a Zona de Desenvolvimento Proximal.

A zona de desenvolvimento proximal (ZDP)

Vigotski defendeu que, para compreendermos o funcionamento psicológico da criança e seu desenvolvimento, não poderíamos nos ater aos ciclos de desenvolvimento mental já completados, ou seja, para aquilo que ela já realiza de forma autônoma, ou aquilo que é denominado de zona de desenvolvimento real. É preciso olhar não para o passado, mas para o futuro, para o que ela consegue realizar com a ajuda do outro, ou seja, com a necessária participação (*de qualquer natureza*) do outro (GÓES, 2001): a zona de desenvolvimento proximal (VIGOTSKI, 2001). O desenvolvimento é então visto de forma prospectiva, em que se revelam as possibilidades futuras da *atividade mental*.

É importante ressaltar que a ZDP se refere ao *desenvolvimento mental* e não à aprendizagem de conteúdo específico, isolado. É necessária a organização correta da aprendizagem, de forma que ative todo um *grupo de processos* de desenvolvimento. Cabe também lembrar que, para Vigotski, esses processos não ocorrem de forma linear, nem tranquila, mas são dinâmicos, envolvem tensões, crises, revoluções e involuções, avanços, recuos, 'saltos', pontos de viragem, implicando em mudanças qualitativas. Não se trata de uma linha reta do ponto 'A' ao ponto 'B'. Além disso, a ZDP seria uma área de possibilidades, pois o "ponto de chegada" não pode ser definido *a priori* (CRUZ, 2002).

Também a noção da 'ajuda' ou assistência do par mais capaz é questionado: primeiramente porque não se trata necessariamente do adulto, ou professor, nem apenas de uma pessoa: Vigotski fala da interação com *pares*. Sua ênfase recai sobre a interação entre pessoas e sobre a cooperação com os pares. Holzman (2009) pensa a 'aprendizagem conduzindo o desenvolvimento' como uma criação coletiva, e a ZDP como um *processo*, como *atividade* e não uma "entidade espaço-temporal"; é, ao mesmo tempo, a criação da zona (o ambiente) e aquilo que é criado na atividade. Concebendo a ZDP desta forma, o foco recai sobre a atividade coletiva de criação; é o ser humano 'se tornando' (*becoming*).

Em segundo lugar, podemos também aprender na interação com o 'menos capaz' (naquela atividade, pois a pessoa pode ser mais capaz em outra). Ao tentarmos explicar ou esclarecer algo para outra(s) pessoa(s), por exemplo, aquilo se torna objeto de análise e reflexão, vai sendo reformulado, reorganizado, ampliado também para nós; vamos colocando em ação várias estruturas cognitivas e então nos desenvolvendo. Nesse sentido, o jogo, além de poder introduzir um problema, que pode levar a novas formas de agir e pensar, insere determinado conteúdo ou conceito em um contexto significativo, tornando-o mais concreto, mais 'palpável', permitindo que se torne passível de objetificação, análise, decomposição, novas associações, combinações, (re)elaborações, (re)interpretações.

Isso está articulado com uma noção que professores usam mesmo que intuitivamente: não vamos trabalhar com o aluno aquilo que ele já domina (que já pode realizar sem ajuda por causa de seu nível de desenvolvimento real); precisamos avançar. Assim, afirma Vigotski, é preciso apresentar exigências que ainda não podem ser atendidas naturalmente (e jogos são bons em fazer isso). Porém, não podemos ensinar algo que ainda seja incapaz de aprender, que seja incapaz de imitar ou realizar com algum tipo de assistência. Ou seja, não podemos saltar para algo totalmente desconhecido, sem que o aluno tenha algo em que se apoiar. É preciso um ajuste 'fino'.

Vigotski (2004) salienta que a base do trabalho do professor deveria ser a experiência concreta dos alunos. A aprendizagem se ancora no conhecimento já adquirido, dialoga com as experiências de vida, de mundo e com os conceitos cotidianos (aqueles aprendidos em experiências concretas, de forma não sistematizada). O aluno é tido por Vigotski como agente e não um ser passivo, 'absorvendo' conteúdo repassado pelo professor. Mais que isso, é *interativo*, pois os processos interacionais, intersubjetivos, são instância constitutiva da aprendizagem e desenvolvimento (GÓES, 1997).

Qual então é o papel do professor? A ele cabe, segundo Vigotski, *organizar* o meio social da aprendizagem, mediar o processo de aprendizagem. O professor deixa de ser o detentor do saber e as relações passam a ser menos assimétricas. Nesse sentido, os jogos podem realizar esse deslocamento. Não se trata de meramente deixar as pessoas jogarem e interagirem e esperar que algo aconteça de forma espontânea: é importante ter em vista o caráter organizador e mediador do professor e do artefato jogo. O professor, aliás, utiliza um jogo com um propósito, uma determinada intencionalidade pedagógica e direcionamento, leva em consideração as possibilidades do jogo (enquanto artefato, criação humana, cultural, histórica, ideológica[1]), bem como os conhecimentos, valores, crenças etc. contidos no jogo (e sua adequação ao seu contexto, incluindo questões éticas) e todas as possibilidades oferecidas pelo jogo e a partir do jogo.

Após essa digressão, voltemos às experiências concretas e conceitos cotidianos. Os conceitos cotidianos são impregnados pela experiência e, por longo tempo, não são reflexivos, conscientes; é no contato com os conceitos científicos que passam a fazer parte de uma rede sistematizada. Como esse processo ocorre? Vigotski parte do significado da palavra, concebendo-o já como *um ato de generalização*, pois reflete, na consciência, a realidade de forma diferente daquela experienciada de forma sensorial e perceptual. A palavra, portanto, liberta o ser humano das amarras das condições situacionais imediatas.

Mas o significado da palavra não é estático; ele vai se transformando; ele se desenvolve. Inicialmente, as palavras possuem apenas função nominativa, designativa; estão 'presas' aos objetos, ao seu significado situacional. A criança ainda não consegue usá-la de forma consciente e deliberada, nem concebê-la de forma abstrata ou inseri-la em um sistema de relações. À medida que vivencia outras situações em que a palavra é utilizada, o significado da palavra (que já é um nível de generalização) vai se modificando, ao mesmo tempo em que os processos intelectuais de abstração e generalização vão se desenvolvendo. E esse processo é inacabado, perdura por toda a vida; estamos sempre ampliando os significados das palavras, os conceitos e isso também é vivenciado ao brincar/jogar; vamos criando complexas redes de significações.

No processo de escolarização, a criança entra em contato com os conceitos científicos, sistematizados, e cuja aprendizagem, por sua vez, demanda operações lógicas complexas que vão então sendo desenvolvidas. A criança passa a traçar relações entre conceitos, sistematizando-os, tecendo novas estruturas de generalização e relações, de forma hierárquica. Isso, ao mesmo tempo, implica na conscientização dos próprios processos mentais. Os conceitos científicos então influenciam os cotidianos, e esses, por sua vez, conferem certa concretude aos conceitos científicos.

E essa articulação de mão dupla ocorre nos jogos. Os conceitos cotidianos também podem ser construídos e evoluírem a partir da experiência com jogos, além destes possibilitarem níveis crescentes de reflexividade dependendo das interações com o jogo e a partir do jogo - residindo aqui o importante papel da mediação do professor e os processos dialógicos. Ao mesmo tempo, a partir da concretude do jogo pode-se trabalhar os conceitos científicos (que podem já estar contidos no jogo).

Os jogos podem, pois, contribuir para o próprio desenvolvimento dos conceitos científicos, para o processo de generalização, abstração, ampliação do significado e sentido das palavras[2]. Como? Ao trazer signos, palavras, conceitos em novos contextos, situações, recortes da realidade; ao introduzir as palavras em novas relações.

Mas você pode estar se perguntando: "Onde ela quer chegar com isso? O que Vigotski falou sobre o jogo?" Então vamos tentar articular isso tudo.

Jogos, ZDP, aprendizagem, desenvolvimento

Ao discutir sobre o brincar/jogar, Vigotski está interessado no desenvolvimento da criança e do adolescente e como essa atividade vai se transformando nas diferentes fases da vida. Porém, o jogar e suas implicações não se limitam às crianças, englobando também adultos. Iniciando com a criança, Vigotski ressalta que ela brinca não porque isso lhe dá prazer, já que outras coisas podem ser mais prazerosas e também porque nem sempre a brincadeira lhe proporcionará satisfação, dependendo do seu resultado (perder no jogo, por exemplo). O que está em jogo são suas necessidades, seus impulsos afetivos, seus motivos. São esses que a criança busca realizar ao brincar/jogar; são as tendências irrealizáveis, os desejos que não consegue realizar imediatamente que levam ao brincar/jogar. E esses impulsos, motivos, sofrem alterações na passagem de uma faixa etária para outra. Novas necessidades e inclinações, novos impulsos e motivos surgem. E isso não deve ser ignorado na Educação, dado que não existe atividade sem um motivo que a impulsione.

Vigotski afirma que, ao brincar/jogar, a criança é "maior do que ela mesma", pois tem a chance de se comportar de maneira mais elaborada do que em suas atividades do cotidiano. Brincar/jogar, então, cria ZDPs e, o que é conquistado nessa atividade, fará, no futuro, parte do desenvolvimento real. Assim, no jogo é possível a *apropriação* das produções humanas historicamente acumuladas[3]. Na idade pré-escolar, o jogo de papéis é a atividade-guia; aquela que, por seu *conteúdo e estrutura*, propicia o desenvolvimento de processos psicológicos essenciais ao processo de humanização (inserção da criança na cultura, na sociedade). Pensando em dramatizações e *performance*, Holzman aponta que representar é pegar quem somos e criar algo novo; essa 'imitação' criativa, em que se é você e outro ao mesmo tempo, é fonte de desenvolvimento.

Mas, para tal, é imperativo que crianças e adolescentes (e adultos) possam brincar/jogar. Após a fase dos jogos de papéis, ou de faz de conta, entram em cena os jogos com regras. Não que os primeiros não contenham regras; ao criar uma situação imaginária e desempenhar um papel (a imaginação em ação), a criança segue as (e se apropria de) regras de conduta e particularidades discursivas relacionadas àquele papel social, ao mesmo tempo em que está criando novas *performances* para ela (como diretora, roteirista, figurinista, intérprete/artista etc.); a diferença é que as regras ficam em segundo plano e a imaginação em primeiro. Essa relação se inverte nos jogos com regras, ficando a situação imaginária em segundo plano. A imaginação, porém, não deve ser subestimada, pois conduz ao desenvolvimento do pensamento abstrato. Porém, ambos os tipos de jogos possibilitam, a despeito da idade, que nos apropriemos das atividades sociais, dos conhecimentos, valores, formas de falar, perceber, pensar, sentir, agir, se relacionar, assim como de outros diferentes aspectos que integram a cultura e, assim, nos desenvolvamos. Os jogos nos oferecem situações desafiadoras que nos impulsionam a pensar e agir além do nosso habitual, além do nível de desenvolvimento atual (VIGOTSKI, 2009).

O que mais acontece ao jogarmos que impulsiona o desenvolvimento? Com base em inúmeros trabalhos podemos dizer que, em termos gerais, os jogos com regras promovem a atenção, concentração, o reconhecimento e (livre) sujeição a regras, a habilidade de análise, abstração, representação mental, a redução do egocentrismo (promovem o descentramento cognitivo, ou seja, passa-se a observar o mundo também a partir da perspectiva do outro; é preciso prestar atenção ao outro; 'ler' o outro; tentar descobrir a estratégia dos outros jogadores, tentar antecipar suas jogadas etc.; além de permitirem vivenciar diferentes papéis sociais ou 'observar' o mundo a partir de outras perspectivas).

Fomentam, ainda, o desenvolvimento de habilidades sociais e interativas (como: aguardar a vez de jogar; aprender a ganhar e perder; ter disciplina; lidar com as emoções no decorrer do jogo; respeitar o outro; ter empatia; lidar com eventuais situações de conflito e tensões; agir de forma colaborativa; ter responsabilidade; se comunicar, negociar, argumentar); construir e testar hipóteses e estratégias; planejar; resolver problemas; tomar decisões (por vezes com base em poucas informações); reconhecer relações causais; assumir responsabilidade pelas ações e consequências. Jogar possibilita, ainda, a autoavaliação (nós avaliamos nossas habilidades nos comparando aos outros e também comparando nosso próprio desempenho em partidas anteriores) e a busca pela superação. Enfim, promove o desenvolvimento ético e moral, o desenvolvimento do pensamento abstrato e da habilidade lógica, do comportamento intencional, do automonitoramento, da autorregulação (pois sujeitamos/subordinamos nossa conduta/vontade às regras do jogo), da criatividade, do pensamento reflexivo, dentre outros aspectos, enquanto vivenciamos uma experiência afetiva rica (o que auxilia a retenção na memória).

Para além da ZDP: Interação, mediação, significação

Um dos principais conceitos de Vigotski é o de mediação simbólica. O homem usa instrumentos ou ferramentas para agir sobre a natureza, transformando suas formas de viver e a si mesmo nesse processo. Já os sistemas de signos (como os números, sistemas aritméticos, a música, a arte, os ritos, os mapas, os diagramas, técnicas mnemônicas, conceitos científicos, fórmulas matemáticas etc.) e, em especial, a língua, mediam a relação dos homens entre si, com o mundo, com o seu próprio funcionamento mental.

O conhecimento é produzido nas interações, nas relações intersubjetivas, que não são harmoniosas (há conflitos, tensões, circunscrição, expansão, dispersão e estabilização de significados) (GÓES, 2001; SMOLKA, 2009). E isso faz parte da construção/elaboração de conhecimento, que ocorre no entrechocar de vozes, de diferentes pontos de vista. A ZDP é um construto importante, mas o aspecto essencial reside na riqueza das interações, nos processos intersubjetivos, discursivos, *dialógicos*, nas significações produzidas e então internalizadas.

Um dos problemas em relação à visão de mediação na ZDP é concebê-la enquanto um encontro 'suave' e harmonioso entre as pessoas, não levando em conta que os processos intersubjetivos possuem características heterogêneas e conflituosas. Também precisamos tomar cuidado com uma noção de ZDP meramente intelectiva, que não leva em consideração o entrelaçamento entre intelecto e afeto (emoções) e que considera o outro nessa relação sempre como aquele que "ajuda, partilha, guia, transfere, controla, estabelece andaimes etc." (GÓES, 2001).

Daí a importância da qualidade das relações intersubjetivas, da dinâmica das (inter) ações, incluindo as interações com o jogo, entre os jogadores e a partir do jogo: processos utilizados nas análises, inferências, antecipações, avaliações, cálculos, planejamento, monitoração, tomada de decisões, estratégias, discussões, interpretações, argumentações etc. Tudo isso vai sendo internalizado, participando do desenvolvimento cognitivo, além de se constituir como repertórios para futuras (inter)ações.

É importante aqui considerarmos como Vigotski concebia a internalização (apropriação). Não é a passagem direta do exterior para o interior, mas a *reconstrução*, a *conversão* interna das experiências vivenciadas, das *significações* produzidas nas relações intersubjetivas. Entretanto, para que toda essa 'magia' ocorra na sala de aula, é preciso um ingrediente muito importante: a motivação.

O despertar da curiosidade e motivação para a aprendizagem

Mencionamos anteriormente que Vigotski ressalta a questão das necessidades que se deseja satisfazer ao jogar, os impulsos afetivos, os motivos (motivações) e que esses vão se alterando ao longo do desenvolvimento. Essas questões também são salientadas em relação ao ensino.

No livro *Psicologia Pedagógica*, Vigotski aponta alguns elementos importantes para se levar em consideração na Educação, como a motivação, o interesse e a curiosidade. O interesse, por exemplo, é um motivador natural, por isso é fundamental que todo o sistema educativo e o ensino sejam construídos em função dos interesses dos alunos ou os 'provoque'. Vigotski chama a atenção para os sentimentos intelectuais como curiosidade, interesse, assombro etc. e que dirigem a atividade intelectual.

Esses aspectos é que irão então 'convocar' outras funções cognitivas necessárias para a aprendizagem, como a percepção, atenção, memória etc. Ele já defendia, há quase 100 anos, alguns dos princípios que atualmente embasam as Metodologias Ativas: o ensino centrado no aluno, que leva em conta seus interesses, suas motivações, suas formas de aprender, que se apoie em seus conhecimentos e experiências prévias, que seja significativo, que permita ao aluno ser agente e produtor; que não seja compartimentado, nem meramente conteudista, em que o aluno não seja considerado como uma esponja que assimila conhecimento pronto, acabado.

Ele também enfatiza que, se o aluno não estiver motivado, não tiver interesse, ele não irá aprender. Toda atividade pressupõe uma necessidade, que a regula e a orienta de forma que se atinja um objetivo. Como então lidar com a motivação, despertar a curiosidade, a vontade de aprender, de investigar mais a fundo, de descobrir, de criar algo?

Vigotski (2004) salienta que o ambiente social e todo o comportamento da criança (e aqui incluímos adolescentes e adultos) devem ser organizados de forma que a cada dia novas combinações, novos imprevistos sejam provocados; é preciso gerar novas necessidades. Isso para que ela não recorra simplesmente a hábitos e respostas já 'prontos', mas que exijam novas combinações na forma de pensar, que impliquem no elemento criativo, isto é, em fazer as articulações possíveis entre os elementos disponíveis a partir das experiências prévias (p. 173). E qual prática social ou artefato cultural faz isso muito bem? Se você pensou nos jogos de tabuleiro, acertou!

Os jogos, enquanto parte do cotidiano dos alunos, possuem esse potencial de motivar, despertar a curiosidade, desenvolver a disposição para a aprendizagem, de utilizar experiências prévias em novas combinações e testá-las. Além disso, os *designers* dos jogos de tabuleiro contemporâneos não ignoram as teorias sobre motivação. O jogo pode, então, impulsionar a aprendizagem, participando duplamente no desenvolvimento, seja por sua própria estrutura, seja no sentido de motivar a aprendizagem. Mas existe um outro componente essencial em atividades lúdicas: as emoções e os sentimentos. Nossa memória, já apontava Vigotski com base em pesquisas da década de 1910, retém melhor "elementos impregnados de uma reação emocionalmente positiva"; aquilo que está relacionado ao prazer (2004, p. 149). Desta forma, recomenda que todo material didático esteja vinculado a uma vivência emocional; deve-se estimular os sentimentos dos alunos.

Assim, jogar precisa ser pensado como uma experiência (assim como deveria ser pensada a aprendizagem), que é singular e emocionalmente vivida; que engloba várias funções psicológicas (incluindo as emoções) e se entrelaça com as experiências passadas (e suas significações). Nessa perspectiva, não há dissociação entre cognição e afeto.

Mas existe um aspecto menos discutido em relação aos jogos que é extremamente importante: o desenvolvimento da imaginação. Da mesma forma que defende a unidade entre cognição e afeto, Vigotski defende que cognição e imaginação se interpenetram.[4]

A imaginação e sua importância na atividade humana

Dentre as funções psicológicas superiores, a imaginação é a que parece receber menos atenção. Vigotski (2009), contudo, salienta sua importância na aprendizagem de todas as disciplinas escolares e para a criação técnica, científica e artística. Da mesma forma que as outras funções tipicamente humanas, ela também se desenvolve a partir das relações sociais, da cultura, das práticas sociais das quais participamos; não é algo meramente biológico. Na verdade, a imaginação é um *Sistema Psicológico*, pois reúne várias funções psicológicas (cognitivas), formando um sistema interfuncional. Ou seja, ela mantém conexões e relação com a percepção, a memória e atenção voluntárias, com a vontade, a linguagem, o pensamento, o afeto (emoções) etc.

A imaginação se desenvolve a partir das experiências, se funda na experiência (histórica, social e pessoal) e essa, por sua vez, também se apoia na imaginação. Assim, quanto mais ricas forem as experiências – sejam pessoais, sejam vicárias (construídas a partir de relatos, livros, filmes, pois narrativas também mobilizam e produzem imagens e emoções) – mais rica será a imaginação. E imaginar (que atua no desenvolvimento do pensamento abstrato) é o ponto de partida para a criação; tudo o que o ser humano cria é, como diz Vigotski, *imaginação cristalizada*, mesmo que o novo seja como um grãozinho de areia (mas é sempre ação transformadora do ser humano no mundo). O futuro só pode ser alcançado por meio da imaginação criativa, que também envolve o domínio da técnica, a apropriação da *expertise* construída social e historicamente (SMOLKA, 2009).

E a criação começa no brincar/jogar, porque não está ali presente a pura recordação de algo que foi vivenciado, mas uma (re)combinação, uma (re)elaboração criativa daquilo; é a (re)interpretação da realidade e, então, a construção de uma realidade nova ou algo novo que responde a aspirações e anseios. Isso transborda para a vida real: tende a se materializar (exceto no caso dos sonhadores). Mesmo que seja, no caso da criança, materializar-se em forma de imagens e ações vivas (como no jogo de papéis, na dramatização, na escrita, no desenho). Tudo isso, ao mesmo tempo, está repleto de significação e prenhe de sentidos (VIGOTSKI, 2009).

O imenso potencial criativo aparece e se desenvolve na experiência do brincar/jogar, porque estamos ali inseridos em um espaço seguro em que podemos experimentar e testar ideias, estratégias, ações (e vivenciar variados papéis sociais) sem medo de errar, de avaliações ou de sanções (GEE, 2003); onde se pode (re)combinar e (re)elaborar de forma mais livre, não engessada; onde não existe "a" resposta certa; e no qual nos engajamos também em jogos de linguagem (WITTGENSTEIN, 1953). O jogo, então, enquanto lugar de (inter)ação, lugar seguro de experimentação e exploração, espaço para se tentar de novo, mudar e testar estratégias, a lógica, a forma de abordar problemas, favorece a transposição dessas formas de pensar (e de se relacionar, se comunicar) para a vida.

Referências

CRUZ, M. N. da. *Imaginação, conhecimento e linguagem*: uma análise de suas relações numa perspectiva histórico-cultural do desenvolvimento humano. Tese (Doutorado em Educação) – Faculdade de Educação, UNICAMP. Campinas, 2002.

GEE, J. P. *What video games have to teach us about learning and literacy.* New York: Palgrave/Macmillan, 2003.

GÓES, M.C.R. A construção de conhecimentos e o conceito de zona de desenvolvimento proximal. *In*: MORTIMER, E. F.; SMOLKA, A. L. B. (Org.). *Linguagem cultura e cognição*: reflexões para o ensino e a sala de aula. Belo Horizonte: Autêntica, 2001. p. 77-88.

_____. As relações intersubjetivas na construção de conhecimentos. In: GÓES, M.C.R; SMOLKA, A.L.B. (Org.) *A significação nos espaços educacionais*: interação social e subjetivação. Campinas: Papirus, 1997.

GÓES, M.C.R.; CRUZ, M.N. da. Sentido, significado e conceito: notas sobre as contribuições de Lev Vigotski. *Pro-Posições*, v. 17, n. 2 (50) - maio/ago. 2006.

HOLZMAN, L. *Vygotsky at work and play.* New York/London: Routledge, 2009.

HUIZINGA, J. *Homo Ludens*: o jogo como elemento da cultura. Trad. João Paulo Monteiro. 4ª ed. São Paulo: Perspectiva, [1938] 2000.

SMOLKA, A.L.B. A Atividade criadora do homem: a trama e o drama. *In*: VIGOTSKI, L.V. *Imaginação e criação na infância*, 2009, p. 7-10.

VYGOTSKY, L. S. *A Construção do Pensamento e da Linguagem.* São Paulo: Martins Fontes, 2001.

_____. *Psicologia pedagógica.* Porto Alegre: Artmed, [1926] 2004.

_____. *Imaginação e criação na infância.* Apresentação e comentários de Ana Luiza Smolka. Trad. Zoia Prestes. São Paulo: Ática, 2009.

WITTGENSTEIN, L. *Philosophical Investigations.* Tradução de G.E.M. Anscombe, Oxford: Blackwell, 1953.

---

[1] Ideológico aqui possui relação com um "sistema de ideias", constituído e compartilhado socialmente; refere-se à produção cultural humana imaterial ou às formas da consciência social, sejam normas jurídicas, regras morais, gostos artísticos, enfim, toda a produção humana no campo da arte, da ciência, da filosofia, da política, da religião, do direito, da ética.

[2] Não se pode ignorar que, além de seu significado (compartilhado socialmente), as palavras vão sendo impregnadas por aspectos apreciativos, valorativos; elas vão adquirindo um sentido vivencial a partir das experiências vivenciadas (emocionalmente) por cada sujeito.

[3] E aqui, fazendo um parêntese, cabe considerar a imitação que, para Vigotski não é uma atividade mecânica pois não é possível imitar qualquer coisa que se queira; para imitar, é preciso que aquilo esteja na 'zona' de possibilidades próprias.

[4] Para detalhes sobre essas relações, sobre questões de significado e sentido, conceitos cotidianos e científicos, ver Góes e Cruz, 2006.

JOGOS COOPERATIVOS EM SALA DE AULA

Carolina Spiegel
Formada em Ciências Biológicas pela UFRJ, mestre e doutora em Biologia Celular e Molecular pelo IOC/Fiocruz. É professora associada em Biologia Celular e coordenadora da Licenciatura em Ciências Biológicas da UFF. Atua na linha de pesquisa de Jogos Cooperativos e Investigativos no Ensino de Ciências e formação de professores. Desenvolveu diversos jogos voltados para o ensino de Biologia, dentre eles o *Célula Adentro* e o *Fome de Q*. É líder do grupo de pesquisa Estudos em Ciência e Educação Lúdica (CEL) e atua como docente do programa de pós-graduação de Ensino de Biociências e Saúde do IOC.

JOGOS COOPERATIVOS EM SALA DE AULA

Você já ouviu falar em jogos cooperativos? São um tipo de jogo em que o adversário não é o outro, mas o jogo em si. O lema é: Ou todos perdem ou todos ganham! Se joga com o outro e não contra o outro. Repare que não é um jogo em que se joga uma equipe contra a outra.

Imagine que vantagens este tipo de jogo teria em sala de aula? Se você é professor da educação infantil, um dos primeiros cenários seria a dificuldade de gerenciar tanto a criança frustrada por ter perdido quanto a outra que ganhou não implicar com os outros. De fato, segundo Terry Orlick, um dos pioneiros dos jogos cooperativos:

> [...] a diferença principal entre Jogos Cooperativos e competitivos é que nos Jogos Cooperativos todo mundo coopera e todos ganham, pois tais jogos eliminam o medo e o sentimento de fracasso. Eles também reforçam a confiança em si mesmo, como uma pessoa digna e de valor. (ORLICK, 1989, pág. 144)

Mas, deixo aqui algumas perguntas para reflexão e que vão nortear este capítulo: Desde quando existem jogos cooperativos? Deveriam os jogos cooperativos ser antagonistas a jogos competitivos? São divertidos? Quais são as principais características destes jogos? Que benefícios teriam ost jogos cooperativos em sala de aula?

1.1 Como surgiram, ou melhor, ressurgiram os jogos cooperativos?

É muito importante situar o momento histórico em que surgem iniciativas pioneiras de criação de atividades e jogos com estrutura cooperativa, motivando o diálogo e a preocupação com as diferenças. Foi justamente num período após a Segunda Guerra Mundial! O movimento surge como consequência de questionamentos e reflexões sobre o trabalho educativo estar desenvolvendo nas crianças e adolescentes a capacidade de dialogar, cooperar e respeitar os valores humanos. O objetivo central é a transformação da sociedade mediante a transformação dos indivíduos.

Dentre os pioneiros, temos o pesquisador e professor norte-americano Ted Lentz que começou a sistematizar os jogos cooperativos junto com Ruth Cornelius e que publicaram em 1950 o manual de jogos chamado *All together* (Todos Juntos).

Interessante ressaltar que um dos principais estudiosos de jogos cooperativos foi um treinador olímpico, Terry Orlick, atual pesquisador da universidade de Otawa. Ele publicou em 1978 um livro de referência chamado *Winning Through Cooperative Games* – traduzido em português para *Vencendo a Competição*. Orlick e outros pesquisadores viram que jogos cooperativos eram prática comum em diferentes povos como os Inuit (Alaska), Aborígenes (Austrália), Tasaday (África), Arapesh (Nova Guiné), os índios norte-americanos e ainda os índios Kanela no Brasil, ou seja, já existem há muito tempo.

Deve ser destacado o papel do canadense Jim Deacove como um dos que primeiro contribui para produção de jogos de tabuleiro cooperativos. Ele foi fundador da empresa

Family Pastime, em 1972, focada exclusivamente em jogos cooperativos e que já lançou mais de 100 jogos cooperativos de tabuleiro.

Fábio Brotto, professor da UNESP, apresentou um papel fundamental na difusão dos jogos cooperativos no Brasil, sobretudo na área da Educação Física e publicou o livro "Jogos Cooperativos: se o importante é competir, o fundamental é cooperar".

1.2 Jogos Cooperativos X Competitivos?

Utilizei uma pergunta como título desta seção, pois os jogos cooperativos surgiram como uma abordagem filosófico-pedagógica e seus defensores argumentam a favor dos valores cooperativos em detrimento da competição. Segundo Brotto (1999, p. 75):

"Os Jogos Cooperativos surgiram da preocupação com a excessiva valorização dada ao individualismo e à competição exacerbada, na sociedade moderna, mais especificamente, pela cultura ocidental. Considerada como um valor natural e normal da sociedade humana, a competição tem sido adotada como uma regra em, praticamente, todos os setores da vida social."

Terry Orlick destaca quatro características dos Jogos Cooperativos: (1) Cooperação - os jogos desenvolvem habilidades positivas de interação social, como saber trabalhar em equipe; (2) Aceitação - os jogos elevam autoestima, pois cada um tem um papel significativo a desempenhar, sendo parcialmente responsável pelo alcance dos objetivos; (3) Envolvimento - os jogos estimulam o comprometimento das pessoas, fazendo com que se sintam parte essencial da equipe, envolvidas com os processos e com a busca pelos objetivos; e (4) Diversão - os jogos precisam manter sua íntima relação com o prazer e a ludicidade.

Os jogos cooperativos, na visão destes autores, teriam um papel além do ambiente educativo, transformador para uma sociedade mais justa, igualitária, inclusiva e solidária. Em contraposição, os jogos competitivos se associam ao sentimento de frustração, medo, exclusão, derrota e atitudes individualistas, sendo divertido apenas para alguns. É muito provável que ambas as formas de jogar auxiliem no desenvolvimento de habilidades e despertem sentimentos diferentes nos jogadores em situações diversas. O próprio Orlick salienta:

[...]"É preciso lembrar que a cooperação nem sempre é humanizadora e nem a competição é sempre desumanizadora. (...) A cooperação e a competição não são sempre diametralmente opostas e nem ocorrem independentes uma da outra. Existem gradações de competição e de cooperação, e, às vezes, a interação entre as duas coisas" (ORLICK, 1978, p. 83).

Além disso, a competição pode trabalhar também conforme salientado por Santos (2017), com diversos aspectos, tais como o respeito, empenho, aprendizado, valores, aceitação individual e coletiva, superação, prazer, sentimentos.

Críticas da falta de evidências e fundamentação teórica da superioridade do jogo cooperativo como proposta pedagógica transformadora, e mesmo da afinidade do jogo competitivo ao capitalismo, é ressaltada por Lovisolo, Borges e Muniz (2013). De fato, recentemente Munhoz e Bataiola (2019) analisaram os jogos cooperativos dentro de uma abordagem histórico-cultural e observam que o surgimento destes jogos ocorreu de forma concomitante com mudanças nos comportamentos de cooperação e colaboração nas relações de trabalho. Anteriormente, Lovisolo, Borges e Muniz já haviam relacionado os jogos cooperativos dentro da lógica Taylorista que adotou a cooperação como princípio a ser posto em prática para aumentar a produtividade e competitividade das empresas. Estes estudos reiteram a visão de vários estudiosos de jogos, como Huizinga (2004) e Caillois (1990), que discorrem como jogo e cultura estão entrelaçados e a importância dos estudos histórico culturais para uma melhor compreensão de como o jogo influencia a cultura e a cultura provê elementos para o jogo.

Outra argumentação contra o antagonismo entre jogos cooperativos e competitivos é a própria tentativa de definição da cooperação descrita por Cortez (1996). A autora traz um histórico da literatura que discute que cooperação e competição não podem ser duas posições opostas na mesma dimensão, uma vez que a cooperação não pode ser definida como ausência ou um comportamento independente da competição. Além disso, comenta que a ausência do comportamento competitivo não implica necessariamente em cooperação.

Podemos nos questionar, então, a causa desta polaridade. Alguns autores destacam o estranhamento ao novo modo de jogar. De fato, os primeiros jogos cooperativos de tabuleiro tinham que destacar em suas regras que eram diferentes (ZAGAL, RICK & HSI, 2006).

A relação entre jogos e competição é claramente descrita na obra de Huizinga, em que ele chega a afirmar: "Quem diz competição, diz jogo". Em muitos dicionários, também, a definição de jogos está atrelada à competição. Desde cedo, aprendemos nos jogos que "O importante é competir" e somos, ao longo da vida, expostos a uma variedade enorme de jogos competitivos. Agora, vale perguntar, existe então competição nos jogos cooperativos? A resposta é sim, mas é diferente dos conflitos tradicionais presentes nos jogos de: *Jogador* X *Jogador*, ou *Jogador* X *Jogadores* ou ainda *Equipe* X *Equipe,* no caso dos jogos cooperativos, o conflito principal que move o jogo se dá com os jogadores jogando juntos contra o sistema, ou seja, seria *Jogadores* X *Jogo*. Salen e Zimmerman (2012), em seu livro *Regras do Jogo - fundamentos do Design de Jogos*, atribuem o conceito de *soma-zero* aos jogos em que há um jogador que ganha e outro(s) que perde(m). Já os jogos em que todos os jogadores ganham ou perdem juntos são denominados soma diferente de zero.

Vale lembrar ainda que perder em um jogo cooperativo também pode ser frustrante. É possível também excluir jogadores em um jogo cooperativo, quando, por exemplo, se reclama com a pessoa de sua equipe sobre em como ela joga mal, ou ainda, ocorrer a competição de quem jogou melhor...

Enfim, peço desculpa se quebrei, com este capítulo, uma visão mais idealizada sobre o poder transformador dos jogos cooperativos na luta contra nossa sociedade capitalista e individualista. Confesso que também já passei pela fase de ficar maravilhada com este discurso. Mas quero dizer que continuo uma defensora ferrenha do uso de jogos cooperativos em sala de aula. Não em detrimento aos jogos competitivos, mas ampliando o repertório lúdico dos alunos. E, espero convencer você de que os jogos cooperativos podem ser muito importantes em se trabalhar com alguns temas e mesmo desenvolver algumas habilidades. Já que estamos no momento confissão, aproveito para dizer que foi apenas há 13 ou 14 anos que, em um almoço com um amigo, eu ouvi falar deste tipo de jogos pela primeira vez. E você? Já tinha ouvido falar ou já jogou jogos cooperativos? Eu que sempre adorei jogos e, que tinha acabado de desenvolver um jogo pedagógico de tabuleiro, fiquei intrigada. Apesar de achar que tinha um imenso valor pedagógico, achei que não poderia ser tão divertido como um jogo competitivo... Muitas outras perguntas surgiram: caso não fosse tão divertido, será que os ganhos pedagógicos e de habilidades sociais deveriam ser motivo para se utilizar em sala de aula mesmo assim? Enfim, levei para minha equipe de pesquisa este desafio e acabou abrindo um novo campo de pesquisa. Seria possível transformar nosso jogo competitivo em cooperativo? Quais seriam os desafios e os ganhos em sala de aula? Este foi o desafio da dissertação de mestrado de Leandra Melim (2009).

1.3 A diversão nos jogos cooperativos

Um dos aspectos que apareceu na dissertação quando conseguimos transformar o jogo *Célula Adentro* (SPIEGEL E COLS, 2008) para a dinâmica cooperativa, é que os alunos aparentemente não sentiam falta da competição entre os jogadores, pois o jogo apresentava como desafio um *Caso* a ser solucionado (estilo *Scotland Yard*), mas o tempo era o fator de competição. A outra questão é que os alunos não achavam que o jogo tinha ficado menos divertido, por ter sido jogado de forma cooperativa. Mas aqui estamos falando de um jogo pedagógico usado em sala de aula com alunos do ensino médio e superior. Mas, e os jogos cooperativos de forma geral? Esta pergunta é facilmente respondida nos gráficos apresentados na figura 1 em que podemos notar o crescimento do número de jogadores de jogos cooperativos comerciais. E ainda é possível observar como os jogos cooperativos comerciais vêm ganhando popularidade na comunidade de jogadores. Os dados desta figura foram retirados do *site Board Game Geek,* que é uma referência para jogos de tabuleiros. Neste *site* também pode ser observado um *ranking* dos jogos feitos pelos jogadores e alguns dos jogos cooperativos estão muito bem classificados no *ranking*. Zagal (2020) diz que o mais empolgante sobre o status atual dos jogos cooperativos não é que existam esses novos tipos de jogos, mas, sim, que são jogos crítica e comercialmente bem-sucedidos. Bom, caso você goste de jogos de tabuleiros e nunca tenha jogado um jogo cooperativo, espero te convencer a experimentar.

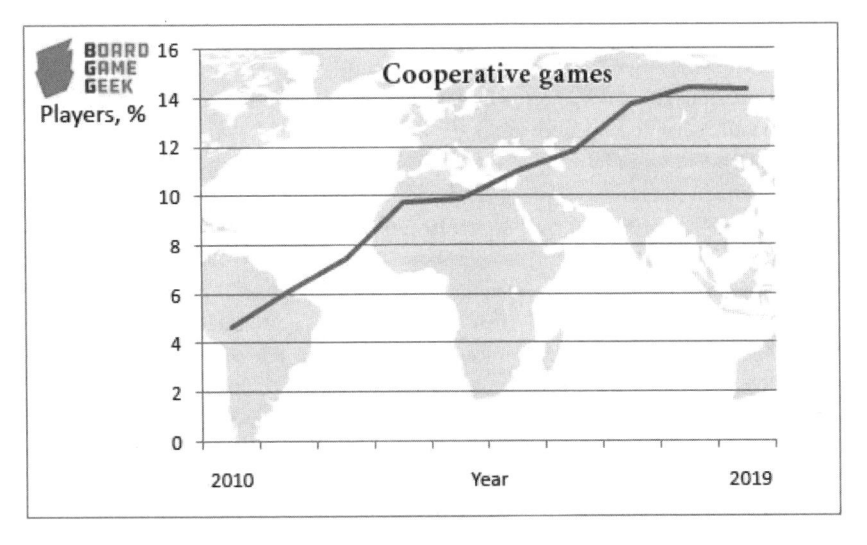

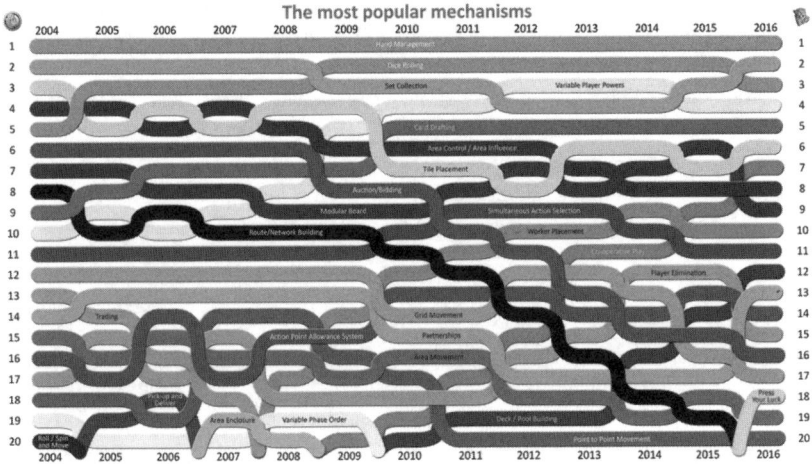

Figura 1. (A) Crescimento do número de jogadores de jogos de tabuleiro cooperativos comerciais. (B) Popularidade dos jogos de tabuleiro cooperativos comerciais. Modificado de BGG, Igor Lachenco.

Um marco importante para os jogos cooperativos comerciais foi o jogo *Lord of the Rings* (Kinizia, 2000), sendo inclusive inspiração para o jogo lançado em 2008 chamado *Pandemic* (LEACOCK, 2008), que retrata exatamente um problema que estamos vivenciando agora: o mundo inteiro lutando contra pandemias. Há pesquisas sobre este jogo em sala de aula tanto para falar sobre como se pode trabalhar com o ensino de Biologia (PRADO, 2018), mas também como utilizar o jogo *Pandemic* para estudar a cooperação entre os estudantes (ANANIA, 2016).

O trabalho de Eriksson e cols. (2021) estudou os efeitos comportamentais de jogos de tabuleiro cooperativos e competitivos em crianças de quatro a seis anos. Dentre os parâmetros estudados não encontraram diferenças no comportamento cooperativo, pró-social ou antissocial dependendo do tipo de jogo de tabuleiro. No entanto, sugerem que as crianças podem ficar mais competitivas após jogarem jogos de tabuleiro competitivos. Outro resultado interessante foi o grau de diversão que as crianças consideravam alto nos jogos cooperativos tanto quando ganhavam como quando perdiam. Já nos jogos competitivos, o grau de diversão era similar ao de jogos cooperativos, enquanto que quando perdiam, ele era bem menor. Dessa forma, sugerem utilizar mais jogos cooperativos para esta faixa etária, justamente pelo fator da diversão!

Uma pergunta que devemos nos fazer é: por que há esse aumento de jogos cooperativos? Se voltarmos novamente na relação entre jogos e cultura, podemos pensar o que tem acontecido que propicia o aumento deste tipo de jogo em nossa sociedade? Seria a Internet que aproximou o mundo e tem permitido o desenvolvimento de várias estratégias colaborativas? Seria por conta do novo sistema de divisão do trabalho, como apontado anteriormente? Ou será que por conta do *Capitaloceno* que tem gerado problemas complexos que interligam o mundo todo e que podem ser solucionados apenas globalmente e com diferentes pontos de vista? Como colocado no artigo de Dafoe e cols (2021), que discute a importância da cooperação no desenvolvimento da inteligência artificial, inclusive utilizando jogos cooperativos comenta: *"As crises cruciais que a humanidade enfrenta são desafios para cooperação: a necessidade de ação coletiva sobre as mudanças climáticas, a polarização política, a desinformação, a saúde pública global ou outros bens comuns, como água, solo e ar puro"*. Um estudo bibliométrico recente mostra também a proliferação de jogos desenvolvidos para educação em sustentabilidade (HALLINGER ET AL., 2020).

1.4 Características dos jogos cooperativos

Vale salientar a dificuldade que é desenvolver um jogo cooperativo em que o desafio é o próprio jogo e não o outro jogador. Se os jogadores ganharem sempre, não teria a menor graça este tipo de jogo. Ao analisarem diversos jogos cooperativos, os *designers* de jogos comentam alguns dos principais cuidados que se deve ter ao se criar um jogo cooperativo.

Zagal, Rick & Hsi (2006) destacam o que torna um bom jogo de tabuleiro cooperativo. Primeiro, o jogo precisa logo apontar que não adianta os jogadores tomarem decisões que beneficiam a si próprios e não a todo o grupo. Em segundo lugar, cada jogador não deve precisar da contribuição do resto do grupo ao tomar uma decisão. Terceiro, os jogadores precisam ser capazes de identificar quais ações tiveram benefícios ou consequências. Quarto, o jogo deve recompensar os jogadores altruístas, dando aos jogadores funções ou características únicas.

Esses pesquisadores também apontam desafios na concepção de jogos cooperativos graças às seguintes armadilhas que devem ser superadas. Existe a possibilidade do jogo se degenerar caso um único jogador possa decidir as ações para todos. O jogo deve ser envolvente para que os jogadores invistam no resultado final e ganhar deve ser satisfatório. Por último, os autores destacam que para repetir o jogo, a experiência do jogo deve variar e o desafio precisa evoluir.

Os autores ainda destacam algumas das características dos jogos cooperativos:

- Jogo como oponente: Os participantes geralmente jogam contra o jogo sem nenhum jogador no papel de adversário. Em *Pandemic*, por exemplo, os jogadores trabalham juntos para parar e curar diferentes tipos de doenças.

- Aleatoriedade: Em muitos jogos cooperativos contemporâneos, os dispositivos de randomização ajudam na variação da experiência de jogo em várias jogadas. Os dados podem ser lançados, as cartas podem ser retiradas a cada turno de um baralho embaralhado ou várias seções do tabuleiro ou de um tabuleiro modular revelado para gerar objetivos, eventos e desafios aleatórios. Eles fornecem o conflito ou desafio no jogo e o tornam cada vez mais difícil para os jogadores.

- Foco no tema: Temas e objetivos em jogos cooperativos são em grande escala e altamente detalhados ou ambos. Isso traz um investimento no objetivo do jogo e a satisfação de ter sucesso contra a magnitude esmagadora das probabilidades. O resultado do esforço é frequentemente incerto até o final, os jogos tentam manter (e frequentemente aumentar) o interesse e a tensão.

- Cooperação e suas variações: A maioria dos jogos cooperativos confere diferentes habilidades ou responsabilidades aos jogadores, incentivando a cooperação. Alguns jogos cooperativos podem ter uma camada adicional de intriga, dando aos jogadores condições pessoais de vitória, ou incluir a presença de um traidor desconhecido ou um oponente secreto entre os jogadores.

Apesar de neste trabalho os autores terem como premissa de que os jogadores tendem a se comportar competitivamente (ZAGAL, RICK & HSI, 2006), em seu novo capítulo do livro, Zagal (2020) desafia essa suposição e assume em sua análise que os jogadores naturalmente são inclinados a colaborar. Dessa forma, o autor discute a implicação dessa nova suposição no *design* de jogos. Assim, examina os elementos de *design* de diferentes jogos a partir de três perspectivas: informação e comunicação, confiança e tarefas, incluindo novos desafios e armadilhas e como os *designers* de jogos conseguiram superá-las ou ignorar nos jogos desenvolvidos. Conclui que o maior desafio para o *design* de jogos colaborativos está em criar maneiras de impedir a colaboração de forma a criar desafios e levar a experiências de jogo interessantes e gratificantes aos seus jogadores.

1.5 Relação entre jogos cooperativos e ensino cooperativo

Quando começamos a pensar em como transformar o *Célula Adentro* em cooperativo, ao nos debruçarmos sobre a bibliografia, nos deparamos com uma vasta área da literatura a respeito do ensino cooperativo. Esta área de pesquisa é pautada na teoria da interdependência social que ocorre quando a realização da meta de um indivíduo depende do desempenho dos outros. Em uma sala de aula, por exemplo, um aluno pode trabalhar individualmente ou ter seu objetivo/meta alcançado apenas quando os indivíduos com quem interage falharem (denominada interdependência negativa, ou competitiva). A interdependência positiva (cooperação) existe quando há uma relação de dependência positiva entre os indivíduos: eles podem atingir um objetivo/meta apenas se os demais indivíduos com quem estão interagindo também atinjam.

Baseado nesta teoria, o campo de estudo de ensino cooperativo começou a ganhar visibilidade na década de 70. Atualmente este tipo de aprendizagem vem sendo utilizado em vários países, inclusive no Brasil, desde a pré-escola até as universidades. Uma revisão atual da aprendizagem cooperativa no cenário brasileiro pode ser lida em Morais e cols (2020).

Algumas estratégias desenvolvidas para alcançar o ensino cooperativo partiam de um problema concreto: as salas de aulas americanas, que apresentavam diversos alunos de diferentes origens e, simplesmente, não se falavam. Como colocar os alunos para conversar? O pesquisador Aronson descreve isso em seu livro *The jigsaw classroom* (ARONSON ET AL., 1978). Muitos estudos foram feitos desde então e dois pesquisadores, os irmãos Roger e David Johnson, tiveram importante contribuição na área publicando diversas metanálises e revisões sistemáticas sobre o assunto (JOHNSON & JOHNSON, 2009; JOHNSON ET AL., 2000).

Em linhas gerais, o ensino cooperativo tem como pressuposto o trabalho em grupo, com interdependência positiva entre seus integrantes para atingir um objetivo comum. Você, professor, já deve ter diversas vezes lido sobre o potencial que existe em trabalhos em grupo. Certamente, a importância do outro para o aprendizado deve ter sido discutida em sua formação através da teoria socioconstrutivista de Vigotsky e a zona de desenvolvimento proximal. Assim como podemos falar sobre outro importante pesquisador da área, Henry Wallon, e a importância da afetividade na esfera cognitiva. Mas isso seriam outros capítulos, mas que valem muito a pena um aprofundamento. Podemos também lembrar do ditado popular que diz "Muitas cabeças pensam melhor do que uma". Aqui vale uma reflexão: se é tão importante o trabalho em grupo, por que na maioria do tempo nas salas de aula os alunos estudam sozinhos? A interação normalmente ocorre mais com o professor ou material didático e não entre os alunos. Quais as dificuldades dos trabalhos em grupo?

Você, como professor ou aluno, já deve ter tido diversas experiências de que alguns grupos são funcionais e outros não. Daquele grupo que teve uma enorme discussão ou que teve um, ou mais alunos, que não fizeram absolutamente nada – o famoso "aba" em linguagem popular ou ainda de um aluno que queria fazer tudo sozinho. Por que há tanta discrepância? O que fazer para ter grupos funcionais? Justamente são estas perguntas que nortearam e ainda norteiam os estudos em relação ao ensino cooperativo. Acho importante mencionar que há um debate muito rico na literatura no qual a composição do grupo, os gêneros, a cultura, podem influenciar no sucesso de um grupo.

Existem diferentes estratégias de aprendizagem cooperativa descritas, mas todas elas têm em comum as seguintes características: (1) interdependência positiva entre os membros do grupo; (2) interação "face a face" – os membros do grupo deverão trocar recursos, confrontar opiniões, promover *feedbacks*, ensinar e encorajar uns aos outros; (3) responsabilidade individual – cada membro deverá ter uma responsabilidade individual a desempenhar dentro do grupo; (4) habilidades colaborativas – os membros do grupo devem praticar o exercício da confiança, da comunicação, da liderança e da resolução de conflitos; e (5) reflexões em grupo - os membros do grupo refletem em suas ações a fim de melhor agirem em ações futuras.

Segundo Wang, Doll e Varma (2018), os jogos de tabuleiro modernos possuem muitos elementos de *design* que se alinham com esses elementos essenciais da cooperação comentados acima. Primeiro, a interdependência das tarefas ocorre porque os jogadores terão que esperar que outros completem seus turnos para continuarem e ainda porque todos compartilham um conjunto de componentes do jogo. Em segundo lugar, jogos de tabuleiro geralmente requerem interação pessoal face a face. Além disso, jogar jogos de tabuleiro modernos demandam habilidades interpessoais e pequenos grupos, já que a maioria dos jogos leva de dois a quatro jogadores e só podem ser continuados se todos trabalham juntos, pelo menos até certo ponto.

Vale ressaltar que há uma confusão na literatura em relação aos termos cooperação e colaboração que aumentou na última década por conta da Internet colaborativa. Vários autores utilizam os termos como sinônimos e há divergência na literatura quanto à sua distinção. No contexto da aplicação e desenvolvimento de jogos, Munhoz, Battaiola e Heemann (2016) observam que há uma predominância do termo jogo colaborativo no contexto acadêmico, enquanto que no âmbito do entretenimento é utilizada a terminologia de jogos cooperativos. Eu utilizo a definição de Dillenbourg (1999), em que a cooperação é uma atividade estruturada com uma clara divisão de tarefas, e na colaboração o trabalho é realizado em conjunto podendo até ocorrer alguma divisão espontânea de trabalho, mas é instável.

1.6 Vantagens dos jogos cooperativos em sala de aula

Uma revisão abrangente com diferentes estratégias de aprendizagem cooperativa com pesquisas realizadas em diferentes culturas e níveis de ensino mostra que o ensino cooperativo supera o ensino individual e competitivo em relação ao aprendizado (JOHNSON, JOHNSON & STANNE, 2002). Além disso, diversos estudos apontam sobre a importância do ensino cooperativo no desenvolvimento da capacidade de resolução de problemas e de argumentação dos estudantes (DANIEL & TADESSE, 2020).

A maior parte das pesquisas de jogos cooperativos em sala de aula são em relação a jogos digitais e, igualmente, mostram um crescimento não apenas desta modalidade de jogo, como também em pesquisas em torno deles. Existem ainda muitas iniciativas de jogos pedagógicos cooperativos de tabuleiro tanto nacionais como internacionais nas mais diversas disciplinas, como jogos para Biologia, Química, Matemática e Ciências. Diversos autores apontam os jogos cooperativos como uma importante ferramenta pedagógica.

No entanto, falta uma revisão sobre este assunto. Para que público normalmente esses jogos são destinados? Quais são os principais temas? Quais as vantagens que os autores observam em sua utilização na sala de aula? Existem temas que sejam mais sensíveis para uma abordagem através de jogos cooperativos?

Outras pesquisas sobre jogos cooperativos abordam temas que vão além do aprendizado de um conteúdo específico, como aspectos atitudinais e sociais. Uma das questões abordadas através de jogos cooperativos é o *bullying*, um grave problema nas escolas, sobretudo entre adolescentes (LYONS, 2015). Em um estudo foi comparado o efeito de um jogo de tabuleiro cooperativo para abordar a questão do *bullying*, com sessões do jogo seguidas de discussão, apenas jogando, e a abordagem da questão pelo método tradicional expositivo. Os autores concluíram que o jogo seguido de discussão aumentou não apenas o conhecimento sobre o assunto, mas também gerou um aumento na empatia e uma diminuição na atitude de intimidação (NIEH & WU, 2018). Vale destacar a importância dos jogos cooperativos para inclusão social (NASCIMENTO ET AL., 2010) e prática terapêutica (TAYLOR, 2019) e ainda em abordar temas sensíveis ou que precisam ser discutidos e trabalhados de forma coletiva como o *bullying* descrito acima e ainda a violência contra a mulher (PIRES ET AL., 2020).

No entanto, há ainda poucas pesquisas comparando jogos cooperativos e competitivos em sala de aula. A maioria desses estudos teve como principal foco a mudança de atitudes e eram aplicados com crianças, porém não se tratava de jogos de tabuleiro (ORLICK, 1981; BAY-HINITZ, PETERSON E QUILITCH, 1994; ZAN & HILDEBRANDT, 2005). Embora alguns estudos percebam que durante os jogos competitivos havia mais comportamentos agressivos e após jogarem jogos cooperativos as crianças tinham maior tendência a compartilhar, há resultados discrepantes dependendo do contexto e metodologias abordadas e parece não haver consenso sobre os efeitos benéficos ou prejudiciais da competição em jogos. Um trabalho recente fez a comparação de dois jogos de tabuleiro comerciais diferentes (cooperativo e competitivo) no qual alunos do ensino médio puderam participar em torno de 1,2 partidas. Foi feito um pré e pós-teste com um questionário quantitativo a respeito de mudanças de atitude. Não encontraram efeitos significativos, apenas os grupos que gostavam muito dos jogos cooperativos pareciam ter melhorias no aprendizado social e emocional. Difícil pensar que apenas uma intervenção seria capaz de fazer isso e não um trabalho a longo prazo, concorda? Os próprios autores falam da limitação de utilizarem dois tipos de jogos diferentes e o pouco tempo do estudo. Outro estudo, agora feito com crianças, compara um jogo de tabuleiro para ensino de Ciências, na modalidade cooperativa e competitiva. Os resultados indicam que, no modo cooperativo, os jogadores ficaram mais propensos a fazer comentários positivos, falar sobre o assunto do jogo, ler instruções para outros jogadores, olhar para o tabuleiro, bem como para outros jogadores e terminavam mais rapidamente os turnos. Outro aspecto interessante levantado pelos autores é que como o jogo discutia o comportamento colaborativo de abelhas coletando néctar, a forma competitiva não possibilitava trabalhar com precisão o tema (PEPPLER ET AL., 2013).

No trabalho de nossa equipe de pesquisa, buscamos fazer comparação do mesmo jogo em condições de cooperação e competição com alunos do ensino médio para avaliar a solução de problemas. Uma questão que já havíamos detectado em nosso jogo é que algumas vezes os alunos estavam tão preocupados com a competição, que nem pegavam todas as pistas para solucionar o *Caso* (problema) proposto. De fato, alguns autores comentam que a competição pode desviar a atenção do conceito envolvido no jogo didático. Ao analisar a solução escrita, percebemos que havia muito mais acerto nas respostas em grupo. É claro, você pode argumentar, já que muitas *"cabeças pensam melhor que uma"*. No entanto, quando comparamos apenas as respostas corretas, a solução proposta por grupos cooperativos apresentava uma melhor qualidade, sobretudo quando avaliamos a argumentação. Já quando avaliamos de forma individual a aquisição de conhecimento em uma pergunta relacionada, ficou clara a vantagem da utilização de um jogo cooperativo para aquisição do conhecimento (MELIM, 2009).

Um importante fator da utilização dos jogos em sala de aula e que será abordada neste livro é de que os jogos devem ser motivadores. Aí, cabe avaliarmos: será que um jogo cooperativo pode, de fato, ser motivador? Lá, você verá também que a motivação pode ser extrínseca e intrínseca. Quando pensamos no jogar, a motivação extrínseca durante uma partida é ganhar o jogo. Dessa forma, o jogo cooperativo deve, de fato, ser desafiador. Caso contrário, a motivação extrínseca é prejudicada. Já a motivação intrínseca depende das sensações de pertencer a um grupo (facilmente atingida em um grupo cooperativo funcional); de ser capaz de vencer desafios (facilitada pelo trabalho em grupo) e de autonomia, a sensação de ser capaz de tomar decisões de forma independente. Esta última pode ser prejudicada quando um jogador, conhecido como "jogador alfa" tenta conduzir a dinâmica do jogo e dizer o que os outros devem fazer e os outros jogadores perderem autonomia. É fundamental as mecânicas visando permitir que exista interdependência positiva e autonomia dos jogadores.

1.7 Conclusão

Se você nunca tinha ouvido falar em jogos cooperativos, espero ter conseguido neste capítulo dar uma breve introdução sobre o que são e quais as suas principais características. Espero ainda ter deixado você intrigado a conhecer e jogar este tipo de jogo e experimentar o quanto pode ser divertido. Porém, mais do que isso, anseio que tenha te convencido a utilizar este jogos cooperativos em sala de aula ou mesmo, quem sabe, a criar jogos cooperativos.

Referências

ANANIA, E.C.; KEEBLER, J.R.; ANGLIN K.M.; KRING, J.P. *Using the Cooperative Board Game Pandemic to Study Teamwork*. In: Proceedings of the Human Factors and Ergonomics Society Annual Meeting. Sage CA: Los Angeles, CA: SAGE Publications, p. 1770-1774, 2016.

ARONSON, Elliot., BLANEY, N., STEPHIN, C., SIKES, J. & SNAPP, M. *The jigsaw classroom*. Beverly Hills, CA: Sage Publishing Company, 1978.

BAY-HINITZ, April K.; PETERSON, Robert F.; QUILITCH, H. Robert. *Cooperative games: A way to modify aggressive and cooperative behaviors in young children.* Journal of applied behavior analysis, v. 27, n. 3, p. 435, 1994.

BROTTO, Fábio Otuzi. *Jogos Cooperativos: se o importante é competir, o fundamental é cooperar*. Santos, SP: Re-Novada, 2000.

CAILLOIS, Roger. *Os jogos e os homens: a máscara e a vertigem*. Lisboa: Cotovia, 1990.COOPERA BRASIL http://www.cooperabrasil.org/jogos.html

CORTEZ, Renata do Nascimento Chagua. *Sonhando com a magia dos jogos cooperativos na escola*. Motriz, Rio Claro, v.2, n.1, p.1-9, 1996.

DAFOE, Allan; BACHRACH, Yoram; HADFIELD, Gillian; HORVITZ, Eric; LARSON, Kate; GRAEPEL, Thore. *Cooperative AI: machines must learn to find common ground*. Nature. 2021 May;593(7857):33-36

DANIEL, A., & TADESSE, L. (2020). Scientific argumentation and cooperative learning: why should they be combined?. Asian Journal of Advances in Research, 5(4), 1-7.

DEACOVE, Jim. *Manual dos Jogos cooperativos: Joguem uns com os outros e não uns contra os outros*. Projeto Cooperação. Santos/SP, 2002. https://familypastimes.com/

DILLENBOURG, P. *What do you mean by "collaborative learning"?* In: PIERRE DILLENBOURG (ed.). Collaborative-learning: cognitive and computational approaches. Oxford: Elsevier, 1999. p. 1-19.

ERIKSSON, M., KENWARD, B., POOM, L., & STENBERG, G. (2021). *The behavioral effects of cooperative and competitive board games in preschoolers*. Scandinavian Journal of Psychology, 62, 355 - 364.

HALLINGER, Philip; RAY Wang, CHATCHAI Chatpinyakoop, VIEN-THONG Nguyen and UYEN-PHUONG Nguyen. *A bibliometric review of research on simulations and serious games used in educating for sustainability, 1997–2019*. Journal of Cleaner Production 256 (2020): 120358

HUIZINGA, Johan. *Homo Ludens: o jogo como elemento da cultura*. São Paulo, Brazil, Perspectiva, 2004.

JOHNSON, R. T., JOHNSON, D. W., & STANNE, M. B. (2000). *Cooperative Learning Methods: A Meta-Analysis*. Available at: http://www.tablelearning.com/uploads/File/EXHIBIT-B.pdf Accessed in: 12/12/2011.

JOHNSON, D. W.; JOHNSON, R. T. *An educational psychology success story: social interdependence theory and cooperative learning*. Educational Researcher, Thousand Oaks, v. 38, n. 5, p. 365–379, 2009.

LENTZ, T. F.; CORNELIUS, R. *All together: a manual of cooperative games*. St. Louis: Peace Research Laboratory, 1950.

LYONS, Suzanne. *The Cooperative Games Bullying Prevention Program: Cooperative Games for a Warm School Climate Pre-K to Grade 2*. Nevada City: Child and Nature, 1st ed, 160 p. 2015.

LOVISOLO, H. R.; BORGES, C. N. F.; MUNIZ, I. B. *Competição e cooperação: na procura do equilíbrio*. Rev. Bras. Ciênc. Esporte [online]. 2013, vol.35, n.1, pp.129-143. ISSN 2179-3255.

DE MORAIS, Alessandra; BARBOSA, Laís M.; BATAGLIA, Patrícia U. R.; DE MORAIS, Mariana L. *Aprendizagem Cooperativa: fundamentos, pesquisas e experiências educacionais brasileiras*. 1. ed. Faculdade de Filosofia e Ciências, 2021. 382p.

MELIM, Leandra Marques Chaves. *Cooperação ou competição? Análise de uma estratégia lúdica de ensino de biologia para o ensino médio e o ensino superior*. 2009. Dissertação (Mestrado) - Instituto Oswaldo Cruz, Fundação Oswaldo Cruz, Rio de Janeiro, 2009.

MUNHOZ, Daniella R. M., BATTAIOLA, André Luis, & HEEMANN, A. *Determinando a distinção entre cooperação e colaboração e a caracterização de jogos cooperativos e de jogos colaborativos*. SBC – Proceedings of XV SBGames, São Paulo | ISSN: 2179-2259, 2016.

NASCIMENTO, Graciele S.; SCAPIM, Kelly C. M.; SILVEIRA, Cláudia A. B. *Inclusão escolar e jogos cooperativos: uma possibilidade de atuação do psicólogo escolar no processo de socialização e integração*. Rev. SPAGESP, Ribeirão Preto, v. 11, n. 2, p. 51-63, 2010.

NIEH, Hsi-Ping; WU, Wen-Chi. *Effects of a Collaborative Board Game on Bullying Intervention: A Group-Randomized Controlled Trial*. Journal of School Health, 2018.

ORLICK, Terry D. *Vencendo a Competição*. São Paulo: Círculo do Livro, 1978.

ORLICK, Terry D. *Positive socialization via cooperative games*. Developmental Psychology, v. 17, n. 4, p. 426, 1981.

PIRES, Maria R. G. M., ALMEIDA, Alexandre N., GOTTEMS, Leila B. D., OLIVEIRA, Rebeca N. G., FONSECA, Rosa M. G. S. *Jogabilidade, aprendizados e emoções no jogo Violetas: Cinema & ação no enfrentamento da violência contra a mulher*. Ciência e Saúde Coletiva, 2020.

PRADO, Laíse. L. *Jogos de tabuleiro modernos como ferramenta pedagógica: Pandemic e o ensino de ciências*. Revista Eletrônica Ludus Scientiae, v. 02, p. 26-36, 2018.

SALEN, Katie; ZIMMERMAN, Eric. *Regras do jogo: fundamentos do design de jogos*. Editora Blucher, 2012.

SANTOS, S. C. *Jogos cooperativos e jogos competitivos: manifestações de suas características em um ambiente educativo*. Dissertação (Mestrado em Educação) - Universidade Metodista de Piracicaba. São Paulo, p. 128. 2017.

SPIEGEL, Carolina N.; ALVES, Gutemberg G.; CARDONA, Tania S.; MELIM, Leandra C. M., LUZ, Maurício R. M. P.; ARAÚJO-JORGE, Tania C.; HENRIQUES-PONS, Andrea. *Discovering the Cell: an educational game about cell and molecular biology*. Journal of Biological Education, 43, 27-35, 2008.

TAYLOR, Jennifer. *Cooperative Games*. In: Game Play: Therapeutic Use of Games with Children and Adolescents, Ed. John Wiley \& Sons, p. 45, 2019.

VIGOTSKY, Lev Semionovic. *A Formação Social da Mente*. Tradução: Monica Stahel M. da Silva. 1998.

WALLON, Henri. *Psicologia e educação da infância*. Porto: Estampa, 1995.

WANG, Yu-Chi; DOLL, Jenifer; VARMA, Keisha. *"Your Turn!": Playing Cooperative Modern Board Games to Promote Perspective Taking and Cooperative Attitudes*. In Kay, J. and Luckin, R. (Eds.) Rethinking Learning in the Digital Age: Making the Learning Sciences Count, 13th International Conference of the Learning Sciences (ICLS) 2018, Volume 2. London, UK: International Society of the Learning Sciences, 2018.

ZAGAL, José. P., RICK, Jochen., & HSI, Idris. (2006). *Collaborative games: Lessons learned from board games*. Simulation & Gaming, 37(1), 24-40, 2006.

ZAGAL, José P. *Collaborative Games Redux: New lessons from the Past 10 years*. In: Brown, Douglas, and MacCallum-Stewart, Esther, eds. Rerolling Boardgames. Macfarland Press, 2020.

ZAN, Betty; HILDEBRANDT, Carolyn. Cooperative and competitive games in constructivist classrooms. The Constructivist, v. 16, n. 1, p. 1-13, 2005.

Ludografia

KNIZIA, Reiner. *Lord of the Rings*. John Howe Publisher, , 2000

DAVIAU, Rob. LEACOCK, Matt. *Pandemic*. Galápagos, 2008.

DEACOVE, Jim. *Eagle Eye Agency*. Publisher Family Pastimes, 1982.

O JOGO COMO FERRAMENTA PARA O ENSINO DAS HUMANIDADES

Luciano Bastos
Fã aficionado dos jogos de RPG desde 1988. É formado em História pela Universidade Estácio. É mestre em Filosofia e Ensino pelo PPFEN CEFET/RJ, especializado em Ensino de História pelo PPG-CPII, membro do grupo de pesquisa com fomento do CNPQ Filosofia e Jogos abordagens pedagógicas para o ensino de filosofia, colaborador do Curso de Extensão criado pela Profa. Dra. Taís Silva, Jogos Filosóficos do CEFET RJ, foi diretor e cofundador da The Game Maker - fábrica de jogos -, hoje atuando como consultor. É pesquisador, *game designer* e cocriador de jogos educacionais, com cinco jogos educacionais publicados em editoras e plataformas de ensino.

O JOGO COMO FERRAMENTA PARA O ENSINO DAS HUMANIDADES

A Base Nacional Comum Curricular (BNCC) aponta como principais objetivos das Ciências Humanas e Sociais a capacidade de interpretar o mundo, compreender processos e fenômenos sociais, políticos e culturais e atuar de forma ética, responsável e autônoma (BRASIL, 2018, p. 354). A partir desses objetivos norteadores destacados pela Base, a proposta deste capítulo é apresentar a ação dos jogos como espaço para as discussões, problematizações e apresentação de temas e ideias das disciplinas das Humanidades. Em minha escrita, contemplo o espaço de aprendizado para os segmentos do ensino dos anos finais e Médio, em campos do conhecimento como Filosofia, Sociologia, Geografia, Literatura e História, o que permite um diálogo contextual com a produção cultural de seu tempo e a possibilidade de uma educação crítica e transformadora. A inquietação que orienta o pensar sobre o tema se dá na medida em que nunca na história da humanidade o homem jogou tanto: cada celular, tablet, computador, e-readers e consoles do planeta tem ao menos um jogo instalado em sua memória (MCGONIGAL, 2012, p.13). Se a ludicidade, ampliada pelo mundo digital, não convencê-lo da nossa proposição, basta olhar para nossos rituais sociais e suas formas lúdicas de proporcionar prazer e divertimento no lazer da primeira infância até a vida adulta (PROVOST, 2011, p.20). O processo, pelo qual apreendemos a realidade e reconhecemos o mundo através de sua miniaturização ou abstração (BENJAMIN, 2009, p.96-99), se dá principalmente entre infância e juventude, mas de forma nenhuma está ausente da vida adulta.

O que queremos propor com essas observações? Pensando na forma como o lúdico está presente nas nossas vidas, principalmente depois da revolução digital, podemos entender a existência de uma intersubjetividade[1] lúdica, ou seja, o entendimento das práticas, rituais, símbolos e ações que se apresentam no ritual social que chamamos de jogo; na ação lúdica, essas qualidades são quase universais e permitem a compreensão da ação estruturada na forma de jogo, de uma competição ou de uma dinâmica que são reguladas por aquilo que reconhecemos como suas características fundamentais, onde podemos destacar desde já a **regra** e a **abstração** (HUIZINGA, 2014).

Mas qual a relevância dessa linguagem ou dessa intersubjetividade lúdica[1] para a educação, e como ela é capaz de auxiliar o educador em sua rotina educacional? Não é possível, dado o escopo e o tamanho do texto, escrutinar a fundo tais fenômenos, mas podemos apresentar as características que nos permitam identificar sua ação prática e sua utilização no contexto da sala de aula.

---

1 Intersubjetividade é a relação entre sujeito e sujeito e/ou sujeito e objeto. O relacionamento entre indivíduos no ambiente localiza-se no campo da ação, ou na liberdade de ação, o que implica a negociação com o outro. Segundo Martin Buber (1974), é a capacidade do ser humano de se relacionar com o seu semelhante.

Sala de aula do ensino tradicional e a sala de aula lúdica

Em primeiro lugar, vamos pensar no modelo de aulas vigente e amplamente aplicado na rotina educacional. Na maioria das escolas, cursos e universidades brasileiras aplica-se uma estrutura de organização física, que vai desde a arrumação das carteiras ao ferramental técnico, como computadores, projetores, quadro branco/negro, mapas, pôsteres, todos dispostos de forma que o professor seja um forte referencial da ação associada ao aprendizado. Ou seja, o aluno espera ouvir, ver ou ler informações dadas por aquela figura em pé na frente do quadro. O professor aqui é a fonte do conhecimento, ele fala/propõe e os alunos anotam ou questionam, quase sempre, com base nos enunciados e proposições feitas por ele. Essa prática tradicional não só reproduz uma ordem social e política, comuns na forma do discurso autorizado (BOURDIEU, 2012, p.146), como faz parte da manutenção de uma ideologia típica das sociedades industrializadas liberais (FOUCAULT, 2013), o que acaba fragmentando ou destruindo as possibilidades criativas ou de cocriação no processo de construção do saber em nome de uma autoridade do conhecimento representada pela figura do professor.

Em segundo lugar, podemos pensar que existe uma produção acadêmica que cria e entrega o conhecimento considerado "válido" para as escolas, que, por sua vez, devem criar práticas de ensino capazes de ensinar esse conteúdo. Na maior parte desse processo, o aluno e a própria escola, na forma do corpo docente e coordenação pedagógica, estão afastados do processo de construção desse conteúdo que é ensinado, cabendo aos professores e alunos apenas reconhecer esses "saberes prontos" apresentados como válidos e importantes, e reproduzi-los numa estrutura que vem de cima para baixo. Mas qual seria a participação do aluno ou da escola na construção desse conteúdo? Quando ele se torna algo apreendido pelo aluno e não apenas forçado, "cérebro a dentro", pelo educador? Sabemos que existem escolas que tentam trabalhar das mais diferentes formas esses conteúdos, e aplicá-los muitas vezes de forma construtiva; mas longe de ser uma realidade prática em nível regional, o que dizer de práticas construtivas em nível nacional? E se a possibilidade de um processo educacional livre, criativo, cocriado e reconhecido institucionalmente não aparece no horizonte das práticas educativas, será que podemos pensar em soluções criativas analisando as possibilidades das atividades lúdicas no processo de ensino e aprendizagem?

Jogo como ação e espaço de aprendizagem

Todo jogo cria um espaço e um tempo próprio - é o efeito do "círculo mágico". Formulado por Huizinga, este termo nos ajuda a entender a ruptura com a percepção de tempo e espaço da realidade durante o jogar, o que inclui a sala de aula. Essa seria a primeira mudança no uso dos jogos, do ponto de vista prático do ensino. Ela rompe com o antigo padrão da aula conteudista expositiva tradicional, porque no jogar surge uma verdade narrativa que se sobrepõe temporariamente e virtualmente ao tempo e espaço reais. Assim, quando eu jogo Banco Imobiliário, por exemplo, devo entender e aceitar que naquele tabuleiro estão representadas a Avenida Atlântica no Rio de Janeiro e a Avenida Paulista em São Paulo em áreas próximas, mesmo com a impossibilidade física do fato; trata-se de um exercício de imaginação que faz pensar virtualmente (HUIZINGA, 2014). O exercício mental é ainda muito parecido com os modelos mentais[2], recurso pedagógico comum em disciplinas como ciências ou física; ou ainda, o exercício do faz de conta - "e se você estivesse lá?" – frequentemente realizado em aulas de História, Filosofia, Geografia ou Sociologia. Estamos imaginando o espaço e o tempo e aceitando as regras aplicadas ali, naquele momento, como uma abstração do real. Um tempo dentro do tempo da sala de aula, onde o professor, como membro do grupo de jogadores, é mais um no processo de construção de saberes e discussões, diminuindo o seu papel como forte referencial, mas ampliando sua importância como coautor dos saberes que se darão no interior da prática lúdica. Há, nesse processo, um achatamento da hierarquia simbólica, a colocar o professor mais próximo dos alunos.

Pense em dois ambientes, da seguinte forma: um é o da sala de aula solene, aquela da prática tradicional; o outro é o da sala de aula lúdica, que tenta romper com práticas tradicionais reprodutoras de estruturas que derivam das relações sociopolíticas. Ambos terão esse professor como referencial, sim, mas em medidas e com participações bastante diferentes.

Graficamente representados, os dois ambientes seriam assim:

Fig. 1 – Representação da sala de aula solene e da sala de aula lúdica, produção do autor.

---

2 Um modelo mental é um mecanismo do pensamento mediante o qual um ser humano tenta explicar como funciona o mundo real. É um tipo de símbolo interno ou representação da realidade externa, hipotética, que tem um papel importante na cognição. Ednilson Sérgio Ramalho de Souza, revista EXITUS, Volume 03, Número 01, Jan/Jun. 2013, Formação Docente e Práticas Pedagógicas, cap. 04, p. 169-184.

Ao se criar esse espaço descontraído e divertido, não solene, algumas virtudes próprias do jogo normalmente esquecidas na rotina da sala de aula, podem ser destacadas. Como a **socialização**, em que todos os alunos, independente dos postos criados a partir do microcosmo das relações em sala, passam a ser vistos e ouvidos, emergindo através do processo de desinvisibilização, em que todos discutem, todos ouvem e todos falam. O que nos leva à outra virtude importante que é o poder de fala. As múltiplas personalidades que habitam o interior da sala de aula na rotina escolar, acabam promovendo o silenciamento não recíproco de vozes, a se ausentarem segundo a personalidade do aluno - tímido, extrovertido, inseguro -, mas que na rotina do jogo podem se destacar por conta de elementos estruturais em sua prática. Nas suas regras, que garantem esse espaço de fala com o "seu turno", o "meu turno", a "nossa rodada". Trata-se de espaços de tempo regulado, comum em qualquer jogo, mas essenciais para garantir o direito de todos à expressão. Esse espaço potencializa outra virtude do jogo, que é a dos referenciais de alteridade, comuns em atividades onde o reconhecimento de ideias, corpos, cores, imagens, personalidades e saberes nos auxiliam na compreensão do outro, e, nesse processo, do próprio observador (VIGOTSKY 1996 p. 126). Esse universo imaginado, sempre uma forma de abstração do real, nos permite também o exercício da representação. O jogo apresenta cenários, etnias e culturas; esses elementos, muitas vezes ausentes em diferentes instâncias da vida, mas representados na cultura, aparecem aqui como formas de um exercício de empatia, onde o jogador pode assumir o papel de outro, existindo "na pele" de outro virtualmente, e pensando, dessa maneira, em possíveis problemas e situações que de outra maneira não seriam exercitados. Em entrevista à revista Panacéia na década de 1990, o escritor Neil Gaiman afirmou que grande parte dos personagens de suas obras são marginais, porque esses homens e mulheres que vivem à margem da sociedade, deslocam nosso ponto de vista para problemas ou existências bastante diferentes das nossas. Esse possível reconhecimento proposto por Gaiman na representação de seus personagens (na forma de representar realidades), nos auxilia a entender a ação do lúdico na prática educacional, principalmente na ação dos jogos de faz de conta, onde os personagens habitam realidades imaginadas, comuns em jogos como os *Role-Playing Games* (RPG) ou Jogos de Interpretação de Papéis.

Jogos para humanos, humanos jogos

O jogo com suas várias virtudes atitudinais e mentais, é denso e desencadeia possibilidades de reflexão que extrapolam seus limites práticos de tempo e espaço. Essa seria o terceiro estágio do efeito do círculo mágico imaginado por Huizinga, no qual o jogador, participante da atividade lúdica, pensa sobre a ação do jogo, podendo criar nesse processo memórias afetivas através desta vivência. Essa experiência pode ser maximizada por uma de suas características mais marcantes: a sensação de recompensa. Ela pode ser mecânica - apresentada nas regras como forma de reconhecimento ao bom jogador (pontuação, colocação etc.), como emocionais e racionais, através da memória dessa experiência. É o que aparece como a *interação lúdica significativa* para Salen e Zimmerman. Para eles, essa é a mais importante tarefa no *design* de um jogo (criação do jogo), seu objetivo central. Essa experiência estaria presente no prazer, na sensação de divertimento como ocorrida no duelo mental em uma partida de xadrez, na performance do balé, na improvisação de uma equipe de basquete, na mudança dinâmica das identidades individuais e comunitárias nos papéis em jogos *massively multiplayer online* (MMO), ou do invasivo jogo *Assassin*, jogado em um campus universitário (SALEN, ZIMMERMAN, 2014, p. 49). Essa ideia é bem representada na reinterpretação gráfica do círculo mágico apresentada aqui:

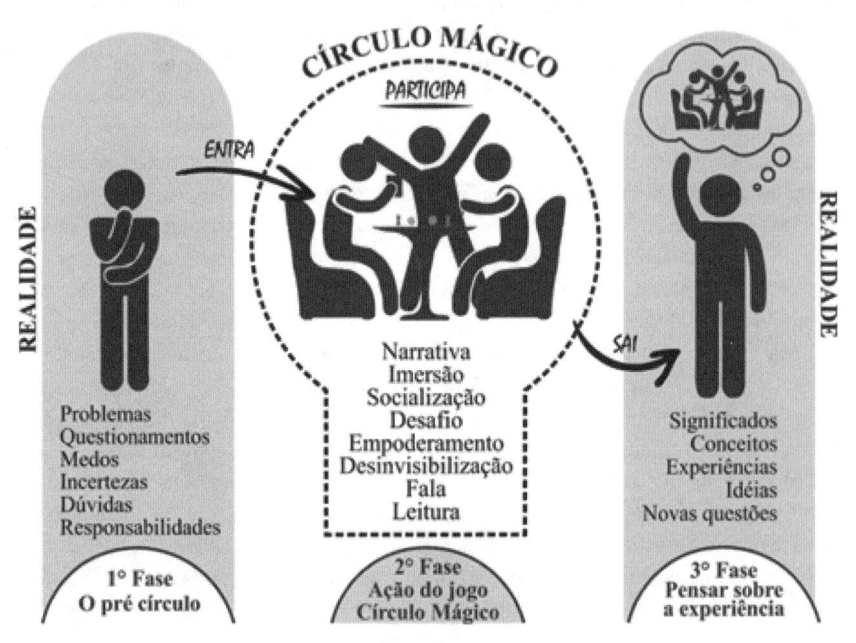

Fig. 2 – Representação do Círculo Mágico de Huizinga, produção do autor.

Não podemos ignorar o fato de que nossas experiências geram memórias. Como seres sociais e cognitivos, todos os nossos rituais sociais imprimem sobre nossa apreciação do mundo cores, imagens, sabores, odores e ideias, que reverberam para fora do momento da ação ou atividade que executamos; ela extrapola suas barreiras de tempo e espaço retornando na forma de memórias. É nesse potencial, nessa possibilidade da criação de memórias afetivas positivas, que reside a terceira etapa das experiências propostas pelo círculo mágico.

Um conteúdo escolar, apropriado por um jogo na forma de regras, cenários ou dinâmicas, tem o mesmo potencial de rememoração de qualquer conteúdo aprendido na rotina diária na forma de memória afetiva positiva; essa memória de prazer nos oferece uma possibilidade de apropriação mais significativa no processo de ação de um jogo educacional. Todos nós nos lembramos com clareza de momentos que nos permitiram a sensação de recompensa, prazer e felicidade. É importante ressaltar que essa sensação de recompensa, muito comum em aulas "gamificadas", não deve ser confundida com moeda de troca pelo saber. É indispensável ao futuro de qualquer cidadão em formação o interesse e o desejo pelo saber; Paulo Freire, em sua *Pedagogia da Autonomia*, nos traz uma importante reflexão sobre o papel do professor enquanto fomentador eticamente responsável no incentivo aos seus alunos. Ele explica que o papel fundamental da educação é proporcionar, facilitar e incentivar na(o) aluna(o) a curiosidade epistêmica, a vontade e o desejo pelo saber formal no sentido da apropriação para compreensão do mundo, e não apenas como forma de reprodução. Freire chamará esse efeito de "fome de cabeça" (FREIRE, 2017).

Quando falamos de ensino das Humanidades, estamos alinhados com a proposição da BNCC de 2018 – a despeito de todas as complexidades contextuais, políticas e ideológicas do momento de sua produção - na formação desse cidadão autônomo, e podemos encontrar nos jogos possibilidades para uma relação com o conteúdo potencializada por essa experiência significativa, marcada pela criação de memórias afetivas. Assim, a construção do interesse desse educando, em sua busca pessoal pelo saber se realiza, sempre com a devida mediação pedagógica do professor. Nesse caso, o professor é o responsável pela escolha, adequação e utilização de um jogo em sala. Trata-se do mesmo tipo de responsabilidade na escolha do material didático das apostilas, vídeos, documentários, músicas ou qualquer outro recurso ou ferramenta já apropriada com o mesmo objetivo. O que se propõe aqui é que o jogo passe a fazer parte desse ferramental, que já aparece em livros e revistas sobre educação, como forma legítima de incentivo ou construção na busca pelo conhecimento. Nesse sentido, o professor deve ser um jogador, pois tal como seu conhecimento sobre a produção musical de um período se dá pelo seu hábito como ouvinte, assim como o acervo digital ou videoteca de filmes e documentários se dá pela sua experiência como espectador, o conhecimento sobre essas ferramentas teve de ser construído ao longo de sua vida como ser social e de sua carreira como docente, e o jogo não seria um recurso diferente de qualquer uma dessas outras possibilidades educacionais anteriores. O professor e pesquisador Arnaldo V. Carvalho fala da necessidade de um letramento lúdico[3], e talvez seja essa nova disciplina a figurar no quadro de possibilidades nas universidades do futuro.

É importante lembrar também que diferentes gêneros de jogos vão oferecer diferentes formas de trabalho. Ao longo deste livro, haverá a apreciação de vários desses gêneros, mas para os fins deste capítulo, mencionarei aqueles que acredito serem de maior relevância para o ensino nas disciplinas ditas humanas[4]:

---

3 Em conversa entre educadores que utilizam jogos de tabuleiro, participantes do coletivo de ludoeducadores Ludus Magisterium (arquivo pessoal).
4 As ciências humanas são disciplinas do conhecimento criteriosamente organizados da produção criativa humana. O ponto comum entre essas disciplinas é o objetivo de desvendar as complexidades da sociedade humana, do aparelho psíquico e de suas criações, ou seja, têm o ser humano como seu objeto de estudo ou o seu foco.

- Jogos de dedução social;
- Jogos do tipo *Civi* (construção ou administração de uma civilização);
- Jogos de interpretação de papéis como *Role-Playing Games* (RPG);
- Jogos com perspectivas de representação histórica, cultural e étnica, em que podemos destacar *Carcassonne, Código Secreto, Terra, A Ilha Proibida* e *Ubongo* (todos títulos disponibilizados pela Devir no Brasil).

É muito importante relembrar o papel do professor nesse processo. Sabemos que os jogos oferecem possibilidades de aprendizado não formal, uma vez que são dispositivos culturais e artefatos históricos produzidos dentro de um contexto sóciocultural; mas é função do professor atender a certos objetivos educacionais orientados pelo currículo escolar e calendário acadêmico no escopo da sua disciplina. No ambiente escolar, a forma como o professor se apropria do jogo, a forma como ele cria possibilidades de um fazer disciplinar através da ação lúdica, é indispensável para que o jogo não se esvazie de sentido e objetivo. Caso contrário, ele acaba sendo apenas mais um mecanismo de reprodução e fixação de conceitos, ideias, comportamento, estética e símbolos pré-preparados para a manutenção de estruturas hegemônicas. A possibilidade de uma educação crítica, que olhe para as relações sociopolíticas, e para a realidade imediata do aluno, são indispensáveis para que a utilização do jogo na sala de aula das Humanidades não se torne apenas uma experiência de entretenimento, e, sim, uma ação lúdica significativa, que permita e incentive a curiosidade na busca pelo conhecimento. Não estamos afirmando aqui, de forma equivocada, que o jogo, assim como a educação de forma direta, oriente ou crie a criticidade como que por encanto! Entendemos que criticidade não se ensina, é um estado de pensamento produzido endogenamente, por uma subjetividade e intelectualidade em formação. Mas o ambiente lúdico dos jogos, livres das amarras, das "fôrmas" de um saber, tenta preparar o terreno para a aquisição criativa ou desenvolvimento criativo sobre como percebemos o mundo.

Para concluir minha reflexão sobre a utilização do jogo para as Humanidades: podemos pensar o jogo e sua ação lúdica, rigorosamente alicerçados numa perspectiva educacional que encontra no professor a mediação pedagógica necessária à sua ação. Pensar o jogo como uma ferramenta que trabalhe os mesmos conteúdos dos livros didáticos, documentários, textos de apoio, artes, mas estruturados na forma de uma ação, que permita ao mesmo tempo a diversão, o prazer, e o fazer disciplinar tão necessário ao desenvolvimento das capacidades de interpretar o mundo, de compreender processos e fenômenos sociais, políticos e culturais e de atuar de forma ética, responsável e autônoma!

Referências

BENJAMIN, Walter. *Reflexões Sobre a Criança, o Brinquedo e a Educação*. Editora 34. São Paulo, SP. 2002.

BOURDIEU, Pierre. *O Poder Simbólico*. Bertrand Brasil. Rio de Janeiro - RJ. 2000.

BUBER, Martin. *Eu e Tu*. Centauro Editora. São Paulo - SP. 1974

GALLO, Silvio. *Metodologia do Ensino de Filosofia: Uma didática para o ensino médio*. Papirus Editora. São Paulo, SP. 2016.

HAGEN, Mark Rein. *Vampiro: A Máscara*. Devir Livraria Ltda, São Paulo, SP. 1994

VIGOTSKY, Lev Semyonovich. *A Formação Social da Mente*. Livraria Martins Fontes Editora Ltda. São Paulo – SP, 1991.

KASI, JMM. *Neil Gaiman: o escritor de Sandman*. Panacea: a revista brasileira de quadrinhos (e outros bichos). Ano 5, volume V, número 38. Mar/abr 1995. Panacea Serviços Editoriais Ltda. P. 34-43.

MCGONIGAL, Jane. *A Realidade em jogo: porque os games nos tornam melhores e como eles podem mudar o mundo*. Editora Best Seller Ltda. Rio de Janeiro, RJ. 2012.

HUIZINGA, Johan. *Homo Ludens: o jogo como elemento da cultura*. Editora Perspectiva. São Paulo, SP. 2017.

SALEN, Katie. ZIMMERMAN, Eric. *Regras do Jogo: fundamentos do design de jogos*. Editora Edgard Blücher Ltda. São Paulo SP. 2014.

CAILLOIS, Roger. *Os Jogos e os Homens: A máscara e a vertigem*. Editora Vozes. Petrópolis, RJ. 2017.

FREIRE, Paulo. *Pedagogia da autonomia: saberes necessários à prática educativa*. Editora Vila das Letras. Paraíso SP. 2017.

BOTERMANS, Jack. *The Book of Games*. Sterling Publishing Co., Inc. New York, NY. 2008.

Ludografia

CHVÁTIL, Vlaada. *Código Secreto*, São Paulo: Devir, 2014.

WREDE, Klaus-Jürgen. *Carcassonne*, São Paulo: Devir, 2002.

LEACOCK, Matt. *Ilha Proibida*, São Paulo: Devir, 2014.

FRIESE, Friedemann. *Terra*, São Paulo: Devir, 2016.

HAGEN, Mark Rein. São Paulo: *Vampiro: A Máscara*, Devir, 1995.

REJCHTMAN, Grzegorz, *Ubongo*, São Paulo: Devir, 2014.

PARTE II

Como usar jogos de tabuleiro na educação

O JOGO *CÓDIGO SECRETO* EM UMA OFICINA PARA A SAÚDE MENTAL

Laíse Lima do Prado
Bacharel em Fonoaudiologia pela Universidade do Estado da Bahia, especialista em Gestão de Projetos e em Psicopedagogia pela Universidade Católica Dom Bosco. Dentro da faculdade de fonoaudiologia se apaixonou pela área de educação e logo após sua formação conheceu os Jogos de Tabuleiro Modernos, então juntou essas duas descobertas e criou a Oficinas Lúdicas, empresa pioneira no Norte/Nordeste, que tem o intuito de levar os Jogos de Tabuleiro ao ambiente escolar como suporte pedagógico. A fundação da Oficinas Lúdicas aconteceu em 2013, desde então sua formação tem se destinado à área de Jogos e Educação. Participa de eventos como palestrante e levando Oficinas práticas como treinamento e capacitação de professores. Apaixonada por educação, jogos e criatividade, atualmente também é escritora, colunista e mentora de Aprendizagem Criativa.

Felipe Neri
Graduado em mercadologia pela Universidade Católica do Salvador, graduado em Psicologia pela Universidade Salvador, pós-graduando em Terapia Cognitivo Comportamental com foco em abordagem clínica. Desde muito novo sempre apaixonado por jogos e desafios, com o passar do tempo percebeu que os jogos foram fundamentais na formação da sua identidade e a importância que os mesmos têm na vida. Conheceu jogos de tabuleiro modernos através do grupo Oficinas Lúdicas, resolvendo assim unir suas duas paixões, desenvolveu a trilha de jogos e saúde mental. Atualmente atuando como Psicólogo clínico, além de realizar orientação e acompanhamento de equipes competitivas de e-Sports, em atendimentos individuais e de grupo.

O JOGO *CÓDIGO SECRETO* EM UMA OFICINA PARA A SAÚDE MENTAL

Agora que já vimos por que usar jogos na educação, vamos entender como usá-los. Sabemos que, segundo Fernandes (2012), os jogos podem ser empregados em uma variedade de propósitos dentro do contexto de aprendizado. Até mesmo o mais simplório dos jogos pode ser empregado, com a mediação adequada, para proporcionar informações factuais e praticar habilidades, conferindo destreza e competência.

Os aspectos emocionais também estão diretamente ligados às habilidades que podem ser aprimoradas através do jogo. Em uma partida, o jogador aprende consigo mesmo desenvolvendo autoconhecimento; precisa lidar com conflitos e se organizar em meio a diálogos e argumentos. Segundo Grando (2000), é neste momento de conflito que o sujeito pode conhecer-se e reavaliar o que precisa ser trabalhado, desenvolvendo suas potencialidades.

Jogar envolve o prazer de exercitar um novo domínio, de testar certa habilidade, de transpor um obstáculo ou vencer um desafio. O ato de jogar possibilita a conexão entre pessoas e consigo mesmo, possibilita estar juntos em um contexto que faz sentido. Apresentando-se, na maioria das vezes, como metáfora da vida, no jogo, o sujeito encontra situações apropriadas para exercitar seu poder de expressão e manifestar sua capacidade de transformar o mundo real. Como uma ferramenta lúdica e desafiadora, a aprendizagem e reflexões que acontecem no momento da partida prolongam-se para fora dela, pelo cotidiano.

Em 7 anos de utilização dos jogos no processo de aprendizagem, à frente do Oficinas Lúdicas, eu, Laíse Lima e Felipe Neri, coautor deste capítulo, vimos na prática como os jogos têm potencial para a abertura de conversas sobre saúde e inteligência emocional. Trata-se de uma ferramenta que pode ser utilizada na promoção da saúde, que traz o diferencial da conexão interpessoal e da descoberta intrapessoal.

Em uma abordagem mais específica, assumimos o desafio de explanar sobre a saúde emocional para um público de adolescentes e jovens, através dos jogos e de uma atividade lúdica. Pensamos, então, em algum jogo que pudesse promover uma potencial reflexão sobre o tema, mas que não fosse estritamente "pedagógico", como um simples jogo de perguntas e respostas. A partir desses critérios, escolhemos o jogo *Código Secreto*, da Editora Devir, a fim de dar o foco lúdico da nossa atividade, servindo como uma ferramenta que dá abertura à explanação de um tema, muitas vezes, delicado de ser explanado em uma abordagem mais formal.

Outro critério que norteou a escolha do jogo para a atividade foi a abertura deste a vários temas. Chamamos o *Código Secreto* de "jogo coringa", um termo que elaboramos para falar de jogos que podem ser adaptados a diversas realidades e conhecimentos. Dentro do *Código Secreto* podemos inserir conhecimentos de áreas diferentes, fazendo deste um jogo temático. Dentro de uma partida podemos trabalhar Biologia, História, Ciências e, inclusive, aspectos emocionais. Veremos, a seguir, como o jogo foi usado na prática, bem como suas adaptações ao tema, condução das oficinas e formas de abordar o assunto proposto.

1. Saúde emocional: Desmistificando conceitos de saúde/doença

Sabe-se que a saúde, como é vista hoje, sofreu modificações em seu entendimento histórico. Há muito tempo, a saúde era vista como um privilégio apenas para quem podia pagar. O conceito de saúde foi evoluindo e viu-se a necessidade de se cuidar de todos, a fim de se controlar possíveis doenças e enfermidades. Porém, por muito tempo, apenas a saúde física foi foco. Pouco ou nada se falava a respeito da saúde mental ou emocional, sendo esta, inclusive, vista como um tabu, pois quem, visivelmente, não aparentava ser como a maioria, deveria ser imediatamente afastado da sociedade.

Nos tempos atuais, o entendimento sobre saúde se desenvolveu e, segundo a Organização Mundial de Saúde (OMS), esta se define como, "Um estado de completo bem-estar físico, mental e social e não somente ausência de afecções e enfermidades". A saúde não seria mais apenas a ausência de doenças, mas, sim, esse "completo bem-estar", que envolve a parte fisiológica, a parte mental (como este indivíduo funciona, pensa e interage, sente) e, por último, o aspecto social do ser humano.

Desta forma, abre-se um espaço que no passado não existia: a preocupação em cuidar da saúde mental. Atualmente, as informações sobre Saúde Mental estão muito mais acessíveis, graças à Internet e a profissionais como psicólogos e psiquiatras. Temas como depressão, ansiedade e transtornos psicológicos estão sendo cada vez mais discutidos.

Há um espaço importante para que se possa abordar esta temática de forma objetiva e leve; qual seria esta forma? Exatamente! Através dos jogos e ferramentas lúdicas. Estes, como será reiterado em todo o livro, conseguem motivar, envolver e gerar aprendizado significativo, que ficará guardado na memória pelo forte apelo emocional e pela leveza que as informações vão sendo sutilmente apresentadas. Mas, antes de vermos, na prática, como este tema pode ser abordado de forma lúdica, vamos entender o plano de fundo que foi escolhido para atuar com esta ferramenta. Que cenário encontramos relacionado à Saúde Mental?

1.1 Alguns dados estatísticos a respeito da temática Prevenção ao Suicídio

Para compreendermos a importância desta abordagem, precisamos conhecer alguns dados que tornam esta temática essencial em debates nos ambientes voltados à aprendizagem. Segundo a Organização Mundial da Saúde (OMS), uma pessoa, a cada quatro segundos, comete suicídio no mundo. Isto totaliza um número de 800.000 mortes por ano. No Brasil, este número corresponde a 11 mil mortes por ano. Ambos os dados foram coletados em 2016 e, já neste ano, o número global superava a quantidade de mortes por malária, câncer de mama, guerras e até homicídios. Sendo assim, a OMS considera esta temática como "um sério problema de saúde pública global".

Pesquisando mais a respeito, podemos ver outro fato que chama a atenção: o número de jovens e adolescentes que cometem suicídio tem aumentado, ocupando cerca de, aproximadamente, 30% do número visto anteriormente em nosso país. Além disso, nota-se que os jovens e adolescentes tendem a ter comportamentos impulsivos e estes comportamentos podem representar risco a eles mesmos, sem que percebam.

Com estes dados em mente, o que podemos fazer? Como passar este conhecimento adiante? Qual a melhor forma de intervenção neste problema? Como falar a mesma linguagem do nosso público?

São estas perguntas que fizemos ao ver esses dados e que serão respondidas ao longo do nosso capítulo.

2. Oficina na prática

Para prosseguir no preparo de uma Oficina Lúdica e motivadora, precisamos seguir alguns passos.

1. O Objetivo: Pense aonde você quer chegar com a atividade e qual será o tema proposto. Quando se trata de uma atividade lúdica que envolve uma conversa sobre Saúde Mental, o objetivo da discussão precisa estar muito claro, e se você tiver a possibilidade de desenvolver a atividade com o auxílio de um profissional da área (como um psicólogo), esse objetivo tende a ser melhor elaborado. Falaremos sobre a importância desses profissionais mais à frente.

2. O Ambiente: Tire um tempo para responder às seguintes perguntas: qual o tamanho físico do lugar e estrutura disponível? Quantas pessoas comportam? O ambiente é climatizado? Qual a acústica?

3. O Público: Qual público você está atingindo? Qual a faixa etária? Qual a linguagem que este público utiliza? Será necessário dividir em grupos menores? Como você acha que essas pessoas se sentem com relação ao tema proposto?

4. O Tempo: Qual será o tempo disponível para realizar a atividade? Você precisará dividir o tempo disponível em partes menores para sequenciar a condução da oficina, para isso, pense no tempo necessário para cada etapa: introdução da proposta, apresentação do jogo, partida e reflexões posteriores.

5. Os Materiais: Além do jogo e suas adaptações, o que mais você precisará usar? Liste tudo o que precisa, para você e para os alunos, desde recursos audiovisuais até papel e caneta. Não perder nada de vista é essencial para evitar momentos de ociosidade e dispersão.

6. As Regras: No exemplo de Oficina que daremos neste capítulo adaptamos as regras do jogo *Código Secreto*, da Editora Devir; talvez você precise fazer o mesmo, com este ou outro jogo. Para tanto, será necessário que domine as regras do jogo que pretende usar, para que possa adaptar essas regras da forma mais simples e eficiente. Se possível, utilize um recurso visual, como um *slide* guia, para dar suporte a essa explicação de regras e dê ênfase à interação entre os jogadores. Lembre que a atividade terá um objetivo de reflexão e que também precisa ser divertida.

7. **A Partida:** Tenha em mente que toda a reflexão durante o jogo, e posterior, terá como base a experiência da partida. A forma de condução, portanto, precisa estar adequada à realidade dos alunos. Dê preferência a uma condução simples, sem muitos detalhes complexos de regras e com a flexibilidade necessária à interação entre os jogadores. O *Código Secreto* é um ótimo jogo para essa aplicação, pois permite uma partida em equipe, facilitando o processo de colaboração e competição saudável, além de favorecer a troca de opinião sobre os temas abordados.

8. **A Reflexão:** Será pautada na escuta ativa e em debates abertos sobre os temas, com embasamento das experiências que aconteceram no jogo.

9. **Cuidados éticos:** Já que trata-se de uma temática mobilizadora que pode levar a uma reflexão direta e íntima, se faz necessário neste caso um cuidado ainda maior; sendo assim é imprescindível a presença de um profissional qualificado para trazer o devido apoio a esta atividade, sendo ele capaz de lidar com as mobilizações geradas por esta atividade.

Antes de nos aprofundarmos na reflexão, vamos dar o exemplo de como fizemos a oficina do *Código Secreto* com o tema da Prevenção ao Suicídio.

2.1 Oficina Código Secreto - Prevenção ao Suicídio

No jogo *Código Secreto*, duas equipes de espionagem se enfrentam, uma delas será a vencedora! O jogo é montado numa grade quadrada de 25 cartas, cada uma com uma palavra. Cada equipe tem um capitão (espião chefe), e ambos os capitães podem ver (através de um código secreto) as cartas que pertencem à sua equipe, as cartas neutras, cartas que pertencem à outra equipe e a única carta que representa o "assassino".

Na sua vez, o capitão dá a seus companheiros de equipe uma pista como "Animal 4". Esses companheiros de equipe, em seguida, selecionam cartas que eles acham que o capitão pode ter em mente para a pista (talvez "cavalo", "pata", "aranha" e "zoológico"). Escolher uma palavra que não pertence à sua equipe termina a sua vez, e escolher a palavra que representa o "assassino" faz a equipe perder automaticamente a partida. A equipe vencedora é a primeira a descobrir todas as suas palavras.

Obedecendo à dinâmica básica do jogo, o adaptamos à realidade das oficinas e à temática trabalhada: a prevenção ao suicídio. Nosso objetivo era falar de forma leve e descontraída sobre um tema sério e relevante, para um público de adolescentes e jovens, público que está nos dias de hoje, cada vez mais, sendo diretamente afetado pelo tema.

Devido à capacidade "coringa" do jogo *Código Secreto*, ele é facilmente adaptável a qualquer temática. Nesta adaptação, trocamos as palavras do jogo por expressões ligadas ao tema tais como: Ambivalência, Impulsividade, Adolescência, Depressão, Acolhimento, Sofrimento, Ideação, Tentante, Automutilação, Tristeza, Autocuidado, Violência, Vínculo, Desesperança, Fatores de Risco, Morte, Urgência, Suicidologia, Emergência, Sinais. Palavras que remetem à temática de diversas formas e que, muitas vezes, não são de conhecimento deste público, gerando um aprendizado destas terminologias e uma aproximação suave com este delicado tema.

Entendemos, também, que o termo e a menção ao "assassino" contido no jogo não seria adequada à atividade, portanto retiramos essa regra, permanecendo apenas as palavras neutras e as palavras de cada equipe. As regras para as dicas dadas também se tornaram mais flexíveis, podendo ser uma expressão ou uma frase de até 5 palavras no intuito de estimular a capacidade de síntese. Por se tratar de palavras que não são de uso comum, foi permitido aos jogadores fazer associações iniciais que não tinham ligação com a temática, mas com conteúdos que fossem de domínio dos jogadores. Como exemplo, no cenário de prevenção ao suicídio, a palavra "Tentante" trata de um indivíduo que tentou o suicídio, porém, por algum motivo, este não o levou à óbito. Como o esperado é que este conhecimento não seja comum a estes jovens e adolescentes, a dica que pode ser dada por eles veio com uma proximidade ao verbo "Tentar". Por exemplo, em uma de nossas oficinas foi dada por um jogador a frase "Aquele que não desiste". Sendo assim, não importa o significado correto da palavra, mas o aprendizado que será gerado a partir do conhecimento prévio daquele indivíduo, gerando um aprendizado consistente baseado em experiências individuais.

Durante a partida, algumas reflexões foram feitas pelos líderes das equipes (espiões chefe) com relação ao significado das palavras e como fizeram as correlações entre elas para conseguir transmitir a ideia que desejavam às suas respectivas equipes e, assim, acertassem e marcassem pontos, pedimos, então, para guardarem estas reflexões na memória, ou até anotando. Dessa forma, abriu-se espaço para a explicação destes termos e para a escuta das opiniões de todos os participantes ao fim do jogo.

Toda a partida desemboca numa reflexão maior, que culmina numa "roda de conversa", pós-jogo, que busca esclarecer possíveis dúvidas e abre espaço para relatos pessoais de quem desejar expor experiências vividas com esta temática.

3. Reflexão por trás da experiência de jogo

Os jogos de tabuleiro permitem situações educativas operacionais e interacionais; isto propicia maior interação do grupo e um maior aproveitamento da atividade proposta, o que contribui para uma abordagem mais divertida e motivadora durante a introdução do assunto ao público.

Junto ao público adolescente, através do jogo, podemos estimular aspectos sensoriais, cognitivos e sociais, e conseguimos emergir num ambiente descontraído e livre de julgamentos, o que torna o processo de reflexão ainda mais fluido. No caso da adaptação de *Código Secreto* para o delicado tema prevenção ao suicídio, conferiu-se, uma certa leveza, um ambiente contextualizado e motivador para compartilhar este tipo de conhecimento.

A roda de conversa, no momento pós-partida, como mencionado anteriormente, propõe-se a explicar dúvidas, mas não só: o significado e importância de cada palavra exposta no jogo, além de falar sobre as redes de apoio, reconhecer os sinais que possam ajudar o outro, cuidados com a mídia e exposição ao assunto surge com naturalidade e culmina no acontecimento lúdico-pedagógico.

Durante nossa prática nas Oficinas com o jogo *Código Secreto*, percebemos um grande interesse pelo tema por parte dos participantes. Os jovens trouxeram questões de suma importância para a sociedade, como estigmas e estereótipos acerca do suicídio, o que nos possibilitou abordar tais assuntos, deixá-los informados e minimamente capazes de auxiliar no processo de buscar ajuda quando vivenciarem ou observarem algum colega próximo a essa situação. Também surgiram questões pessoais, as quais foram acolhidas e encaminhadas com responsabilidade, seguindo o proposto pelo código de ética do psicólogo.

A dificuldade de acesso a este tipo de informação em locais com situação social menos favorecida pode ser um desafio, no entanto, este tipo de abordagem possibilita uma abordagem introdutória para alguns e/ou mais esclarecedora para outros quando falamos do público-alvo. O público retratado na referida aplicação se tratava de alunos do Ensino Médio, oriundos de uma instituição pública com algum incentivo privado. A faixa etária atendida variava entre 15 e 19 anos. Essa variação implicou também em diferentes percepções da atividade - para uns era mais difícil falar sobre o tema (pela dificuldade de acesso à educação no local de onde vinham); para outros, era menos desafiador e estes geralmente conseguiam apoiar, em parceria com os profissionais responsáveis pela oficina, aqueles que tinham mais dificuldade. Outro ponto bastante relevante é que informações acerca do tema já circulavam entre eles, mas precisavam ser reforçadas e/ou corrigidas, como, por exemplo, em relação a estigmas equivocados como: "quem diz que vai se suicidar só quer chamar atenção"; "não se fala em suicídio pra não instigar as pessoas a cometer", dentre outros.

3.1 Psicoeducação: Como o jogo favorece esse processo

É inevitável salientar a importância da presença da psicologia no espaço de psicoeducação, entre alunos e professores. A necessidade de se falar sobre o tema prevenção ao suicídio é evidente, principalmente para o público jovem, visto que tal público está diretamente relacionado às estatísticas da tentativa de suicídio. A utilização do *Código Secreto* como ferramenta durante as intervenções se mostrou eficaz no suporte a esse tipo de abordagem, demonstrando que o lúdico tem resultado positivo no engajamento de seus participantes. Intervir com o público jovem, num assunto de abordagem tão delicada, foi um desafio. Mas tal desafio proporcionou crescimento, tanto para quem aplica quanto para os alunos e professores que vivenciaram a prática. A vivência foi positiva e sugere que pode ser utilizada com outros públicos, faixas etárias e até em possíveis temáticas diferentes, com as devidas adaptações de público.

Algumas situações pontuais nos chamaram atenção, como, por exemplo, alunos que não se sentiram à vontade para permanecer na sala durante as atividades. Para estes alunos foi oferecido o apoio de encaminhamento a abordar esta temática de forma particular. Uma interpretação possível é que trabalhos como este devem ser constantemente desenvolvidos para, cada vez mais, possibilitar que estes alunos se sintam assistidos. Além disso, foi notado o interesse dos participantes por outras psicopatologias, como depressão, ansiedade, transtornos e fobias, gerando, assim, possíveis abordagens futuras através de outras oficinas lúdicas.

4. Hora da prática

Com base no que foi visto neste capítulo, revisite os conteúdos abordados, e verifique como você, leitor(a),interessado(a) nas atividades lúdicas e jogos, pode gerar possíveis Oficinas e/ou Intervenções e responda às seguintes perguntas antes de colocar sua ideia para rodar.

- Qual público eu desejo atingir?
- Com quantas pessoas vou entrar em contato?
- Qual equipe eu vou precisar para realizar a oficina com o cuidado necessário?
- De quanto tempo vou precisar para realizar essas oficinas?
- Qual material eu vou utilizar?
- Quais recursos audiovisuais eu disponho?
- Em que local vou realizar minha oficina?
- Quais regras vou precisar adaptar?
- Qual temática vou abordar?
- Se eu fosse este público, gostaria do que estou propondo?

Mãos à obra!

Respondendo a estas e outras possíveis perguntas, acreditamos que você será capaz de realizar uma oficina assertiva e motivadora, e lembre-se, não tenha medo de errar, o erro gera aprendizado e possíveis melhorias para sua próxima atuação. Torne esta atividade divertida e engajadora também para você.

Código Secreto: "Prevenção ao Suicídio" (Adaptação)

Colocamos abaixo as regras modificadas, utilizadas nesta adaptação do *Código Secreto,* para que possam se basear em futuras ideias.
- Neste jogo, duas equipes (vermelha e azul) irão disputar em uma grade de 25 Cartas de Palavra. Cada equipe terá um capitão (líder), ambos os capitães podem ver (através de uma imagem escondida) quais cartas pertencem à sua equipe, e quais cartas são neutras; eles seguirão as orientações descritas abaixo para fazer com que sua equipe acerte as palavras da cor correspondente.

- Na vez de cada equipe, o líder dará uma dica, que será uma palavra ou frase de até 5 palavras (não podendo escolher ou conter as palavras que estão na grade), que leve sua equipe a acertar quais palavras ele escolheu. Para facilitar, juntamente com sua dica, ele poderá dizer um número, indicando quantas palavras ele deseja que sua equipe acerte com a dica.
- A equipe terá 1 minuto para dar a dica e 1 minuto para escolher as palavras; caso a equipe acerte, pode falar mais uma palavra; caso erre, a equipe que errou passa a vez para a outra.
- Se a equipe acertar a palavra da cor da outra equipe, será passada a vez e a equipe adversária marca 1 ponto. Caso a carta seja neutra, nenhuma das equipes marca ponto e a vez é passada para a equipe adversária.
- Vence o jogo a equipe que conseguir acertar todas as 9 palavras correspondentes.
- Durante o jogo, caso os líderes (espiões chefe/capitães) não saibam o significado de alguma palavra, poderão perguntar aos facilitadores a qualquer momento.

(OBS: Esta regra foi readaptada para que o capitão pudesse interpretar a palavra sem se preocupar com seu significado real, com o objetivo de proporcionar um conhecimento mais duradouro).

- Ao final da partida, compartilham-se palavras aprendidas e discute-se a respeito da temática Prevenção ao Suicídio em uma roda de conversa.

Bom jogo a todos e divirtam-se!

Ludografia

CHVÁTIL, Vlaada. *Código Secreto*. Brasil: Devir, 2015.

O USO PEDAGÓGICO DO JOGO DE TABULEIRO

Suellen de Oliveira
   Atuação: Fundadora da "EducArt: consultoria e produção de materiais educacionais" e da "Ludus Magisterium". Desenvolveu jogos educacionais para serem utilizados em espaços de ensino formal e não formal. Atuou como professora na Educação Básica (Ensino Fundamental e Ensino Médio) e atua no Ensino Superior, no Centro Universitário Celso Lisboa. É sócia do Espaço Ciência Viva, onde atua na área de divulgação científica e coordena o Grupo de Estudos em Educação Sexual (GEEduSex).
   Formação: Doutoranda em Ensino em Biociências e Saúde (FIOCRUZ). Mestre em Biologia Parasitária (FIOCRUZ). Licenciada em Ciências Biológicas (UERJ). Pedagoga (UNICESUMAR).

O USO PEDAGÓGICO DO JOGO DE TABULEIRO

Em um passado não muito distante, o processo de ensino era centrado no professor, pois se acreditava que era ele quem tinha o conhecimento e que esse poderia ser transmitido aos alunos através de suas exposições orais, de leituras e realização de exercícios repetitivos. Os melhores alunos eram aqueles obedientes e com grande capacidade de memorização. Hoje tudo mudou! O conhecimento construído pela humanidade está ao alcance de (quase) todos através de poucos cliques. Nesse contexto, demanda-se que os profissionais tenham muito mais do que os conhecimentos relacionados à sua prática profissional. É preciso ter: pensamento crítico; criatividade; empatia; capacidade de realizar julgamento, tomar decisões, negociar e resolver problemas complexos. Essas competências e habilidades dificilmente são desenvolvidas por meio das estratégias de ensino tradicionais, como as aulas expositivas. Além disso, já sabemos que o conhecimento não é transmitido passivamente de uma pessoa para a outra, mas, sim, construído ativamente e cognitivamente pelo aprendiz.

Para responder a essa demanda e promover a construção do conhecimento, o desenvolvimento de competências e habilidades necessárias para o presente e futuro, educadores têm buscado novas estratégias de ensino. Os novos modelos têm como base o construtivismo, no qual o estudante atua ativamente em seu processo de aprendizagem. Nesse contexto, diversas metodologias ativas de ensino têm sido utilizadas, tais como: *Team Based Learning* (TBL); *Jigsaw*; Aprendizagem Baseada em Problemas (ABP ou PBL); Aprendizagem Baseada em Projetos e Aprendizagem Baseada em Jogos. A Aprendizagem Baseada em Jogos consiste na utilização de jogos no contexto pedagógico. Essa metodologia pode promover o engajamento e a socialização; estimular a cooperação e a exposição oral das ideias dos estudantes; e contribuir para a construção do conhecimento.

Ao ouvir sobre a utilização de jogos no ensino, muitos educadores ficam empolgados para começar a utilizá-los, mas muitas vezes não sabem por onde começar. Se esse for o seu caso, este capítulo foi feito para você! Aqui eu compartilharei um pouco do que aprendi, em minha prática docente, sobre a utilização dessa metodologia. Espero que após a leitura você se sinta inspirado(a) e encorajado(a) a utilizá-la.

1.1 Por onde começar?

Antes de tudo, você precisa compreender que o uso de jogos na educação deve ser considerado uma das possíveis estratégias de ensino para alcançar um determinado objetivo pedagógico. Então, somente após definir o objetivo de uma aula você poderá avaliar se o jogo é o recurso mais adequado para alcançá-lo.

Se optar por utilizá-lo, você precisa analisar o contexto: o tempo disponível para a sua utilização, as características do público-alvo (exemplo: número de pessoas, conhecimento a respeito do tema e familiaridade com a metodologia) e o orçamento disponível para compra ou produção desse recurso pedagógico. Esses elementos são essenciais para que você possa escolher ou produzir o jogo mais adequado para a situação de ensino em questão. Ao conhecer bem o contexto você poderá escolhê-lo considerando o tema, o objetivo do jogo e o nível de complexidade de sua mecânica [1] e de suas regras. Não será uma tarefa simples, por causa do grande número de variáveis que precisam ser consideradas. Por exemplo, é possível que você conheça um jogo divertido e que explore bem o tema que irá abordar em sua aula, mas graças à alta complexidade de suas regras e/ou mecânica, esse talvez não possa ser utilizado com êxito em uma turma com estudantes que não possuem o hábito de jogar, ou quando o tempo disponível é pequeno demais para explicá-lo, jogá-lo e explorá-lo.

Há diversas possibilidades para o uso de jogos na educação. Há aqueles desenvolvidos para estimular o diálogo acerca de um determinado tema, como o *Jogo da Onda* [2] (MONTEIRO, VARGAS e REBELLO, 2003) e o *Zig-Zaids* (SCHALL et al., 1999), que buscam promover o debate acerca do uso de drogas e da AIDS, respectivamente. Também é possível utilizar jogos comerciais, que apesar de muitas vezes não terem sido desenvolvidos com essa finalidade, podem ser utilizados para promover a problematização e a discussão sobre uma determinada questão. O uso do jogo de tabuleiro moderno *Pandemic* (PRADO, 2018), por exemplo, é um excelente recurso para introduzir conceitos relacionados à epidemiologia.

Alguns jogos permitem a exploração do tema de maneira adequada segundo a natureza do conhecimento de uma determinada área de ensino, permitindo que os estudantes aprendam durante a partida, como a utilização do uso do jogo *Célula Adentro* (SPIEGEL et al., 2008) para ensinar biologia celular. Além disso, até mesmo os jogos que apresentam conceitos equivocados, podem ser utilizados com o objetivo de identificar as inadequações e discutir sobre elas, contribuindo para a revisão de determinado conteúdo.

Apesar da diversidade de jogos produzidos, nem sempre é possível encontrar um compatível com o objetivo pedagógico e o contexto no qual o jogo será utilizado. Nesse caso, é possível realizar uma adaptação de jogos existentes ou desenvolver os seus próprios jogos. Particularmente, eu prefiro exercitar a criatividade e criar meus próprios jogos, mas convido você a experimentar as duas possibilidades para que possa identificar a sua preferência.

1.2 Desenvolvimento de jogos pedagógicos

Como vimos, para utilizar um jogo no contexto educacional você precisa definir o tema, o objetivo pedagógico e, em seguida, analisar o contexto (público-alvo, tempo e orçamento disponíveis). Ao desenvolver um jogo, esses princípios também precisam ser considerados. Após isso, é preciso definir o objetivo do jogo. Não confunda objetivo pedagógico relacionado ao uso do jogo com o objetivo do jogo. O objetivo pedagógico está relacionado ao conhecimento, competência e/ou habilidade que você espera que os jogadores desenvolvam com o uso do jogo, considerando o seu planejamento pedagógico cuidadosamente desenvolvido. Já o objetivo do jogo está relacionado ao que os jogadores terão que fazer durante a partida, como por exemplo, encontrar a cura para determinadas doenças antes que os patógenos se espalhem por todo planeta ou ainda formar um planeta com condições adequadas para a existência da vida humana.

A definição do objetivo do jogo irá te ajudar a escolher a mecânica; mas para que você seja capaz de desenvolver jogos que motivem seus estudantes, com mecânicas interessantes, você precisa jogar! Jogue o máximo de jogos, tanto quanto possível! Assim, você irá conhecer diferentes tipos de mecânicas e poderá utilizar ou adaptar algumas delas para desenvolver o seu jogo; e com um pouco mais de experiência, quem sabe você não consegue criar uma mecânica nova? Quando não se tem o hábito de jogar, o conhecimento de mecânicas, geralmente, é pequeno e nesse caso é comum se limitar ao desenvolvimento de jogos de trilha ou corrida - aqueles em que se joga o dado e anda um determinado número de casas de acordo com o número que saiu no dado, no qual cada casa pode conter uma pergunta ou item de sorte, como avançar ou retroceder determinado número de casas. Não há problemas em utilizar esse tipo de jogo, mas é interessante conhecer outras possibilidades para que você tenha autonomia para escolher ou desenvolver a mecânica mais apropriada para o seu objetivo pedagógico e contexto em que ele será utilizado. Atualmente, há diversos espaços com uma ampla variedade de jogos, nos quais você pode ir com amigos para comer, beber e jogar, pagando uma pequena taxa. Isso permite que você conheça muitos jogos, com pouco investimento financeiro. Além disso, algumas editoras, como a Devir, oferecem descontos para professores. Aproveite a oportunidade para adquirir novos jogos!

Durante o desenvolvimento do jogo você também terá que definir as regras. Sugiro que as escreva antes de testá-las, pois é provável que nesse momento você identifique alguns aspectos que precisam ser repensados. Se possível, peça para que alguém, com características semelhantes às do seu público-alvo, leia o que você escreveu e explique o que compreendeu. Então, avalie se o que foi compreendido corresponde ao que você pensou ao escrever. Faça isso por algumas vezes, e reescreva os trechos que estiverem confusos para o público-alvo.

Por fim, será necessário produzir uma versão do jogo para que você possa testá-lo. Sugiro que o protótipo [3] seja desenvolvido com materiais de baixo custo, pois provavelmente você identificará problemas durante o uso e terá que realizar algumas adaptações (MONTEIRO, VARGAS e REBELLO, 2003). Para a versão final do seu produto educacional, se for possível, invista no *design*, mas como foi dito anteriormente, é preciso avaliar o contexto. Para um uso pontual talvez não compense contratar um profissional para produzir o *design* do jogo e/ou realizar a impressão com um material de alto custo. Se, por outro lado, você pretende utilizá-lo com inúmeras turmas, a cada semestre ou ano letivo, talvez esse investimento possa valer a pena. No entanto, mesmo que seja possível investir, sugiro que nas suas primeiras aplicações, você utilize um protótipo mais barato.

1.3 Avaliação de jogos pedagógicos

Após desenvolver o protótipo e estabelecer as regras, se for possível, antes de utilizá-lo com o público-alvo, convide outros professores da sua área para revisar o conteúdo. Eles irão verificar se as informações estão corretas e se a linguagem está clara e adequada.

Outro ponto importante é a avaliação da jogabilidade, ou seja, é preciso verificar se o jogo desenvolvido funciona bem com a mecânica e regras planejadas, para isso é preciso jogá-lo. Vale ressaltar que quanto mais complexa for a mecânica, mais tempo terá que se dedicar para testá-lo. Com os testes, você será capaz de identificar os ajustes que precisam ser realizados, como a inclusão ou a exclusão de alguns elementos, até realmente poder validá-lo. O nível de satisfação em relação ao jogo também pode ser avaliado por meio da observação dos jogadores durante uma partida, do uso de questionários ou da realização de entrevistas com os participantes após o jogo.

Quando o seu protótipo estiver pronto, você finalmente poderá utilizá-lo em um contexto educativo para avaliar se o jogo desenvolvido atende ao objetivo pedagógico proposto. A avaliação do uso do jogo como recurso pedagógico pode ser realizada de diversas maneiras e a escolha metodológica depende do objetivo pedagógico proposto e da mecânica do jogo. Para os jogos com resolução de questões ou situações problema, por exemplo, a análise das respostas dadas pelos jogadores pode ser uma das estratégias de avaliação, seja através do registro das respostas por escrito ou da observação da partida. Também é possível realizar uma avaliação por meio do uso de questionários antes e após a partida do jogo, comparando as respostas, a fim de identificar se o jogo contribuiu para modificação de conceitos e/ou construção de novos conhecimentos. Importante destacar que se a mecânica do jogo incluir perguntas, não é recomendável repeti-las nessas avaliações. Sugiro também que os questionários aplicados antes e após o jogo sejam distintos e envolvam a aplicação dos conceitos que você espera que sejam compreendidos durante a partida.

1.4 O uso de jogos como estratégia avaliativa

Até o momento, falamos sobre o uso de jogos selecionados, adaptados ou desenvolvidos pelo professor como recurso pedagógico para a construção do conhecimento, desenvolvimento de habilidades e competências. No entanto, o jogo também pode ser utilizado como estratégia avaliativa, seja durante a análise de uma partida de um jogo proposto pelo professor ou de jogos desenvolvidos pelos próprios estudantes.

A avaliação dos estudantes por meio dos jogos pode ser realizada através da análise da fala, das decisões tomadas e do comportamento dos estudantes durante a partida. A participação dos estudantes em jogos que envolvem toda a turma simultaneamente, como aqueles nos quais cada representante de uma equipe atua como marcador de posição em tabuleiros grandes (BARROS, 2016), são mais fáceis de serem analisados por um único professor. Quando se divide a turma em pequenos grupos e cada um recebe uma cópia do jogo, a avaliação se torna desafiadora caso haja apenas um professor, já que é necessário observar cuidadosamente cada grupo durante cada partida. Além disso, nem sempre é possível adquirir ou produzir diversas cópias do mesmo jogo para ser utilizado em sala de aula. Inúmeras vezes tentei utilizar essa estratégia, mas não consegui o número de cópias suficiente. Uma outra possibilidade é a realização de atividades distintas relacionadas ao mesmo tema e objetivo pedagógico previamente estabelecido. Para isso, a sala de aula é organizada em diferentes estações, nas quais são inseridas as atividades, sendo uma delas o jogo. Então, os grupos fazem a rotação por estações, de modo que todos os estudantes possam vivenciá-las de maneira alternada, cumprindo todo o circuito. Acredito que essa estratégia seja melhor que a realização de uma partida com toda turma, pois quando todos os estudantes estão juntos, apenas os representantes das equipes têm a oportunidade de falar com os colegas da turma, o que pode provocar a dispersão de alguns estudantes durante a atividade. No entanto, quando dividimos a turma em pequenos grupos, todos precisam participar e eles parecem ficar mais confortáveis para interagir entre eles e com o professor.

A avaliação de jogos desenvolvidos pelos estudantes também não é uma tarefa simples, pois exigirá um acompanhamento contínuo do processo de criação, desde a escolha do tema até a entrega do produto. Além disso, é necessário que o professor desenvolva a capacidade de mediação de conflitos, que ocorrem com frequência durante o desenvolvimento de projetos em grupo. Por outro lado, a atividade contribui para que os estudantes aperfeiçoem a capacidade de trabalhar em equipe.

Ao propor o desenvolvimento de jogos para uma turma, o professor deverá fazer uma escolha importante: 1) Propor que cada equipe desenvolva o seu próprio jogo; ou 2) Propor a construção coletiva de um único jogo para a turma. Para exemplificar, compartilharei a seguir um relato sobre cada uma dessas duas possibilidades apresentadas, incluindo um fracasso. Se você deseja ser um professor criativo e inovador não pode ter medo de errar, e deve estar atento para aprender com os seus erros a fim de não os repetir.

A primeira vez que desafiei os estudantes a prepararem jogos foi no Ensino Superior, durante a disciplina de Imunologia, há alguns anos. As equipes podiam escolher qualquer um dos assuntos abordados nessa disciplina. No entanto, eu só tinha dois tempos semanais (80 minutos) para trabalhar todo o conteúdo e acabei banalizando a complexidade de criação de um jogo, deixando de reservar um tempo para orientá-los nesse projeto. É claro que sempre estive disponível por *e-mail*, antes e após as aulas, mas não é a mesma coisa de ter um tempo de trabalho em sala com todos os estudantes. Ao fazer isso, eu simplesmente ignorei que muitos estudantes não tinham familiaridade com os jogos analógicos. Logo, a escolha da mecânica representou uma grande dificuldade para eles. Então veio o segundo problema: para realizar uma entrega impecável, muitas equipes investiram em *design* e impressão em material de qualidade antes da avaliação do conteúdo do jogo e imprimiram tabuleiros lindos, mas com alguns erros conceituais, ortográficos e gramaticais. Ao término do semestre haviam sido produzidos mais de dez jogos por turma, o que inviabilizou a possibilidade de aperfeiçoá-los e testá-los novamente. Apesar de ter sido uma experiência ruim, eu aprendi como não trabalhar com o desenvolvimento de jogos em sala de aula. E o que aprendi com essa experiência? 1º) Para que os alunos criem os seus jogos é preciso apresentá-los aos jogos analógicos, pois muitos nunca jogaram; 2º) É preciso reservar um tempo de orientação em sala de aula para que as equipes possam se reunir para desenvolver o projeto e sanar possíveis dúvidas com o professor; 3º) A avaliação do conteúdo deve anteceder a produção final do protótipo.

Um tempo depois eu decidi retomar a proposta, mas, dessa vez, optei pela construção coletiva de um único jogo, cuja mecânica foi proposta por mim, tendo sido inspirada em jogo já existente. Reconheço que essa escolha limitou a criatividade dos estudantes, mas proporcionou clareza dos objetivos do projeto, facilitou a orientação do processo de construção do jogo e a colaboração entre os estudantes de toda a turma. O jogo desenvolvido foi nomeado como *Disease Stories* e é composto por 41 cartas contendo casos reais de doenças infecciosas e parasitárias publicados em revistas científicas. Na frente das cartas há uma pista sobre o caso e no verso um resumo. Durante a partida apenas a pista é lida, então os estudantes precisam formular perguntas que possam ser respondidas com "sim", "não" ou "irrelevante ou não vem ao caso", até que consigam descobrir a doença apresentada pelo paciente. Essas respostas são dadas por quem leu a pista da carta e tem acesso ao resumo do caso.

Para criar esse jogo, cada aluno ficou responsável por desenvolver duas ou três cartas, e para isso precisou acessar as bases de dados científicas e selecionar um artigo para cada doença. Para fazer essa seleção era necessário conhecer as principais características dessas doenças (agente causador, sinais e sintomas, formas de transmissão e prevenção) e avaliar se o caso clínico relatado no artigo científico selecionado por ele apresentava essas características ou se se tratava de casos atípicos (o que dificultaria a resolução do caso). Após seleção dos trabalhos, os estudantes redigiram a pista e o resumo do caso clínico para a parte da frente e do verso da carta, respectivamente. As referências dos artigos também foram incluídas nas cartas. Cada carta desenvolvida foi testada com os estudantes da própria turma.

A orientação desse projeto ocorreu com base em um cronograma construído com os estudantes (Figura 1), no qual em uma semana eles precisavam entregar o artigo escolhido com uma resenha para que eu pudesse avaliá-lo. Após aprovação do artigo, eles tinham uma semana para entregar o texto da frente da carta. Após a avaliação do texto e realização das correções necessárias, a pista de cada estudante era lida para a turma para verificar se a partir dela era possível identificar a doença. Caso não fosse possível, as edições necessárias eram realizadas. Por fim, o verso da carta era escrito e as referências adicionadas, sendo ambas revisadas. A avaliação foi realizada de maneira contínua, considerando o cumprimento de cada uma das etapas nas datas previstas; a qualidade do texto, que deveria ser claro, objetivo e incluir as características necessárias para a resolução do caso; bem como a elaboração das referências de acordo com as normas solicitadas. Com o desenvolvimento do jogo, os estudantes aprenderam a consultar os bancos de dados com artigos científicos; conheceram os artigos com relatos de casos (nenhum estudante havia lido esse tipo de trabalho anteriormente); construíram conhecimentos acerca das doenças infecciosas e parasitárias estudadas, correlacionando a teoria com a prática clínica descrita nas publicações; desenvolveram o senso crítico necessário para selecionarem os artigos; aprimoraram a escrita acadêmica; aprenderam a referenciar segundo a ABNT (Associação Brasileira de Normas Técnicas); desenvolveram a criatividade, a autonomia e o trabalho em equipe.

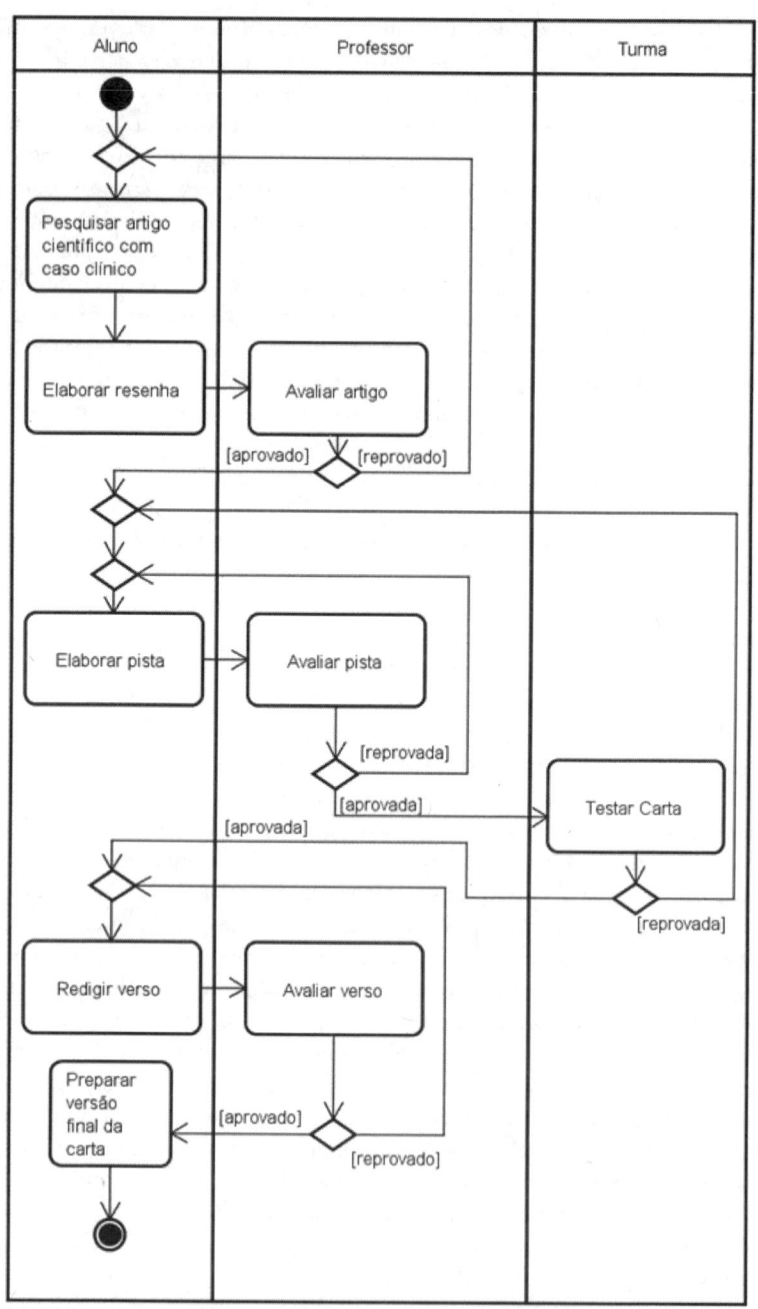

Figura 1: Fluxo de trabalho realizado durante a produção do jogo *Disease Stories*, um jogo de cartas sobre doenças infecciosas e parasitárias.

Considero que a experiência do desenvolvimento coletivo do jogo tenha sido satisfatória e, por isso, eu repeti essa estratégia pedagógica outras vezes, inclusive no ensino remoto, durante a pandemia de COVID-19. Diferente da experiência descrita anteriormente, cada aluno pôde criar o seu próprio caso tendo como inspiração as experiências vivenciadas durante a prática profissional, a leitura de textos científicos e/ou as legislações existentes acerca da doação de sangue, desde que apresentassem referências que os embasassem. Os casos foram enviados por *e-mail* e corrigidos. Na semana seguinte, em um encontro virtual, a leitura de cada caso foi realizada pelo próprio autor, sendo então solucionado pelos demais estudantes após discuti-lo. Os estudantes se mostraram engajados e após o término da atividade muitos relataram espontaneamente que gostaram de realizar a atividade, que ela foi divertida, dinâmica e que contribuiu para o processo de aprendizagem.

1.5 O uso de jogos no ensino não formal

Já falamos sobre o que considerar ao utilizar o jogo como recurso pedagógico, como desenvolver jogos, como avaliá-los e sobre o uso de jogos como estratégia avaliativa. Todas as sugestões dadas podem ser extrapoladas para o ensino não formal [4], exceto a elaboração de jogos como estratégia avaliativa. Mas para isso, é preciso estar atento a algumas particularidades dos espaços de ensino não formal, como museus.

O primeiro ponto a ser considerado é que o tempo de interação com os visitantes é limitado. No espaço de ensino formal [5], o professor pode prosseguir com uma atividade na aula seguinte; já no espaço de ensino não formal isso quase nunca é possível. Portanto, é preciso elaborar atividades que possam ser concluídas durante o tempo previsto para a visitação, incluindo as possíveis discussões sobre a temática abordada no jogo, que costumam ocorrer durante a mediação das visitas com grupos escolares. Sendo assim, é recomendável desenvolver diferentes jogos, com diferentes objetivos pedagógicos e níveis de complexidade, e selecionar aqueles mais apropriados para um determinado tipo de evento ou visitação previamente agendada para um determinado grupo.

Outro ponto importante é que esses espaços costumam receber diversos tipos de público. Pessoas de diferentes idades, com diferentes níveis de formação e interesses distintos visitam esses locais, e, portanto, as atividades oferecidas precisam ser pensadas para atender a todos, o que implica em um grande desafio de adequação da linguagem do jogo. Caso o material elaborado apresente alguma restrição e esteja acessível para interagir com público sem a necessidade de ajuda do mediador [6], essas informações devem estar disponíveis com clareza para os visitantes.

Como é difícil avaliar o conhecimento prévio dos visitantes para saber se eles possuem o conhecimento necessário para compreender o conteúdo abordado no jogo, alguns materiais expositivos complementares podem ser oferecidos antes da partida, principalmente quando não há um mediador para dialogar com eles. Mas é fortemente recomendável a presença de um mediador para conduzir o jogo e elucidar possíveis dúvidas dos visitantes.

Por fim, é preciso ser realista e avaliar se o objetivo pedagógico desejado pode ser alcançado com o jogo, considerando essas e outras particularidades do contexto do ensino não formal. Em alguns casos é possível inseri-lo em uma sequência didática para atingir o objetivo desejado. Para exemplificar, vou descrever brevemente uma atividade desenvolvida em um museu de ciências do Rio de Janeiro, o Espaço Ciência Viva. Em um evento gratuito de divulgação científica sobre evolução, eu e outros colaboradores do museu desenvolvemos uma sequência de atividades para informar os visitantes sobre os aspectos evolutivos associados à resistência aos antimicrobianos da bactéria causadora da gonorreia [7] e sensibilizá-los acerca do risco da prática sexual desprotegida e do uso indiscriminado de medicamentos para tratar a doença, visto que há cepas multirresistentes. Para isso, elaboramos uma sequência didática com quatro atividades, incluindo o jogo *As Superbactérias* (OLIVEIRA et al., 2021), cujo objetivo é simular o processo de seleção de bactérias resistentes mediante o uso de antimicrobianos. Note que o jogo foi utilizado para atingir um objetivo específico e necessário para que a finalidade da sequência didática pudesse ser alcançada. Os visitantes que passaram por todo circuito conseguiram compreender a relação entre o aumento de cepas resistentes e o uso de antimicrobianos, bem como do sexo sem preservativo com o aumento de cepas resistentes.

Conclusão

Se você chegou até aqui, espero que esteja se sentindo motivado a utilizar o jogo no contexto de ensino formal e/ou não formal. Se desejar mergulhar nesse universo divertido e cheio de possibilidades, permita-se errar e aprender com os seus erros. Além disso, sempre que for possível, use os jogos para se divertir, nesses momentos é possível que você tenha ideias, que possam ser aprimoradas e resultar em novos jogos. Converse com outros professores e compartilhe experiências, pois às vezes quem está de fora pode trazer uma contribuição importante para uma determinada situação na qual não enxergamos uma solução e sempre podemos aprender algo novo com o outro, não é mesmo? E por falar nisso, se este capítulo te inspirou de alguma forma a ponto de você decidir utilizar o jogo como recurso pedagógico, escreva-me e conte-me a sua experiência, pois vou adorar conhecer o seu trabalho.

Referências

BARROS, R. Jogo das Vacinas: O lúdico ajudando na popularização e divulgação da ciência para o público infanto-juvenil das cidades de atuação do projeto Ciência Móvel – Vida e Saúde para todos. Monografia (Especialização) - Museu da Vida | Casa de Oswaldo Cruz | Fundação Oswaldo Cruz, Rio de Janeiro, 2016.

MONTEIRO, S.S.; VARGAS, E.P.; REBELLO, S.M. Educação, prevenção e drogas: resultados e desdobramentos da avaliação de um jogo educativo. Revista Educação e Sociedade, v. 24, n. 83, p. 659-678, 2003.

OLIVEIRA, S.; LOPES, L. H.; VITIELLO, P.; TOLENTINO, A. F.; SANTOS, T. V.; NÓBREGA, R.; KURTENBACH, E.; COUTINHO-SILVA, R. As superbactérias causadoras da gonorreia. CienciArte no Ensino-Coleção Saúde e Ambiente/fascículo 5, LITEB/IOC/Fiocruz, Rio de Janeiro, 11 p., 2021.

PRADO, L. L. Jogos de tabuleiro modernos como ferramenta pedagógica: pandemic e o ensino de ciências. Revista Eletrônica Ludus Scientiae, v. 2, n. 2, p. 26-38, 2018.

SCHALL, V.T.; MONTEIRO, S.; REBELLO, S.M.; TORRES, M. Evaluation of the ZIG-ZAIDS game: an entertaining educational tool for HIV/Aids prevention. Cadernos de Saúde Pública, 15(Sup. 2), p. 107-119, 1999.

SPIEGEL, C.N.; ALVES, G.G.; CARDONA, T.S.; MELIM, L.M.C.; LUZ, M.R.M.P.; ARAÚJO-JORGE, T.C.; HENRIQUES-PONS, A. Discovering the Cell: an educational game in cell and molecular biology for secondary-level students. Journal of Biology Education, v. 43, n. 1, p. 27-35, 2008.

[1] Mecânica: Possíveis ações que podem ser realizadas pelos jogadores.

[2] Há versões disponíveis para acesso online e *download* do *Jogo da Onda, Zig-Zaids* e *Célula Adentro* em: http://www.fiocruz.br/ioc/cgi/cgilua.exe/sys/start.htm?sid=44. Acessado em 11 ago 2020.

[3] Protótipo: Versão inicial do jogo a ser testada e validada.

[4] Espaço de ensino não formal: Espaços educativos que não fazem parte do sistema formal de educação. Exemplo: Centros e museus de ciências.

[5] Espaços de ensino formal: Espaços educativos hierarquicamente estruturados e cronologicamente graduados. Exemplos: Escola e universidade.

[6] Mediador: Profissional responsável por conduzir as atividades realizadas em um espaço de ensino não formal.

[7] Gonorreia: Infecção Sexualmente Transmissível (IST) provocada pela bactéria *Neisseria gonorhoeae*.

DIÁLOGO COLOQUIAL, INFORMAL, LHANO E ATÉ MESMO EXTRATEMPORAL, MAS AINDA ASSIM INTELIGÍVEL, SOBRE RPG E STORYTELLING.

OU

RPG E STORYTELLING: SUAS RELAÇÕES COM A EDUCAÇÃO E AS COMPETÊNCIAS DO SÉCULO XXI.

Odair de Paula Junior
Narrador de RPG, matemático, engenheiro de produção, editor do blog "Tá na Mesa!", criador do Instituto Jedai e Nerd desde a época que era considerado um xingamento. Pai da Super Saquá, uma shitzu, que é a encarnação da fofura do universo.

DIÁLOGO COLOQUIAL, INFORMAL, LHANO E ATÉ MESMO EXTRATEMPORAL, MAS AINDA ASSIM INTELIGÍVEL, SOBRE RPG E STORYTELLING.

OU

RPG E STORYTELLING: SUAS RELAÇÕES COM A EDUCAÇÃO E AS COMPETÊNCIAS DO SÉCULO XXI.

Antes de mais nada, é necessário informar que não é preciso ter nenhuma experiência prévia ou mesmo conhecimento sobre os assuntos propostos no capítulo, mas a curiosidade é um fator importante. Antes dos conceitos serem esmiuçados, é importante apresentar algumas ideias.

Outra informação de demasiada importância: este texto não é um tratado acadêmico sobre o assunto, muito menos a História da Arte do tema. Não considere como a fonte definitiva que lhe trará todas as respostas. Há muitos outros materiais de primeira qualidade, mas muitos mesmo. Que este singelo e humilde guia seja só a porta de entrada para um omniverso muito maior.

SIGA POR SUA CONTA E RISCO ou INTRODUÇÃO

Ora, seja bem-vindo. Vejo que você é um curioso. E isso é um ótimo sinal. A curiosidade sempre foi uma das mais maravilhosas características da humanidade. Sem ela, viveríamos ainda em cavernas. Na verdade, não teríamos saído das árvores, se é que as subiríamos ou mesmo saído dos pântanos lamacentos após deixar o infinito oceano para trás. Apesar de ser algo tão humano, não somos os únicos animais a possuí-la. Mas isto é uma outra história. E é justamente isso que vamos conversar: História.

O que vem a ser história? É uma palavra. Uma palavra que tem origem grega. Uma palavra que tem origem grega usada para explicar o conhecimento através da investigação. Mas todas as ciências não têm essa definição básica? Sim, a história é uma ciência, que estuda o passado da humanidade, nossos processos evolutivos enquanto sociedade, as ações humanas e como eles afetaram o mundo.

Imagine uma noite quente de verão na Grécia por volta de 600 anos antes de Cristo. Um pacato cidadão chamado Kokkinus, habitante desde a infância de uma das inúmeras vilas gregas, que nunca havia andado mais de dez quilômetros do seu local de nascimento, estava discutindo com seu amigo sobre um conceito novo que o outro ouviu em viagem a uma grande Polis: "Historie". Na cabeça de Kokkinus, o que se foi, já se foi, era um absurdo perder tempo com o passado.

O estudo da história começou na Grécia, com Heródoto, considerado o primeiro historiador do mundo. Claro que não é bem assim, ele foi o primeiro ocidental a escrever e ter seus trabalhos conhecidos até hoje. Ou você acha que em 1000 a. C.

ninguém, em locais tão distantes de Atenas, como Catai e nos Andes, já não havia pensado em um conceito parecido? Ou que o estudo da "história" só chegou com os primeiros europeus?

Pouco antes de se despedir do amigo para realizar sua última tarefa do dia, Kokkinus ouviu rumores sobre bandidos próximos à vila. Em sua concepção isso era impossível, pois ali era um local seguro e não havia nada de valor para roubar. Quando chegou à Ágora, o local para fazer suas compras, percebeu que o mercado poderia ser o alvo, pois havia muitas moedas circulando. Com frio na espinha, decidiu fazer sua compra o mais rápido possível, mas se distraiu em conversas agradáveis com conhecidos, regadas a muito vinho.

Nós temos uma visão extremamente eurocêntrica sobre a história, tanto que a dividimos em acontecimentos exclusivos da Europa. Por que a Idade Antiga termina com a queda do Império Romano ou por que um período de dez séculos é considerado como uma Era das Trevas, que só terminou com a queda de Constantinopla, que, por acaso, era a sucessora justamente de Roma?

Com o tempo quente daqueles dias, muitos aproveitavam para sair de noite, para aproveitar a refrescante brisa, espantando o calor vespertino. A Ágora estava cheia de pessoas conversando, artesãos e vendedores trabalhando constantemente, crianças correndo de um lado para outro sem motivo ou supervisão. Kokkinus olhou para tudo aquilo e sabia no fundo da alma que quem não estava ali só poderia estar em suas casas descansando. Mesmo não querendo aceitar, Kokkinus estava bêbado e era tempo de voltar para casa.

E a Idade Moderna com sua Renascença, seu Iluminismo, Barroco, Grandes Navegações, Colonização de povos não Europeus por povos Europeus? E por último, até onde sabemos hoje, a Idade Contemporânea, que se inicia com – Alguém adivinha? - a Revolução Francesa, que é o quê? Isso, um acontecimento em um país Europeu.

Ao sair da Ágora, indo na direção contrária à sua casa, ele notou algumas pessoas afastadas da cidade, olhando para o céu noturno, intrigadas com algo. Uma discussão acalorada se iniciou, mas ele pouco entendia. Parecia outra língua, mas era só o efeito da bebida. Um deles apontou para cima e fez um arco até um ponto vazio no céu. Os outros olhavam incrédulos e diziam não acreditar. Mas quem eram aquelas pessoas? Por que estavam isoladas? Um pensamento sombrio inundou sua mente. Com certeza eram os tais bandidos. Mas quem conduzia a discussão parecia ser uma mulher. Então poderia ser algo pior que meros bandidos. Uma coisa assustadora expulsa do Tártaro pelo próprio Hades.

Quando começamos a estudar a Idade Antiga, só vemos o que Gregos e Romanos fizeram. Às vezes, com sorte, temos uma pincelada de Babilônios e Egípcios. Será que até 476 d. C. não havia pessoas no Japão ou no Canadá? Ou a vida nas terras longe do Mediterrâneo era enfadonha que nada digno de nota aconteceu? Será que eram tão selvagens e irracionais que não poderiam ser considerados seres humanos? Talvez o Yeti e o Abominável Homem das Neves não fossem lendas, só nativos fora da Europa. E que outros povos dos arredores, como Celtas, Vândalos e Saxões faziam antes de entrar em contato com os irascíveis Romanos? Certamente não começaram a existir, criados por pó, suor e espinhos, só quando as Legiões surgiam em seus horizontes.

Kokkinus não sabia o que fazer. Não era hábil com armas e não havia nenhuma com ele, tão pouco era grande o suficiente para espantá-los com seu porte franzino. Seu estado de embriaguez não o deixava raciocinar direito. O ponto do céu que a mulher apontava não tinha nada de especial, só as mesmas estrelas de sempre. Algo terrível era planejado ali, ele tinha certeza. Ele viu que os membros do bando não eram maiores que ele, então tentando se lembrar de suas lutas e táticas quando menino, buscou uma solução.

Certamente a Idade de Ouro não chegou ao mesmo tempo em todo o mundo, mas temos a impressão que sim. Muitas invenções europeias já eram conhecidas em outras partes: Imprensa (China, séc. XI contra Sacro Império Romano, séc. XV); Canhão (Egito, 1260 contra Península Ibérica, 1305); Medicina (China, 5000 a. C. contra Grécia, 2400 a. C.) Quando você faz uma pesquisa básica, esses dados não são mencionados.

Era melhor correr para a vila e encontrar ajuda. Nunca havia vencido nenhuma luta. Na realidade, em poucas ocasiões ficou consciente após o golpe final. Não teria nenhuma chance contra eles. Correndo o máximo que podia, o que não era muito, Kokkinus encontrou dois encapuzados. Não lhe ocorrera que era estranho, em uma noite tão quente quanto aquela, pessoas vestindo pesadas roupas que escondiam seus rostos. Sem fôlego, contou sobre os estranhos dominados por uma mulher – Certamente uma feiticeira, não havia nenhuma outra possibilidade de uma mulher comandar homens que não fosse por meio de magia – que falavam em línguas estranhas do passado e tinham muito ouro. "Porque disse aquilo", ele se perguntou. Não sabia, mas era o vinho misturando suas lembranças recentes. Sem dizer nenhuma palavra, a dupla correu na direção indicada já sacando suas espadas. Seria uma luta fácil, pensou Kokkinus, antes de vomitar.

E o que falar dos impérios Africanos e Mesoamericanos? De reinos no Havaí e Indochina. Os aborígenes e esquimós. Quantas histórias foram perdidas pela arrogância de homens brancos, que se consideravam vivendo no auge da civilização humana. Felizmente estudos sérios estão sendo realizados e muito do desconhecido mundo fora da Europa será, finalmente, do conhecimento de todo o mundo.

Dias depois corre uma fofoca na vila. Violentos bandoleiros foram mortos na estrada. Kokkinus fica satisfeito em fazer o correto e graças à sua ajuda, seus vizinhos podem dormir novamente em paz. Mas havia algo que não saía da cabeça. Planetas. Palavra engraçada, achava que significava errantes, mas não tinha ideia de onde ouvi tal bobagem. O curioso é que mesmo sem saber, ele participou da História, acabando com os estudos, e a vida, de pioneiros na astronomia, inclusive a desconhecida Helena de Etólia, uma sábia que não deixou discípulos para propagar seus ensinamentos, mas tinha potencial de mudar o paradigma da mulher no mundo antigo. Seus textos se perderam para sempre em uma quente noite de verão na Grécia por volta de 600 anos antes de Cristo. Mas esta é história para outro dia.

INTRODUÇÃO VERDADEIRA ou PRIMEIROS CONCEITOS

Parabéns se você conseguiu chegar aqui. Sei que foi um caminho longo, árduo e tortuoso. Eu mesmo, quando fiz a primeira revisão do texto, não aguentava mais e queria pular para o próximo tópico. Agora, se você fez isso, pare tudo e recomece no começo do início deste capítulo. Sim, estou usando um pleonasmo altamente vicioso para enfatizar que ler a primeira parte é importante para entender onde pretendo, quero e vou chegar.

A história, como ciência, tem base em fatos registrados. Então se não houver provas, tudo o que falei de Kokkinus é uma fábula, não passa de uma mentira deslavada que não serve para nada ou, pior de tudo, simplesmente uma enfadonha *fake news*. Não, necessariamente. Ela é um conto sobre como até o mais comum, mediano e ordinário Homo sapiens sapiens faz parte de um todo, de um contexto geral que não só pode como é sempre influenciado por suas ações ou inações. Seria uma estória.

Mas estória ou história? Há diferença? Sim, enquanto o primeiro é um neologismo muito difundido que usamos para se referir a uma ficção ou um conto, uma história inventada ou não baseada em acontecimentos verídicos, o segundo já foi explicado anteriormente. Então realmente a narrativa sobre nosso querido grego é falsa e Kokkinus é só mais um amigo imaginário? Não, ela é verdadeira em certos aspectos, mas que não pertence à História – sim, com agá maiúsculo, como pretensos historiadores gostam de referir –, mas do repositório de toda a experiência humana.

E o que isso significa? Boa pergunta. Na verdade, nada de relevante para o presente momento. Só uma narrativa e uma argumentação entrelaçadas, que não tem ligação entre si, aparentemente. Um enredo estranho que parece que foi colocado ali só para aumentar o número de páginas deste livro e perguntas soltas que parecem um risível factoide totalmente desprovido de mérito acadêmico. Mas aposto que você se importou com Kokkinus ou com os astrônomos, nem que seja um pouquinho ou só se interessou com o texto paradidático? Qual o estilo que mais te prendeu a atenção? Sendo nós crias de uma espécie altamente especializada e dependente de socialização, arrisco a dizer que a maioria escolheu a narração. E qual a razão disso?

Primeiro, como já mencionado, somos dependentes de socialização, de estar em grupo. Como diz o ditado, nenhum homem é uma ilha. Claro que existem famílias que viveram a vida toda isoladas da sociedade, como o caso dos Lykova, que moraram na Sibéria. Por volta de 1930, fugindo de perseguição religiosa, eles construíram uma cabana longe da civilização. As crianças que cresceram lá praticamente não tiveram contato com energia elétrica, aquecimento a gás ou água encanada. Coisas do nosso cotidiano, como supermercado, aeronaves ou mesmo rádio, eram alienígenas. Tudo o que os filhos precisavam para sobreviver foi repassado somente pelos pais. Até a década de 1970, a filha mais nova nunca tinha visto outro ser humano que não fosse seu pai, sua mãe ou seus irmãos. A vida dos Lykova se resumiu a plantar, orar e compartilhar experiências entre si.

Segundo, gostamos de ouvir conversas. Desde tempos ancestrais, os humanos sentavam em volta da fogueira e trocavam ideias, trocavam histórias. De como foi a última caçada, dos estranhos frutos encontrados perto do rio, da pequena planta que apareceu onde uma semente foi enterrada, do sonho que o ancião teve e qual o seu significado. Todo conhecimento era passado via oral, em conversas.

Agora imagine uma conversa entre um homem e sua filha, há milhares de anos, sobre como criar boas ferramentas de pedra lascada. Imaginou o pai sobre uma pedra alta, discursando metodicamente as vantagens e desvantagens de usar rochas basálticas cortadas em um ângulo não superior a 43,2°, enquanto a filha, sentada na grama, escuta tudo com uma desatenção preocupante, pensando nas outras crianças brincando no riacho e para qualquer dúvida que surgir, precisa levantar a mão antes de falar? Claro que não. O cenário mais provável seria o pai explicando através de exemplos e histórias, por que desse modo não só prenderia a atenção da criança como também geraria uma memória de longo prazo, enquanto a apresentação de um seminário por cinco horas seguidas, mostrando desenhos e falando do modo mais enfadonho e academicamente possível resultaria em uma menina dormindo no meio da pradaria, seguida de uma briga familiar e com nossa jovem protagonista nunca sabendo nada sobre o que seu pai queria transmitir.

E depois de toda essa leitura, percebeu que há um fator, que vem sendo utilizado constantemente? História. Usei histórias para falar sobre história. A história de Kokkinus já foi explicada. Alguém lembra? A dos Lykova é um acontecimento verídico mostrando que, mesmo totalmente isolados, pessoas ainda se socializam. A última é uma parábola sobre o sistema escolar padrão atual.

Essa é a base do *Storytelling*, o ato de contar uma história que transmita algo e faça o ouvinte se envolver sem perceber, a mais antiga forma de passagem de conhecimentos. E o RPG é muito parecido com *Storytelling*, só que interativo. Se o *Storytelling* está para o monólogo, o RPG está para terapia em grupo.

Toda essa explicação poderia ter sido feita sem os contos, só introduzindo sucintamente o assunto, desenvolvendo os argumentos, citando a base teórica e apresentando as considerações finais. Teria sido melhor? Teria prendido sua atenção ou aguçado sua curiosidade? Se você está aqui em busca de algo diferente, sabe bem qual é a resposta.

Se acha que trilha, bingo e batatinha-frita-um-dois-três são a resposta, volte duas casas. O jogo na educação deve ser algo inteligente, que atraia o aluno, despertando sua curiosidade, e não os jogos educacionais de sempre. Quem aqui topa uma partida de Dominó das Verduras? Se você não achou interessante passar tempos e tempos em uma atividade pseudoeducativa como essa, por que acha que seu aluno vai se interessar? Tente algo diferente, tente o RPG.

Mas antes, vamos para uma das partes que interessam.

"ESTOU CURIOSA PARA VER COMO A FISIOTERAPIA PODE SER USADA PARA ENSINAR HISTÓRIA" ou DEFINIÇÃO DE RPG

RPG. Uma pequena sigla que pode significar muitas coisas. Literalmente. Faça uma busca na Internet somente com essas três letras e se surpreenda com a miríade de assuntos não relacionados uns com os outros que você encontrará. Desde um jogo com inúmeros formatos, indo do analógico para o digital, passando por armas tipo lança-foguetes, linguagem de programação, técnicas de fisioterapia. Mas qual delas será abordada?

A arma conhecida como RPG é um lançador de granadas com capacidade de autopropulsão. Uma arma com grande poder destrutivo, que tem origem em bazucas da Segunda Guerra Mundial, utilizada principalmente como armamento antitanque. A origem de sua sigla tem duas origens: *Rocket-Propelled Granades* ou da frase em russo "*Ruchnoy Protivotankovye Granatomyot*".

A linguagem de programação conhecida como *Report Program Generation* foi criada em 1959 pela IBM. Comumente usada como linguagem de programação primária para a construção de computadores de médio porte.

Reeducação da Postura Global é uma metodologia fisioterápica que enxerga o cliente como um todo e trata as lesões levando em consideração o corpo inteiro e não apenas atuar na área lesionada. Foi criada na França por Philippe Emmanuel Souchard.

Role-Playing Game, ou Jogo de Interpretação de Papéis, foi criado no início da década de 1970 por Ernest Gygax e David Arneson a partir de jogos de simulação de guerras, tendo como tema um universo fantástico derivado de obras como *Senhor dos Anéis* e *Conan*. As primeiras regras criadas pela dupla tornaram-se a base para o primeiro RPG comercial.

Logicamente, dada as prévias explicações, o RPG que utilizamos no ensino é a Reeducação da Postura Global e...

Não! Corta! Volta a fita. Conseguem imaginar como um educador usaria esse tipo de RPG em aulas de geografia ou química? Eu não, mas aqui cabe uma história (olha ela aqui de novo) interessante. Meu trabalho de conclusão de curso teve um nome pomposo: RPG COMO FERRAMENTA DE APRENDIZAGEM. Comecei o curso com essa ideia, fiz pesquisas durante toda a graduação, compilei o que já sabia e o que estava aprendendo sobre o assunto em vários textos, tudo praticamente pronto para entregar meses antes do início do TCC. Mas quando a orientadora viu o título, disse: "Estou curiosa para ver como a fisioterapia pode ser usada para ensinar história", foi como se um balde de água fria me desse um soco na boca do estômago. Para mim, versado no assunto, com mais de 15 anos de experiência como jogador e narrador, era mais que cristalino que RPG só poderia ser o Jogo de Interpretação de Papéis (Fato: Em Portugal usa-se a sigla JIP em vez de RPG). Só então compreendi que RPG poderia significar muitas coisas. E mais uma versão do meu texto foi feita. E refeita. E feita novamente. Nunca terminem seu TCC antes do prazo inicial de desenvolvimento. Ele vai mudar muito.

O *Role-Playing Game* é um jogo cooperativo, em que os jogadores assumem os papéis de personagens, exceto um, que assume o papel de narrador. Os Jogadores (sim, com jota maiúsculo) são os protagonistas da história a ser contada enquanto o Narrador (sim, com ene maiúsculo) conduz a narrativa e serve de árbitro das regras.

Mas o que esse jogo é no final das contas? O RPG é ao mesmo tempo um jogo de imaginação e de regras. Uma analogia muito válida é a do teatro de improviso, onde os Jogadores são os atores e o Narrador é o diretor, roteirista, cenógrafo, compositor, iluminista, além de desempenhar a função de todos os personagens coadjuvantes, secundários e figurantes. Não é uma tarefa das mais fáceis. Os jogadores (agora com jota minúsculo) vão criar conjuntamente uma história que não tem roteiro definido, sendo conduzido somente pela imaginação dos participantes.

A base em que o jogo se sustenta já existia no universo infantil, como nas brincadeiras de polícia e ladrão, casinha, entre outras. Mas o RPG se separa do jogo dramático infantil pela existência de dois fatores: as regras que mantém o jogo coeso e o fator aleatório que decide se algo foi ou não feito. Diferente das brincadeiras, onde quem tem o grito mais estridente decide o que aconteceu, o RPG tem mecanismos para verificar se algo foi ou não realizado. O comum é jogar dados e comparar os resultados a valores pré-estabelecidos.

O grande diferencial deste ambiente lúdico é que não existem perdedores ou vencedores, ou seja, não existe uma concorrência entre os jogadores. Ao contrário, os jogadores têm que se unir para completar o objetivo da história. Este é um grande motivo pelo qual o RPG pode ser utilizado pelos professores em suas salas de aulas, ajudando os alunos a aprenderem e fixarem a matéria de uma forma descontraída e, principalmente, trabalhando em equipe.

Antes de seguir, é importante destacar o papel do Narrador. Apesar de estar à parte dos outros jogadores e deter o poder de fazer qualquer coisa durante o jogo, ele não está contra os personagens, é um jogo cooperativo, todos no mesmo barco. Mas também não pode facilitar tudo, sem apresentar dificuldades e desafios a serem vencidos pelo grupo, pois não terá graça alguma. Seu papel é conduzir a história e atuar com justiça na aplicação das regras.

Quer um exemplo de jogo?

Um grupo de aventureiros resolve invadir o covil de um dragão para roubar seus tesouros. O Narrador descreve o ambiente: "Mesmo estando quente, uma névoa branca recobre o chão. A caverna é enorme, possuindo mais de quinze metros de altura e mais de vinte de largura". Com essa descrição os jogadores podem imaginar o tamanho do local. O narrador prossegue: "A criatura, com mais de cinco metros de comprimento, está deitada sobre uma pilha de ouro. Suas garras, visivelmente afiadas, possuem um tom vermelho, enquanto suas escamas refletem um brilho rubro turvo, à luz das tochas". Nesse instante um dos Jogadores, que interpreta um rapaz armado com espada e escudo, declara "Eu ataco ele!", joga uma certa quantidade de dados e com base na rolagem, percebe que seu guerreiro fracassa. O Narrador continua: "Você corre em direção ao dragão, mas erra, atingindo só ouro, que o faz acordar nada feliz com sua presença. Ao perceber os outros, urra de forma estridente e algo como fumaça e cinzas começa a sair das narinas draconianas. O que vocês fazem?". Assim o jogo continua com as ações dos personagens e suas consequências.

Uma observação interessante antes de prender a respiração. Este trecho do jogo foi baseado no livro *O Hobbit*, de J.R.R. Tolkien, o prelúdio de *O Senhor dos Anéis*. Ou para quem só assistiu os filmes, *A Desolação de Smaug*.

Prontos? Então segurem o fôlego, e lá vamos nós!

Mas antes, *Spoiler Alert*! Vários trechos a seguir são recortes da minha dissertação de conclusão de curso, colocados de maneira solta, quase aleatória, sem o rigor acadêmico usado no texto original.

AQUELA PARTE OBRIGATÓRIA QUE FAZ OS ALUNOS PENSAREM EM TUDO, MENOS NO QUE PRECISA ou PEQUENA REVISÃO BIBLIOGRÁFICA

Resumo: Este subcapítulo aborda a utilização do jogo, com enfoque no *Role-Playing Game*, como estratégia de ensino extremamente eficaz para o aumento da motivação dos alunos e uma poderosa ferramenta no processo Ensino-Aprendizagem.

Nestes tempos de mudanças educacionais, professores e demais profissionais do ensino têm que ser multifuncionais, ou seja, não apenas educadores, mas filósofos, sociólogos, psicólogos, psicopedagogos, entre outros, para que se possa desenvolver as habilidades e a confiança necessárias nos estudantes, a fim de que tenham sucesso no processo de aprendizagem. Uma das principais questões da educação nos dias de hoje é como motivar o aluno, como diminuir a evasão escolar e como aumentar os índices de aprendizagem.

Os jogos sempre constituíram uma atividade do ser humano, tanto no sentido de recrear e como de educar ao mesmo tempo. A relação entre o jogo e a educação é antiga. Gregos e Romanos já falavam da importância do jogo para educar a criança.

O filósofo alemão Johan Huizinga afirma que o ato de jogar, além de ser tão antigo quanto o próprio homem, na verdade faz parte da essência de ser dos mamíferos. O jogo é necessário ao nosso processo de desenvolvimento, tendo uma função vital para o indivíduo principalmente como forma de assimilação da realidade, além de ser culturalmente útil para a sociedade como expressão de ideais comunitários:

> (...) uma atividade ou ocupação voluntária, exercida dentro de certos e determinados limites de tempo e de espaço, segundo regras livremente consentidas, mas absolutamente obrigatórias, dotado de um fim em si mesmo, acompanhado de um sentimento de tensão e de alegria e de uma consciência de ser diferente da vida cotidiana.
>
> (Huizinga, 2000)

Huizinga também conceitua o Círculo Mágico, um espaço físico e conceitual no qual a lógica do jogar sobrepõe a da realidade. Este espaço previamente delimitado separa a vida mundana do jogo. Tudo o que acontece dentro dele se refere à realidade do jogo e uma vez fora, tudo sobre o jogo deixa de existir, assim como os problemas cotidianos não existem dentro desta dimensão.

Autores, como o psicólogo Lino de Macedo, aludem que a utilização de jogos como estratégia de ensino é extremamente eficaz para o aumento da motivação dos alunos e uma poderosa ferramenta do professor para o processo Ensino-Aprendizagem, gerando o alcance de conceitos e atitudes e acentuando a curiosidade, que deve ser um elemento fundamental no ensino e aprendizagem. A curiosidade, ao ser despertada, contribui sensivelmente para a busca dos conhecimentos. E é uma das Competências da BNCC ou Base Nacional Comum Curricular.

Um ponto importante é o pilar da teoria de Lev Vigotsky; a Zona de Desenvolvimento Proximal estabelece uma afinidade próxima entre o jogo e a aprendizagem, atribuindo-lhe uma grande importância.

No desenvolvimento, a imitação e o ensino desempenham um papel de primeira importância. Põem em evidência as qualidades especificamente humanas do cérebro e levam a criança a atingir novos níveis de desenvolvimento. A criança fará amanhã sozinha aquilo que hoje é capaz de fazer em cooperação. Por conseguinte, o único tipo correto de pedagogia é aquele que segue em avanço relativamente ao desenvolvimento e o guia; deve ter por objetivo não as funções maduras, mas as funções em vias de maturação. (VIGOTSKY, 2001)

Apesar da teoria de Jean Piaget ser focada em crianças, é possível fazer um paralelo com os estudantes, pois, assim como as crianças, estão, independentemente da idade, em um processo constante de aprendizagem. Para o autor, jogo é essencial na vida, pois nele prevalece a assimilação.

Segundo Tizuko Kishimoto, o jogo vincula-se ao sonho, à imaginação, ao pensamento e ao símbolo. Sua concepção sobre o homem como ser simbólico, que se constrói coletivamente e cuja capacidade de pensar está ligada à capacidade de sonhar, imaginar e jogar com a realidade.

Para Daniil Elkonin, a unidade fundamental do jogo é composta pelo momento de ficção/imaginação que o jogador desenvolve no transcorrer da atividade.

PAUSA NECESSÁRIA PARA RESPIRAR ou DESENVOLVIMENTO

Agora imagine uma aula na qual o professor despeja para a sala os conceitos anteriores desta forma, de forma dura, bruta, sem conexão ao universo prático dos alunos. Um tanto intragável para quem não conhece muito do assunto. Não sei se você concorda com minha opinião, mas o que sempre afugenta os alunos é matéria dada de forma bruta, sem mostrar a parte realmente prática do assunto, como fiz na revisão bibliográfica do TCC, seguindo as regras acadêmicas em vigor, como o máximo de impessoalidade. Não duvido que o sono chegou nesta parte. Mas como deixar uma coisa enfadonha mais interessante? Dez pontos para quem respondeu *Storytelling*!

Quando houve a explicação da teoria de cada um dos autores, uma história bem contada poderia ajudar a compreender melhor o assunto, não? Observe.

O patrulheiro espacial Ziul era caçado por inimigos mortais em um planeta desconhecido. Ele sacou sua arma procurando pelo vilão, mas foi pego de surpresa, ficando pendurado na beira do abismo. Os piratas B.E.T.O e seu capitão finalmente tinham a chance de se livrar do incômodo policial. Bastava um tiro para que o humano caísse pela eternidade. Mas antes de mirar, um rugido fez todos tremerem de medo. Não era nenhum monstro, somente dona Cris chamando Luiz e Alberto para lanchar. Alberto deu a mão ao amigo, puxou-o do galho em que estava pendurado e a dupla foi tomar um delicioso leite gelado, deixando na imaginação as armas e naves. Este é um exemplo do Círculo Mágico de Huizinga. Um espaço delimitado onde todos dentro estão imersos na brincadeira, com suas regras regendo tudo. Uma vez fora, dois inimigos imaginários voltam a ser dois amigos reais

Temos aqui um exemplo prático da teoria de Macedo: Fernanda olhava sua prova com sono. Mesmo sabendo que seria avaliada logo pela manhã, ficou jogando até tarde com os amigos. Com certeza uma bomba atômica estava a caminho. As primeiras questões eram simples, mas valiam pouco. O problema era a última, que valia metade da nota. Respirando fundo, leu o enunciado cuidadosamente. Só não deu um grito de felicidade, porque sabia que seria expulsa da sala. A questão pedia uma análise sucinta de uma função celular. Sorte sua que um dos jogos da noite passada foi elogiado por biólogos por reproduzir com muitos detalhes alguns processos intracelulares. Era só lembrar da tarde que passou na biblioteca comparando o manual de regras do jogo com seu livro de citologia.

A história pode ser antes, durante ou depois da explicação, desde que usada para passar algum conteúdo, puxando a atenção do aluno para o professor de forma imperceptível. Este é o uso do *Storytelling* em atividades pedagógicas.

Mas e o RPG?

"RPG: UMA FERRAMENTA PEDAGÓGICA". SERÁ MESMO? NÃO É SÓ MAIS UMA HISTÓRIA? ou COMO USAR RPG PARA FINS DIDÁTICOS

O RPG pode se tornar uma forma extremamente lúdica de usar o *Storytelling*. O Narrador vai conduzindo a história, enquanto os Jogadores indicam os caminhos a serem seguidos. E o que seria uma história dentro da sala de aula? A mesma coisa que a aula dentro da sala de aula, a resolução de problemas.

Mas "como assim?", você pode estar se perguntando. Mesma resposta da anterior, do jeito antigo com roupagem nova. Em vez de pedir para que respondam as questões no fim do capítulo, por que não apresentar as mesmas questões no meio de uma história que eles vão resolver?

Jogar uma partida de RPG ou ministrar uma aula usando o jogo como ferramenta, parte do mesmo princípio, superar desafios. Dessa forma, quando os alunos se deparam com um problema, eles precisam buscar conceitos, princípios e informações para solucioná-lo. Essas informações já podem estar com eles, como a matéria da aula passada, ou eles devem buscar em qualquer fonte que o professor achar necessário para a ocasião: livros, *sites*, artigos, pessoas, escondidos na escola etc. O que for melhor para seu objetivo pedagógico.

Em uma aventura de RPG a interpretação e a conversa entre os alunos geram novas formas de conhecimento e quando os Jogadores se encontram perante um desafio e devem, em grupo ou individualmente, encontrar a solução para seguir adiante.

Normalmente no RPG, cada Jogador interpreta um Personagem e quanto mais personagens, mais complexa pode ser a condução da aventura. Mas como gerenciar treze, vinte e cinco, trinta e três, quarenta e dois alunos de uma vez? Simples, divida a classe em pequenos grupos, cada um com uma personagem. E quem decide o que ela fará? Pode ser coletivamente, através do consenso, ou o Narrador pode decidir qual aluno interpretará naquele momento, alterando o condutor aleatoriamente ou conforme seu critério.

Outra opção é entregar a aventura estipulada para alguns alunos, que servirão como narradores, que podem ser ou não da mesma sala ou mesmo ano. Alunos mais avançados atuando como narradores para os novatos pode se tornar uma solução interessante. Os mais novos aprendem como se o professor fosse o narrador e os mais velhos, além de rever a matéria, podem exercitar uma prática docente. Neste caso, o professor age como coordenador e auxiliar, sempre direcionando as narrativas para onde precisam chegar.

Para que o RPG não se torne somente um novo tipo de chamada oral, é necessário alguns elementos cotidianos, narrativas e desafios que não estão relacionados à proposta didática, mas dão verossimilhança à narrativa. Nos livros e filmes, o mistério não aparece na frente do protagonista. Houve várias cenas intermediárias onde os personagens correram, nadaram, despistaram, procuraram, perguntaram antes de chegar à Esfinge que sussurrava: "Decifra-me ou devoro-te".

O resultado desses desafios não didáticos não podem ser sempre de sucesso, pois se não há risco de falha, não é um desafio, e não se obtém conhecimento só através do sucesso. O contrário é muito mais verdadeiro. Não são os Jogadores nem o Narrador que decidem se algo foi realizado ou não, e sim o acaso, uma aleatoriedade definida por dados, cartas de baralho ou outro método, como dizer um número natural de um a vinte que seja mais alto do qual o narrador está pensando. Os RPGs apresentam em suas regras como simular a possibilidade de sucesso ou falha nas ações dos personagens, mas o professor não precisa ser Mestre (trocadilho totalmente proposital) em um sistema para usá-lo. Em breve você entenderá...

ANATOMIA DA AVENTURA. DAN BROWN QUE ME AGUARDE ou INTRODUÇÃO À CRIAÇÃO DE SESSÕES DE JOGOS DE RPG EM SALA DE AULA

Há dois conceitos importantes para se conhecer quando falamos de RPG: Ambientação e Sistema.

De forma extremamente sucinta, ambientação é o esqueleto de uma narrativa. Ela diz como é o mundo ficcional em que vivem os personagens, interpretados/controlados pelos Jogadores. Por exemplo: o céu é azul, o ar tem 20% de oxigênio, a gravidade puxa tudo para baixo etc. Claro que se estamos falando de uma aventura que se passa na Terra, tudo isso já está no pacote.

E o que mais é ambientação? Tudo. Onde os Jogadores estão, a geografia dos locais, a história das regiões por onde possam ir, arquitetura, costumes. Como são as pessoas locais, seus hábitos e linguagens... Lembre-se que o jogo se passa na imaginação, então tudo o que os Jogadores veem, ouvem, sentem faz parte da ambientação.

"Não quero criar um mundo inteiro só para usar esse jogo em sala de aula. Dá muito trabalho", desabafa a senhorita de rosa no canto da sala - Mas em nenhum momento disse que isso é necessário. Até ajudaria, mas para uma ou duas sessões, você pode só esquematizar a aventura que vai usar. Você não sabe como?

Existem aventuras prontas, muitas delas disponíveis na Internet. Use uma delas. Fim da conversa. É só mesmo decorar tudo o que acontece, forçar seus alunos a seguir rigorosamente a trama definida pelo autor, que não é você, e para qualquer imprevisto no caminho é só responder o notório "cala a boca e senta". Se os alunos não gostarem, é só voltar para as aulas expositivas chatas que a avó do bisavô materno da sua professora do pré-primário já ministrava quando era uma pobre camponesa de nobre coração nos campos da Baviera, ensinando tópicos fundamentais como o flogístico, o lamarckismo, a geração espontânea, frenologia, enquanto polia sua palmatória e decidia qual aluno trocaria os grãos de milho no canto da sala.

Não faça isso. Pelo menos não sempre, ou mais de 20% das vezes. Você tem criatividade suficiente para fazer algo tão bom quanto e mesmo muito melhor. Tudo o que precisa é pensar na aventura como se fosse um plano de aula, pois praticamente ela é, um plano de aula dentro do seu plano de aula. Qual o objetivo de aprendizagem, os tópicos abordados, o tempo utilizado (tome cuidado com essa parte - explico depois), como será a avaliação.

Depois pense nos elementos da narrativa que quer contar. Se a aula é sobre pontos turísticos da cidade, por exemplo, imagine como a turma andará de um para o outro, com quem podem conversar nos locais e com o que podem interagir. Ou será sobre práticas laboratoriais, em que os alunos podem entrar em contato com substâncias perigosas sem o risco de se machucar quando se coloca água em ácido e não o contrário ou os efeitos de respirar o gás tóxico resultante de álcool em gel e água sanitária. Ou mesmo uma visita ao Cern ou às savanas da África.

Claro que é impossível saber de antemão tudo o que os Jogadores vão fazer, por isso esteja preparado para o inesperado. O que aconteceria se, ao invés de ir pelo caminho do meio, o jogador seguir cegamente à esquerda? Ou caso o ônibus espacial batesse na Estação Espacial? Ou saltassem de paraquedas 50 km a leste da cidade ou no meio do oceano? Aqui o Narrador precisa de um jogo de cintura, pensar rápido e dar o desfecho necessário para a ação, mesmo que seja: "realmente não sei o que acontece, vamos pesquisar".

E sobre o tempo. Ah, o tempo! Algo tão importante e tão fugaz. Quando faz seu plano de aula, o professor já prevê quanto tempo vai gastar com cada assunto, quantos minutos os alunos terão para responder o questionário no fim do capítulo em silêncio e os segundos para responder as dúvidas finais. Mas quando se lida com o improviso, e já vimos que parte de uma aventura de RPG é improviso, o tempo cronometrado com a precisão de um trem no Japão não funciona, mas também não se pode deixar solto, pois antes de tudo, você está dando uma aula, diferente, é claro, mas ainda, assim uma aula. Deixe a narrativa livre, mas quando necessário, saiba como fazer todos andarem para onde precisam chegar.

Muito bem, todos entenderam até aqui? Senão, volte alguns parágrafos e leia de novo. Brincadeira. Vamos à prática, vendo um exemplo de jogo:

> *Narrador: Vocês chegam à praça. No centro tem um coreto e do lado esquerdo uma fonte com uma estátua.*
> *Tobias: De quem é a estátua?*
> *Narrador: A placa diz que é de Gabriel Maia, fundador da cidade.*
> *Saliola: Nunca ouvi falar. Posso pesquisar na Internet?*
> *Narrador: Claro. Mas faça você mesmo a pesquisa, não só sua personagem.*
> *Yana: Tem alguém olhando pra gente?*
> *Alina: Por que teria?*
> *Yana: Não sei. Da última vez apareceu aquela encapuzada e tivemos que fugir.*
> *Alina: É verdade. Professor, posso fazer um teste para ver se tem alguém nos seguindo?*
> *Narrador: Pode. Jogue os dados... Você não vê nada de estranho.*
> *Abner: Mas o fundador da cidade não foi o capitão Samuel Castro?*
> *Saliola: Vou pesquisar isso também.*
> *Tobias: Queria perguntar para alguém de quem é a estátua.*
> *Narrador: Todos para quem você pergunta dão a mesma reposta: Gabriel Maia.*
> *Saliola: Mas o Abner tá certo. Foi o capitão que fez a primeira vila, junto com os índios.*
> *Alina: Vou perguntar sobre o capitão.*
> *Narrador: Ninguém sabe quem é.*
> *Saliola: Mas como assim?*
> *Abner: Me perdi. Não sei o que podemos fazer. Alguma ideia? Ninguém?*
> *Narrador: Tobias, jogue o dado. Bom, você lembra que Castro construiu sua primeira casa nesta praça, próxima de onde hoje é a igreja matriz.*
> *Alina: Então vamos até a igreja. A casa não foi destruída quando a vila pegou fogo? Os bandeirantes chegaram e queimaram tudo.*
> *Tobias: Quando foi isso?*
> *Narrador: Alguém lembra? Foi em 1750, dez anos depois que Samuel chegou aqui.*
> *Tobias: Lembrei. Quem colocou fogo na cidade foi um inimigo do capitão, Teobaldo, ou algo assim.*
> *Saliola: Ele e um tal de Maia vieram com os bandeirantes escravizar os índios e decidiram matar o capitão quando o encontraram.*
> *Abner: Maia? Será o cara da estátua?*
> *Yana: O que aconteceu?*

Alina: Não sei, mas quero descobrir. Já chegamos na igreja, professor? Quero falar com o padre.
Narrador: O padre...? Padre Gaspar. Ele é negro, quase careca, com fios brancos nas laterais da cabeça...
Yana: Tipo de frade?
Narrador: Isso mesmo.

Pergunta relâmpago, valendo metade da nota do semestre: Qual a ambientação usada nesta aventura? Vocês têm trinta segundos para responder.

Tic-tac. Tic-tac.

Resposta: Uma cidade, provavelmente onde os estudantes moram. Mais especificamente, uma praça. Talvez no centro da cidade. Na praça há alguns elementos importantes como a estátua, e outros que podem ser ignorados durante sua descrição para os Jogadores, como o fato de alguns bancos estarem pichados, que o jambeiro está florido, as crianças brincando de pega-pega próximo ao coreto, as abelhas voando próximas do canteiro de flores... E não podemos nos esquecer do padre Gaspar, do capitão Samuel, nem do Teobaldo ou Gabriel Maia. Eles também fazem parte, junto com qualquer um que o grupo já encontrou ou venha a encontrar. Percebam que não há necessidade de detalhar tudo, mas tudo que é necessário para a história precisa ser detalhado.

Então resumindo, o que você precisa para criar uma ótima aventura é fartamente detalhar o objetivo didático da atividade (no exemplo, história local), imaginação a granel (será que foi uma viagem no tempo ou eles estão em outra Terra?) e improviso a gosto de toque final (mesmo não sabendo quem é o padre atual, se ele não for uma peça importante na trama, você pode inventar). E não fique preocupado se acha que não tenha imaginação ou improviso. Todos têm, é só praticar. E espere pelo inesperado. Você pode se deparar com situações como essa:

Narrador: Vocês chegam para um dia normal de aula, porém chuvoso. Uma tempestade fortíssima se formou rapidamente com raios e trovões. Correndo, vocês chegam à sala juntos, para não se molharem muito. Ela está vazia, ninguém chegou. De repente, um raio cai bem próximo, cegando todos, Demora pouco para a visão voltar, mas o zumbido no ouvido não para. O que vocês fazem?
Gercel: Eu corro para a janela para ver onde ele caiu.
Maxine: Eu vou junto.
Todos os outros ao mesmo tempo: EU TAMBÉM!!!
Narrador: Calma, fala um de cada vez. Mércia, o que você faz?
Mércia: Fico parado até o zumbido parar.

Narrador: E você, Anny?
Anny: Eu não sei.
Mildred: O que eu faço, professor?
Apolônio: Vou sair da sala. Tem gente no corredor? Quantos são? Vou falar com eles que o raio caiu e depois correr até lá. Já cheguei? Vou falar com o diretor que meu ouvido não está mais doendo e que o raio caiu na cantina.
Narrador: (Suspiro) Apolônio, você não pode fazer tudo ao mesmo tempo. Agora você saiu e não viu ninguém no corredor. Gercel e Max conseguem ver que caiu em uma árvore próxima da quadra.
Mildred: Mas não caiu na cantina?
Narrador: Quem disse isso?
Mildred: O Apolônio.
Gercel: Vou ver se alguém ficou machucado lá.
Mércia: Liga para a ambulância.
Anny: Minha tia é médica. Ela já vai cuidar de todo mundo.
Maxine: Barulho de ambulância e trovão? O Xodó vai ficar com medo. Eu abraço ele bem forte para ele parar de tremer.
Mércia. Tadinho dele.
Anny: A tia Gertrudez já chegou, né?
Narrador: Gente, calma. Um de cada vez, se não vira bagunça (de novo). Vocês não podem contar a história do jeito que quiserem. Quem está narrando, eu ou vocês?
Alunos: Você.
Narrador: Então deixa que eu digo o que está acontecendo, tá? O diretor não está na história, nem a tia Gertrudez ou esse tal de Xodó. O raio caiu perto da quadra e...
Maxine: E o fogo na cantina?
Mércia: Tá pegando fogo? O Xodó vai ajudar. Ele é um cão policial, né?
Maxine: Ele é? É, é sim. Ele é bombeiro.
Alunos: Uau!!!
Apolônio: E ele apagou tudo com seu supersopro e tirou o diretor das chamas e levou até a tia Gertrudez e...
Narrador: (Suspiro mais longo...). Onde fui amarrar meu burro?
Mércia: Tem um burro na escola? Vou montar nele e levar o diretor pro hospital.

Calma. Não é sempre assim. É só uma cena exagerada, criada pela fértil imaginação de um narrador experiente. Isso nunca aconteceu de verdade. Eu juro, de coração. Pode acreditar, tudo vai dar certo quando você usar o RPG em aula. Agora vamos parar com a enrolação e finalmente falar um pouco de como jogar em sala de aula. Com vocês, a mecânica...

O MÉTODO SEM NOME DO CASAL SLOVIC ou EXEMPLO DE USO DE RPG EM SALA DE AULA

Por que sem nome? Porque os criadores, que por acaso assinam o capítulo de RPG nesta sapiente obra (Pelo menos um assina. A outra parte permanece oculta), nunca pararam para pensar no assunto. Nunca foi necessário. E quem é o Casal Slovic? Acho que já respondemos, certo?

Sistema são as regras do jogo. O que separa o RPG das brincadeiras de imaginação. Em nossas brincadeiras de infância, como se decidia algo, como quem é mais forte ou se o amiguinho conseguiu pular o prédio de 5 andares? Provavelmente na base do grito. Já no RPG há o *sistema*, um conjunto de regras, que determina se o Jogador (e muitas vezes o Narrador, também) fez ou não algo.

Um número impressionante de sistemas de RPG está no mercado. Há os clássicos, que usam dados, os que usam cartas de baralho, fichas, pedra-papel-e-tesoura (ou a versão mais sofisticada pedra-papel-tesoura-lagarto-Spock), simples comparações. E isso só falando no método de decisão aleatório. Não vamos entrar em detalhes nos diferentes métodos de qualificar o personagem, sistema de distribuição de pontos ou de valores ou de palavras na criação etc. Não se preocupe com nada disso. Tudo o que você precisa são dois dados de seis faces e bom senso.

Este não é um sistema sagrado, que não pode ser alterado sem que todo o tecido do espaço-tempo seja destroçado, transformando nosso universo em um picolé de chuchu com tentáculos. Ele foi criado à base da tentativa e erro, não está 100% finalizado (e nunca estará), então que ele sirva como um guia em sua criação, pois cada professor e cada turma são únicos. A uniformização, neste caso, não tende a ser benéfica.

Primeiro, com a aventura definida, decida quais habilidades, talentos, perícias, conhecimentos, ou qualquer nome que queira dar às coisas que os personagens sabem fazer. Sistemas mais complexos dividem essas características em várias partes, mas não é o caso aqui. O que queremos é agilidade. Faça uma lista com algumas, não muito nem pouco, mas o suficiente para os Jogadores escolherem quais querem ter. Treze é um bom número.

A listagem vai mudar conforme a aventura. Não faz sentido em uma ambientação no início do Império Otomano ter Condução de Veículos a Motor ou Direito Constitucional em uma mansão cuja saída é resolver vários problemas teóricos de geometria.

Escolhidas as habilidades, os jogadores devem especificar em quais são ótimos, bons e fracos. Para a justiça prevalecer, todos devem ter a mesma quantidade em todas as categorias. Todas as perícias terão um valor associado dependendo de seu adjetivo. Ótimos têm valor oito, bons têm valor seis e ruins têm valor dois. E todo resto não escolhido será considerado como médio, com o valor de quatro.

Agora vamos explicar como o RPG se diferencia de polícia-e-ladrão. Durante uma brincadeira de perseguição, a menina diz que pulou de um prédio para outro e que seu perseguidor não pode segui-la. Aqui começa a discussão entre o "eu posso, sim" e do "você não pode, não", que tende a virar uma briga, cujo o resultado são dois amigos que nem lembram direito do que aconteceu direito sem poder se ver porque os pais não querem que seus filhos se misturem com aquela gentalha. Já se isso ocorresse em uma partida de RPG, o Jogador interpretando a menina faria um teste de um atributo escolhido pelo Narrador. Jogando dois dados, somando o resultado ao nível do talento e comparando com um número pré-determinado pelo Narrador. Se o resultado for igual ou maior, a menina pulou, caso contrário... Bom, aí o Narrador descreve o que aconteceu.

E qual é esse número mágico do teste? Depende. É algo fácil de fazer ou só um especialista com muito treino consegue? Se for algo extremamente corriqueiro e que não influencia no desafio, como atravessar uma rua deserta ou tomar um copo de leite, não faça o teste. O personagem conseguiu e segue o jogo. Agora, se for algo que tenha possibilidade de fracasso e esteja de alguma forma relacionado ao desafio proposto, os dados devem rodar. Pular uma cerca no meio da noite, descobrir que o livro está escrito na língua basca, fazer uma curva em alta velocidade durante uma perseguição de motos, tomar manga com leite embaixo de uma escada na sexta-feira treze após ter quebrado um espelho, pois se assustou com o gato preto.

Como as habilidades vão de dois a oito e os dados de dois e doze, o valor do desafio não pode ser menor que cinco ou maior que vinte, já que alguém com ótima Oratória só pode chegar a vinte e um coitado com um fraco em atletismo consegue no mínimo cinco.

O lançamento de dois dados segue uma distribuição normal, por isso valores acima de quinze são difíceis de alcançar. O valor de algo que uma pessoa mediana tenha 50% de realizar é onze. Essa é a base.

Calma, quem não entendeu, segue uma explicação. Quando dois dados de seis lados são lançados há seis resultados possíveis para a somatória ser sete: 1+6, 2+5, 3+4, 4+3, 5+2 e 6+1. Já para o resultado ser dois, só há duas combinações: 1+1 e 1+1. Isso também é válido para a soma ser doze. Pode-se dizer que existe uma chance maior da soma ser sete do que doze e que os resultados em torno do sete serão mais frequentes. Isso é um resuminho, bem pequenininho, de distribuição normal.

E realmente espero que alguém tenha reclamado do valor mínimo do teste ser cinco, já que 2+2 (menor resultado dos dados mais menor valor de habilidade) dá quatro. Aqui entra um tiquinho de maldade, que pode ser ou não usada. Se existe uma chance de falhar, também deve existir uma chance de falhar com estilo, algo digno de pastelão na matinê. Muitos sistemas de RPG tem o que chamamos de Falha Crítica. Quando o resultado do dado for dois, o que é conhecido por alguns como Olho de Cobra, o personagem simplesmente não só falhou, mas errou feio, errou rude, ou seja, a situação se tornou algo embaraçoso ou perigoso, com possível estrago de proporção épica. Imagine o craque do time cobrando um pênalti no fim da partida e quando corre para chutar, pisa em seu cadarço, cai de maneira que consiga chutar a bola para o meio de campo, armando o contra-ataque adversário, que termina em gol, que foi o último lance do jogo. Certo, isso foi muito exagerado, quase uma impossibilidade quântica, mas você pegar o espírito da falha crítica é o que importa. Em resumo, algo não foi feito e ainda por cima piorou muito a situação.

E eu que sou de Humanas e não entendo nada de estatística, indaga o distinto cidadão no fundo. Calma, seus problemas acabaram. Quero dizer, na verdade nunca existiram. Não é preciso ser um PhD em Inferência Bayesiana para usar alguns dados. E se não gosta deles, procure outro método que te agrade. Ou mesmo crie um. Só não se esqueça de contar como foi. O importante é que os jogadores tenham livre-arbítrio em suas decisões, não tenham 100% de certeza de serem bem-sucedidos e estejam preparados para aprender.

ÚLTIMAS PALAVRAS NUNCA DITAS, ATÉ HOJE ou CONCLUSÃO

Originalmente, o RPG foi concebido para ser apenas um passatempo de jovens e adolescentes, mas no início da década de 1990 eles começaram a atrair a atenção de educadores. Hoje há núcleos em universidades dedicados a estudar seu potencial no ensino de diversas disciplinas. O RPG desenvolve nos alunos características como criatividade, socialização, capacidade de argumentação e liderança, já que é preciso tomar decisões para definir o rumo da aventura.

Espero que este texto tenha, pelo menos, atiçado sua curiosidade sobre o assunto, que é vasto e ainda não tem muito material sobre ele. Tem muita coisa interessante (como o que você acabou de ler), mas em comparação a, por exemplo, o período Edo, é só uma gota. Quem sabe uma fagulha surgiu em sua mente e juntos com outros entusiastas, podemos transformar essa brasa em um incêndio capaz de mudar a educação. Sei que é um sonho grande demais, mas é assim que as revoluções começam. Com uma única fagulha. E vamos jogar.

Não poderia terminar sem citar dois e não mais que dois (precisa ser forte para pegar essa referência) ótimos livros de RPG.

• A Bandeira do Elefante e da Arara: Um RPG bem enxuto em regras e extremamente rico em ambientação, situado na época do Brasil Colônia.

• Resgate de Retirantes: Uma aventura pronta sobre o roubo de uma das obras mais importantes de Cândido Portinari. Uma verdadeira aula sobre a vida deste notável artista.

• Mini Gurps O Descobrimento do Brasil, Estrada e Bandeiras, O Quilombo dos Palmares: Uma série ambientada na história do Brasil. Uma ótima porta de entrada para quem não conhece muito sobre Jogos de Interpretação de Papéis.

E é isso, *Shisho*!

Referências

ELKONIN, Daniel. Psicologia do jogo. Martins Fontes: São Paulo. 2009.

HUIZINGA, J. Homo Ludens. Perspectiva: São Paulo. 2000.

KASTENSMIDIT, Christopher. A bandeira do elefante e da arara. Devir: São Paulo. 2018.

KISHIMOTO, Tisuko. O brincar e suas teorias. Pioneira: São Paulo. 1998.

LOURENÇO, Carlos Eduardo. Mini GURPS: O Resgate de Retirantes. Devir: São Paulo. 2003.

MACEDO, Lino de. Ensaios pedagógicos: Como construir uma escola para todos. ArtMed. Porto Alegre, 2005.

PIAGET, Jean. Psicologia e Pedagogia. Editora Forense: Rio de Janeiro. 1998.

RINCON, Luis Eduardo. Mini GURPS: O Descobrimento do Brasil. Devir: São Paulo. 1999.

"_____". Mini GURPS: Entradas e bandeiras. Devir: São Paulo. 1999.

"_____". Mini GURPS: O Quilombo dos Palmares. Devir: São Paulo. 1999.

VIGOTSKY, L. S. *A Construção do Pensamento e da Linguagem*. São Paulo: Martins Fontes, 2001.

MATEMÁTICA E JOGO DE TABULEIRO: UMA SIMBIOSE

Pedro Marins
    Doutorando e Mestre em Educação pela Universidade Federal Fluminense, além de Especialista em Ensino de Matemática pela mesma universidade. Atua como professor de Matemática na rede privada da Educação Básica e do Ensino Superior, no estado do Rio de Janeiro. Além de Desenvolvedor de Jogos para o ensino. Os jogos de tabuleiro modernos permeiam a sua prática na educação desde 2011, porém, tomou proporções maiores quando criou a Gorro do Saci. Atualmente, dá cursos de formação continuada para professores, psicólogos e entusiastas de jogos para Educação.

O USO DE FICHAS DE ATIVIDADES E JOGOS DE TABULEIRO EM AULAS DE MATEMÁTICA

Este capítulo é sobre a relação que pode existir entre o jogo e o ensino de Matemática, e os benefícios e potencialidades na utilização deste recurso pedagógico em sala de aula.

Serão apresentadas reflexões embasadas em textos oficiais como a Base Nacional Curricular Comum, os Parâmetros Curriculares Nacionais, e de pesquisadores do campo da Educação Matemática, argumentando-se acerca do uso de jogos na construção de conhecimentos na disciplina.

O capítulo oferece, ainda, dicas de como empregar este recurso em conjunto com fichas de atividades, e apresenta algumas ações que devem ser evitadas.

Lembrando que o objetivo do ato de jogar em sala de aula é possibilitar que o aluno seja ativo em seu processo de ensino-aprendizagem, pois, ao jogar ele reflete e raciocina de forma a construir a resolução dos problemas.

1. O jogo e o ensino de Matemática

As brincadeiras de faz de conta, os carrinhos, as bonecas, os dinossauros, ilustram uma faceta da infância. Após o momento inicial, existe uma transição, alguns continuam a brincar, utilizando outras formas e com outros recursos; porém, em sua maioria, as crianças aos poucos, vão se afastando do universo da brincadeira, substituindo-o por outros hábitos e ações.

Nesta transição, há casos em que alguns jogos de tabuleiro começam a permear os ambientes dos novos adolescentes.

Nas escolas, as brincadeiras e jogos que tomam conta dos recreios eventualmente se reduzem. Nas salas de aula, alguns professores se utilizam dos jogos em sala de aula, porém essa não é uma realidade para todo ambiente escolar. A prática lúdica no contexto pedagógico se esvai na mesma intensidade em que aumentam as pressões das provas e exercícios, como se um excluísse o outro. O pesquisador Cristiano Muniz (2011) exemplifica esta situação, logo nas primeiras páginas do seu livro *Brincar e jogar - Enlaces teóricos e metodológicos no campo da educação matemática*, através de um diálogo entre um pesquisador e um aluno: "Recreio é horário de brincar e aula de matemática para trabalhar". A frase indica uma clara demonstração da distinção feita entre os dois momentos. Esta ideia é rebatida pela fala de um trecho dos PCNs, que aponta que:

> Em estágio mais avançado, as crianças aprendem a lidar com situações mais complexas (jogos com regras) e passam a compreender que as regras podem ser combinações arbitrárias que os jogadores definem; percebem também que só podem jogar em função da jogada do outro (ou da jogada anterior, se o jogo for solitário). Os jogos com regras têm um aspecto importante, pois neles o fazer e o compreender constituem faces de uma mesma moeda. (p.36, 1997)

Os PCNs apresentam a ideia de relacionar o jogo a "desafio genuíno", provocando prazer e interesse nos alunos, quebrando a rotina das aulas, sempre iguais. Também pontuam sobre a importância dos jogos como parte da cultura escolar, sendo incumbência do professor "analisar e avaliar a potencialidade educativa dos diferentes jogos e o aspecto curricular que se deseja desenvolver" (p. 36). Contudo, parto da tese de que muitos professores especialistas nem sempre recebem, em suas formações pessoais, acadêmicas e profissionais, a pluralidade de conhecimento necessária para um ensino amplo, capaz de abranger o lúdico e o jogar. Existe uma carência no que concerne à ludicidade na formação dos professores, tanto entre aqueles que atuam na Escola Básica quanto entre os do Ensino Superior.

Focando no ensino de Matemática, a Base Nacional Curricular Comum (BNCC) de 2019 dialoga com os Parâmetros Curriculares Nacionais (1997 e 1998) a respeito da importância do recurso dos jogos nas salas de aula:

> A BNCC orienta-se pelo pressuposto de que a aprendizagem em Matemática está intrinsecamente relacionada à compreensão, ou seja, à apreensão de significados dos objetos matemáticos, sem deixar de lado suas aplicações. Os significados desses objetos resultam das conexões que os alunos estabelecem entre eles e os demais componentes, entre eles e seu cotidiano e entre os diferentes temas matemáticos. Desse modo, recursos didáticos como malhas quadriculadas, ábacos, jogos, livros, vídeos, calculadoras, planilhas eletrônicas e softwares de geometria dinâmica têm um papel essencial para a compreensão e utilização das noções matemáticas. Entretanto, esses materiais precisam estar integrados a situações que levem à reflexão e à sistematização, para que se inicie um processo de formalização. (BRASIL, p. 276, 2018)

Flávia Dias Ribeiro (2008) considera o jogo como um motivador para resolução de problemas, entendendo-o como desencadeador para construção de novos conceitos, ao serem abordados de maneira prazerosa e desafiadora. Os PCNs também argumentam para o uso dos jogos no ensino de Matemática:

> Os jogos constituem uma forma interessante de propor problemas, pois permitem que estes sejam apresentados de modo atrativo e favorecem a criatividade na elaboração de estratégias de resolução e busca de soluções. Propiciam a simulação de situações problema que exigem soluções vivas e imediatas, o que estimula o planejamento das ações (BRASIL, p. 46, 1998).

No livro *A ludicidade e o ensino de Matemática*, a professora e pesquisadora Eva Maria Alves (2009) destaca alguns benefícios de usar esta metodologia. Dialogando com os textos oficiais e diversos outros autores, ela afirma que seu uso atende a dois objetivos: motivação para uma nova aprendizagem e fixação de noções já conhecidas. Os PCNs evidenciam outras potencialidades:

> Os jogos podem contribuir para um trabalho de formação de atitudes – enfrentar desafios, lançar-se à busca de soluções, desenvolvimento da crítica, da intuição, da criação de estratégias e da possibilidade de alterá-las quando o resultado não é satisfatório – necessárias para aprendizagem da Matemática.
>
> Nos jogos de estratégia (busca de procedimentos para ganhar), parte-se da realização de exemplos práticos (e não da repetição de modelos de procedimentos criados por outros)

que levam ao desenvolvimento de habilidades específicas para a resolução de problemas e os modos típicos do pensamento matemático. (BRASIL, p. 47, 1998)

Outro benefício do ato de jogar, argumentado pelos PCNs (1998), é a possibilidade de "construção de atitude positiva perante os erros", isto porque outra característica do jogo é ser cíclico, ou seja, cada partida se fecha nela mesma e torna o erro algo menor. Na visão do texto oficial, isto é possível "uma vez que as situações [do jogo] sucedem-se rapidamente e podem ser corrigidas de forma natural, no decorrer da ação, sem deixar marcas negativas" (BRASIL, p. 46, 1998).

Apoiado em minha experiência como professor de matemática (além de desenvolvedor de jogos e coordenador de um projeto envolvendo jogos para sala de aula), fui capaz de perceber alguns fatores de destaque que precisam ser informados, para que o leitor se previna.

O primeiro é que o uso de jogos não pode ser indiscriminado, no sentido de toda aula ser jogo ou todo conteúdo ser transformado em atividade lúdica. Isso quer dizer que o jogo na sala de aula não deve ser usado como passatempo ou como um recurso exclusivo. O professor precisa dinamizar suas aulas com outros tipos de atividades na busca por melhor acessar os alunos, já que nem todos têm o mesmo prazer em jogar. É preciso ficar atento a todas as possibilidades de ensino. Com isso, o jogo não deve ser o único fomentador de discussões e de situações problemas.

Outro fator importante é o planejamento. Como o capítulo da Suellen se dedicou ao assunto, não vamos nos alongar aqui. Apenas chamo atenção para o fato de que algumas instituições de ensino e suas comunidades (direção, coordenação, docentes, discentes, famílias) ainda não percebem a importância da cultura lúdica (e dos jogos) no contexto da matemática. Por isso, todo recurso diferente do tradicional "*pilot* e quadro" requer um pouco mais de cuidado ao ser utilizado. Em especial, aja com consciência em relação ao tempo despendido para cada etapa do processo - então, leve em conta que este tempo deve incluir o das outras atividades diferentes dos jogos. Não deixe que os conteúdos sejam prejudicados pela falta de tempo!

Um terceiro ponto que também precisa ser mencionado, e de que o professor precisa ter clareza, é a importância do jogo como atividade livre. Isto é, os alunos não devem se sentir obrigados a jogar. Muitos autores que discutem os jogos, não somente para o meio educacional, afirmam sobre a importância de tal fato, considerando essa característica tão marcante, pois ela faz parte da definição do que é um jogo (GRANDO, 2004). Os parâmetros curriculares destacam que o uso do jogo em sala de aula, ao ser realizado, deve ser "sem obrigação externa e imposta" (BRASIL, 1997, p. 35). Assim, você, professor, deve estar preparado com uma outra proposta para aquele seu aluno que não deseja jogar. Não precisa ser nada demais, uma pesquisa seguida de um texto sobre a importância do jogo na terceira idade; escolher um tópico já estudado e criar um jogo; ou ainda, terminar uma atividade antiga de sua matéria ou de outra. É preciso lembrar que às vezes não queremos jogar em determinados momentos. Os motivos podem variar muito, por não se estar com a cabeça naquele momento para jogar, podendo incluir insegurança ou preocupação em terminar uma atividade de outra disciplina. Ao permitir que o aluno não jogue em um determinado momento, é possível que, em uma próxima oportunidade, ele queira participar.

1.1 Um universo além dos jogos de trilha e dominó

Na tentativa de fugir do senso comum, onde reinam os jogos de trilha[1], dominó, bingo e os clássicos xadrez, dama, gamão e *uno*, apresentarei, brevemente, outros jogos e suas possibilidades de uso em aulas de matemática.

Acredito que deva ser importante salientar que a aula que se utiliza do jogo, não pode ser confundida com uma atividade descompromissada com o saber. Um propósito pedagógico deve estar sempre presente, como já observado em capítulos anteriores. Diferente dos jogos que acontecem no recreio e em casa, na sala de aula o jogo possui um objetivo claro: a motivação para uma discussão, seja para a apresentação, a fixação ou a ressignificação dos conteúdos.

Ao longo da minha trajetória profissional desenvolvi *fichas de atividades*, em conjunto com alunos do Programa de Iniciação à Docência, na Universidade Federal Fluminense, de Matemática (PIBID/UFF - Matemática). Neste projeto, foram elaborados materiais de apoio para serem aplicados pelos professores no ensino de matemática. Atualmente, o projeto se alterou e se tornou parte do projeto *Dá Licença* e do subprojeto *Se Jogando na Matemática*, na UFF.

A ideia da criação destas fichas era auxiliar no direcionamento do conteúdo a ser explorado. Caso o professor desejasse aplicar o jogo depois do conteúdo, este recurso poderia auxiliar o aluno na percepção das situações que emergiram durante a experiência. Se o jogo for utilizado antes do conteúdo, a ficha deverá ser confeccionada de forma a auxiliar na condução do aluno para discussões do tema em questão. Isto significa que os discentes irão resolver, ou debater, situações que surgiram ao longo das partidas. As fichas, portanto, tem como objetivo fomentar a reflexão de assuntos da Matemática que se ampara na situação do jogo para seu próprio benefício.

Cada conteúdo terá sua própria maneira de abordar o jogo e a ficha. Em alguns casos, o professor pode começar um conteúdo específico, utilizando o jogo e a ficha de atividade, dando continuidade à explicação ou como exercício de ressignificação/fixação. Em outros, o jogo e a ficha podem ser aplicados, inicialmente, como processo de construção do conhecimento e motivacional do conteúdo; neste caso, a ficha pode assumir um caráter investigativo. O professor irá explicar o conteúdo depois da resolução da ficha. Cada caso é um caso. Cada jogo é um jogo. A maneira de ser aplicado depende de cada caso e da escolha do professor.

Assim o par, jogo-fichas de atividades, pode ser utilizado em diferentes perspectivas. Sendo aplicado depois de um conteúdo para exercitar algum tópico, e neste caso a ficha deverá ser projetada para fixar o conteúdo. Também é possível aplicar

---

[1] *Jogos de trilha* são jogos de tabuleiro em que os jogadores movimentam suas peças a partir de uma rolagem de dado, e que ao chegar em cada casa algo pode acontecer.

o jogo-ficha de atividade antes do conteúdo a ser desenvolvido para fomentar uma discussão com outro olhar. Neste caso, as fichas devem ser preparadas de maneira a motivar a discussão de um determinado tópico do conteúdo, levando o aluno até a generalização de uma fórmula ou processo de resolução de exercício, ou ainda, algumas perguntas que motivem uma pesquisa relacionada ao tema, para que com isso, auxilie na resolução da ficha.

A figura 1 abaixo é um recorte da ficha utilizada juntamente com o jogo *Senha* para motivar tópicos da análise combinatória, como o conceito de PERMUTAÇÃO SIMPLES E ARRANJO SIMPLES. O objetivo dessa ficha é fazer o aluno perceber a diferença entre permutação, arranjo simples e combinação simples.

Atividades:

1. Jogar o jogo pelo menos duas vezes
2. Sabendo que os pinos coloridos ● e ● estão fixados em suas posições corretas, quantas e quais as senhas podemos formar com o esquema abaixo?

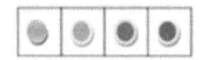

3. Agora verifique quantas e quais a senhas podemos formar com os pinos:

a) [|●|●|●] sabendo que os pinos ● e ● estão fixos:

b) [●|●| |●] sabendo que os pinos e ● estão fixos:

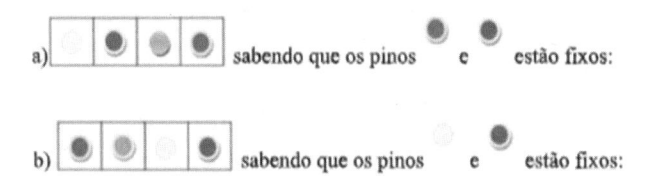

Figura 1 – Ficha de atividade do jogo Senha (Fotos do arquivo pessoal do autor).

A partir dessas reflexões, apresento a seguir alguns jogos que podem ser usados integralmente, ou com pequenas modificações, para se adequar à sua sala de aula e às suas necessidades.

1.1.1 Fantasma Blitz

São muitos os jogos de cartas que permeiam nosso cotidiano e tantos outros que as utilizam como componentes, graças à diversidade de funções que elas podem desempenhar: objetivos, ações, recompensas.

Fantasma Blitz é um jogo no qual as cartas são parte do elemento central para o jogo acontecer. Nele é preciso conquistar as cartas a partir da visualização de elementos que ou tenham as cores corretas dos cinco objetos ou que tenha as cores faltando, o jogador que conseguir fazer a interseção correta entre o desenho nas cartas e os objetos do jogo vence a rodada e fica com a carta.

Então, ele é um jogo de conjuntos! Ao jogar, os alunos estão trabalhando de forma lúdica as propriedades e as operações da teoria dos conjuntos, pois com ele se trabalha a interseção e a união de conjuntos, entre cores e peças. A apresentação de uma ficha de atividade, ao final do jogo, poderia trabalhar questões e situações do jogo envolvendo a teoria dos conjuntos de maneira natural e orgânica.

Fonte: Devir Chile. In: https://devir.cl/producto/fantasma-blitz/. Acesso em 5/10/2021.

1.1.2 Yathzee

Muitos jogos se utilizam de dados em seu mecanismo geral, seja para saber quantas "casas" vai andar o seu personagem, ou quantos pontos de vida ganhou (ou perdeu) na rodada, dentre outros exemplos de uma série de possibilidades no mundo dos jogos. Quase sempre, os dados atribuem um fator de aleatoriedade ao jogo. Por conta disso, é um bom recurso para introduzir nas aulas de matemática conceitos de probabilidade (evento, espaço amostral etc).

Um jogo de dados que tem grande potencial é o *Yathzee* (também conhecido *Yam* ou *General*), que utiliza cinco dados de seis faces, lápis e uma tabela de pontuação.

O jogador da vez lança todos dados e pode escolher qualquer quantidade desses cinco dados para jogar novamente até duas vezes. A ideia é conseguir a maior quantidade de pontos de acordo com os conjuntos obtidos, conforme assinalado na tabela. É possível pontuar com duplas, trincas, sequências de números, quadra ou quina. São inúmeras possibilidades e é preciso arriscar por dados com valores mais altos para pontuar acima do valor obtido pelos adversários ou de si mesmo, em uma rodada anterior.

Depois de jogar, podemos trabalhar, em uma ficha de atividades, os conceitos da probabilidade envolvendo o próprio jogo, apresentando ao aluno situações vivenciadas por eles, dando maior motivação aos estudos.

1.1.3 Micro Robots

Outro jogo que utiliza dados é o *Micro Robots*, um jogo com dois dados (um numérico e outro com cores) e um robozinho que anda pelo tabuleiro. Aqui o objetivo não é o tradicional chegar primeiro, mas visualizar antes dos outros jogadores em quantos movimentos o robô consegue sair de uma casa e chegar em outra, seguindo duas regras: a movimentação é entre casas da mesma cor ou com o mesmo número. O jogo é, então, perfeito para trabalhar visualização espacial.

Fonte: Fotos do arquivo pessoal do autor.

O jogo motiva o trabalho de lógica numérica e simbólica, pois é possível alterar os números para objetos do cotidiano do aluno ou colocar números primos e/ou outras sequências ao invés dos números de 1 a 6.

Uma outra forma de trabalhar com este jogo, é ampliar o tabuleiro para uma escala compatível com o corpo humano, fazendo com que as crianças assumam o papel, elas mesmas, do robô. Outro fator lúdico para sala de aula!

1.1.4 Ubongo

Existem desafios que enfrentamos no dia a dia, que, por vezes, são respondidos por meio de tentativa e erro: "será que a estante cabe nesse lado da parede?"; "quero viajar e preciso colocar malas no carro"; ou ainda, "a geladeira está cheia e preciso colocar só mais uma garrafa de água para gelar". Estes exemplos ilustram situações do cotidiano nas quais é preciso organizar o espaço disponível da melhor maneira possível. Os quebra-cabeças trabalham analogamente a este cenário. E por essa razão, este tipo de jogo tem a possibilidade de consolidar habilidades visuais do aluno de maneira natural e espontânea.

O *Ubongo* é um exemplo de quebra-cabeça que podemos utilizar em sala de aula. Ele utiliza peças poliminó, que são figuras formadas por quadrados congruentes ligados ortogonalmente. O objetivo do jogo é, dentro de um tempo, estipulado por uma ampulheta, encaixar as peças correspondentes em um determinado polígono, e em seguida, ainda dentro do tempo, escolher duas "pedras preciosas" que são os marcadores de pontos de vitória.

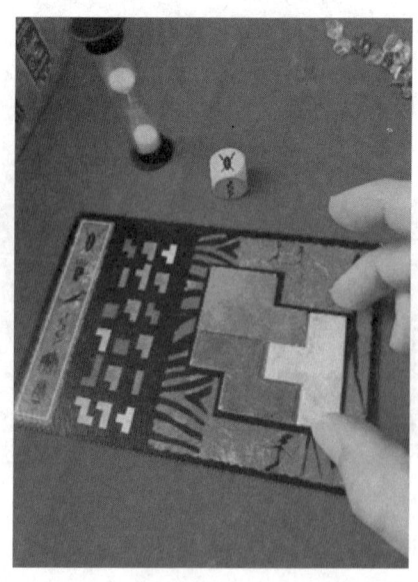

Fonte: Fotos do arquivo pessoal do autor.

Através desse mecanismo, *Ubongo* desenvolve as propriedades geométricas relativas à visualização espacial: rotação, translação e reflexão de polígonos.

São muitas as propostas possíveis depois do fim do jogo. Para trabalhar um pouco mais da visualização espacial presente em *Ubongo*, é válido explorar a semelhança de polígonos no papel milimetrado. Também é interessante abordar questões relativas aos conceitos de perímetros e áreas das peças dos jogos.

Conclusão

Para finalizar, proponho a reflexão de quais práticas docentes levam o aluno a se tornar o protagonista de seu próprio conhecimento que estão sendo utilizadas nas escolas nacionais. Existe ainda uma parcela do corpo docente que ou desconhece ou tem receio de usar jogos. É preciso urgência na movimentação de tais práticas em que colocam os discentes como protagonistas.

O jogo tem potencial de ser um excelente recurso pedagógico, oferecendo múltiplos subsídios para sua utilização nas aulas de matemática: tratamento do erro e cálculo mental para citar alguns. Seu uso não deve ser visto como método excludente do aluno: a educação por meio de jogos é uma maneira de motivar questões de uma maneira fluida, natural e divertida, e se soma a outras abordagens pedagógicas, não devendo ser a única forma lúdica abordada. Também é importante afirmar que com sua aplicação e o aluno se tornando mais ativo em seu movimento de aprendizagem, enfrentando situações problemas oferecidos de forma mais prazerosas, a aula se torna mais significativa..

Acredito que uma boa contribuição para este texto, seja a apresentação das fichas, que poderão ser usadas para facilitar certas discussões, alinhando os conteúdos com os jogos. O professor precisa ter a clareza do porquê ele está aplicando o jogo, para poder planejar e confeccionar as fichas, sendo tanto para auxiliar na construção de um conteúdo, na ressignificação ou como exercício de fixação.

Por fim, é preciso deixar claro que as sugestões da maneira como aplicar os jogos e as fichas, além da própria confecção delas, são apenas percepções e ideias vindas da minha prática e da minha realidade. Cada sala de aula é diferente e cada contrato social do professor-aluno é diferente. Você, professor, tem o conhecimento de suas realidades escolares, e com isso, crie, modifique e implemente! Se o seu planejamento não deu certo, acontece. Mesmo as aulas tradicionais não funcionam sempre. Reflita sobre como poderia ter sido melhor. Não tenha medo de errar, pois é ele que move o mundo.

Referências

ALVES, Eva Maria Siqueira. Ludicidade e o ensino da matemática. Papirus Editora, 2020.

BRASIL, Parâmetros Curriculares Nacionais. Matemática. Secretária de Educação Fundamental. Brasília: MEC/SEF, 1998.

BRASIL, Parâmetros Curriculares Nacionais. Matemática. Secretária de Educação Fundamental. Brasília: MEC/SEF, 1997.

BRASIL. Ministério da Educação. Base Nacional Comum Curricular. Brasília, 2018.

RIBEIRO, Flávia Dias. Jogos e modelagem na educação matemática. Curitiba: Ibpex, 2008.

GRANDO, Regina Célia. O jogo e a matemática no contexto da sala de aula. São Paulo: Paulus, p. 24, 2004.

MUNIZ, Cristiano Alberto. Brincar e jogar Enlaces teóricos e metodológicos no campo da educação matemática. Belo Horizonte: Autêntica Editora, 2010.

Ludografia

REJCHTMAN, Grzegorz. *Ubongo*. São Paulo. Devir Brasil, 2003.
KUHNEKATH, Andreas. *Micro Robots*. São Paulo. Devir Brasil, 2016.
LOWE, Edwin S. *Yahtzee*. São Paulo: Hasbro, 1956.
ZEIMET, Jacques. *Fantasma Blitz*. São Paulo. Devir Brasil, 2010.

O QUE NÃO FAZER COM JOGOS NA EDUCAÇÃO

Odair de Paula Junior
Especialista em Educação Lúdica, jogador de jogos de tabuleiro desde a mais tenra infância, um dos fundadores da Ludus Magisterium, antessignano do Instituto Jedai (Jogos na Educação Didática, Aprendizagem e Inovação). Apesar disso tudo, tem um emprego outonal, mas para compensar tem uma shitzu (ou shisho) fofinha chamada Saquarema.

Paula Piccolo
É DI (*designer* instrucional, ou seja, elabora material didático), mestranda em Linguística Aplicada e pesquisadora sobre jogos de tabuleiro na Educação com a missão de acabar com a aula chata. Fundadora e mente criativa por trás do Instituto Jedai (que ministra oficinas sobre como usar os *board games* na educação básica, técnica, superior e corporativa). Esteve por muitos anos no lado errado da Força, mas se redimiu, largando seu anel de rubi e cuidando da shitzu (ou shisho) mais fofa do universo, também conhecida como Saquá.

O QUE <u>NÃO</u> FAZER COM JOGOS NA EDUCAÇÃO

Jogo na educação. Não é um tema novo; muito já foi debatido e discutido. Grandes pensadores, pesquisadores e filósofos estudaram o assunto, criando as mais variadas teses. Huizinga, Vigotsky, Piaget, Kishimoto, Macedo e tantos outros criaram grandes obras sobre a questão.

Mas isto não é assunto deste texto. Vamos tocar em um assunto mais prático, mais pé no chão. Você decidiu que usará jogos nas suas aulas, leu muito o que e como fazer, assistiu a vários vídeos e teve várias ideias. Sabe exatamente como usar e o que fazer, mas já pensou no que **não** deve fazer?

Primeiro, vamos contar uma história. Era uma vez, um pedacinho no meio do nada.

Buscando mudar sua política educacional, adaptando-se para as necessidades do novo milênio, a direção de uma famosa escola decidiu usar uma nova abordagem: jogos nas salas de aula; e para isso contratou uma consultoria especializada no assunto. A conversa inicial com a coordenação foi proveitosa. Todos entenderam a necessidade de uma nova abordagem na escola e uma palestra foi marcada com todos os professores. Mas nada seria tão fácil...

A consultora, Vanessa, sabia que dificilmente encontraria um ambiente acolhedor entre os professores. Muitos tinham ideias fixas, preconceitos contra usar jogos em sala. Ela se apresentou e pediu que todos fizessem o mesmo para sentir o ânimo geral. Como imaginara, o clima não era amistoso, exceto por dois professores, Octávio, de ciências e Flávia, do Fundamental I. Mas o que Vanessa não esperava foi a apresentação da última professora, que se nomeou simplesmente como Tia Joh.

Antes de mais nada, vamos conhecer um pouco desta pitoresca personagem. Apresento "Tia Joh": Formanda no milênio passado, dá aulas faz décadas, chegou ao auge de sua carreira há muito tempo e, desde então, sentou-se em seu berço esplêndido, nunca buscando aperfeiçoamento ou reciclagem. Ano após ano, sua aula nunca muda. Sempre do jeito que foi, é e será. Além disso, depois de anos e anos na mesma escola, sente-se como uma líder dos outros professores, que devem se espelhar em sua experiência, pois o que ela sabe é o melhor da educação. Todos devem conhecer alguém assim, não é mesmo?

- Bom dia, professores! Tudo bom? Vamos aprender sobre jogos na educação no dia de hoje. Alguns de vocês já usam jogos?

Alguns até pensam em responder, mas Tia Joh, como sempre, toma a palavra após alguns resmungos bem direcionados.

- Eu uso!! Sou a favor de usar *games* com os pequenininhos! Eu uso jogo da memória, dominó e aquele jogo de "avance uma casa". Os alunos adoram rolar o dado de pelúcia gigante que tem na escola! Todos na escola usam isso.

Uma intensa troca de olhares indica certo nervosismo. Na percepção de Vanessa, a maioria não discordava e estava mais preocupada em entender o porquê de perder tempo com essa atividade.

- Certo... E o que mais?

Claro que antes que qualquer um possa respirar, um certo alguém liga sua metralhadora falatória:

- Com os pequenos, eu gamifico – Vanessa treme com essa palavra -, como eu disse. Já os maiores, acima de 5 ou 6 anos, não gostam muito. Então, no máximo, eu gamifico com Jogo da Velha ou um *game* de quebra-cabeça. Até fiz um campeonato de Jogo da Velha, mas as crianças mais velhas, do ginásio, – Sério que ela ainda se refere ao Fundamental II como Ginásio? - não se entusiasmaram. Eles acham que brincar é coisa de criança, e estão certos.

- É que usar jogos não é a mesma coisa que gamificar, mas a gente fala disso daqui a pouco. Agora, queria saber se vocês conhecem os jogos de tabuleiro modernos.

- Vi meus sobrinhos jogarem quando eram crianças. Como é o nome deles, Flavinha? Aqueles que você tentou usar em sala e não deu em nada. Bem que te avisei...

Tia Joh cutuca Flávia. Visivelmente envergonhada, quase que meramente sussurra:

- *Banco Imobiliário, Imagem e Ação, Detetive...* Eu jogava quando pequena.

O olhar de Tia Joh para Vanessa era claríssimo e dizia: "coisa de criança".

- Então, esses jogos que você citou são de segunda geração. Já existe uma nova geração, com o *game design* bem mais equilibrado, diferente... Evoluiu bastante! Conhecem o *Catan*? *Carcassone*? *Ilha Proibida*?

Todos ficam em silêncio e com cara de dúvida.

- Ninguém?

- Bom, eu já ouvi falar – disse o professor de ciências – Já vi alguns...

- Ótimo, Octávio. Diga mais...

Mas antes que o professor consiga falar, um pigarro insistente começa, a princípio baixinho, que cresce rapidamente quando Tia Joh percebe que ninguém está lhe dando atenção. Quando consegue ser o centro das atenções, dispara:

- Eles têm nome complicado. E têm um jeitão de jogo difícil... E caro!

Percebendo que tinha boas chances de perder a turma com tantas interrupções da mesma pessoa, com seus pré-conceitos antigos em relação a jogos, Vanessa dá um longo suspiro e tenta uma última cartada:

- Vocês usariam esses jogos de tabuleiro modernos em sala de aula, depois de conhecê-los melhor?

- Com crianças? Claro que não! Eles não entenderiam um jogo complicado. Além do mais, é preciso usar jogos educativos quando se joga na escola.

- Tá... Vamos lá... O que seria um jogo educativo para vocês?

- É o jogo que é feito para ensinar, e que os professores podem usar para revisar um determinado tema. Eu sempre falo para os alunos que é um jogo, mas que é um jogo para aprender, que eles têm que prestar atenção enquanto jogam. Não é só brincadeira.

Murmurinhos ecoam pela sala, olhares desinteressados surgem um atrás do outro, até mesmo em Flávia e Octávio, os únicos que prestavam algum tipo de atenção. Isso não era uma palestra, era um massacre. Um diálogo com alguém com ideias bem limitadas sobre jogos. Algo precisava ser feito e logo:

- É... Tem bastante coisa pra gente conversar hoje! Deixa só eu fazer uma perguntinha: o que é gamificação?

Finalmente, Vanessa acha a brecha que procurava.

- Então acha mesmo que podemos usar esses jogos modernos, Tia Joh?

Flávia e Octávio eram os únicos interessados na conversa, mas os outros começaram a prestar mais atenção.

- Veja bem, talvez em uma aula gamificada, né, quem sabe.

- E pode me dar um exemplo de aula gamificada?

- Claro, como não? Eu tenho um cartaz na parede da sala, com os nomes dos alunos. Todo dia, quando chegam, eles me entregam a tarefa. Os que fizeram, ganham uma estrela, que vale um ponto. Quem não fez, ganha uma carinha triste, para aprender que não pode ficar sem fazer as tarefas. Faço isso com outras coisas, como trabalhos, quando chamo um aluno para ir a lousa... Minha aula é um jogo!

Um silêncio sepulcral imperava pela sala. Os olhares desinteressados começaram a mudar.

- Cuidado, Tia Joh, para não confundir gamificação com behaviorismo! Pessoal, premiar o esforço e punir o erro é coisa do tempo da avó da minha avó! Gamificar é pegar elementos de jogo e usá-los em outros contextos, por exemplo, a sala de aula e, apresentar aos alunos, um mistério a decifrar.

Vanessa percebeu que estava ganhando a turma. Todos estavam prestando atenção em sua fala. Era preciso continuar rápido antes que Tia Joh interviesse.

- O problema é que os elementos mais usados são os que trazem pouca ou nenhuma diversão para a aula: pontos, medalhas e *ranking*. No inglês, eles recebem a sigla PBL (*points, badges, leaderboard*). E aí, sob o pretexto de gamificar e engajar os alunos, usamos os PBLs e... Não gamificamos! Só estamos dando nomes diferentes às notas, não há nenhuma diferença entre dar uma nota ou uma pontuação. Voltamos àquela história de premiar e punir os comportamentos, conforme esperamos moldá-los.

Todos, até Tia Joh, ficaram em silêncio, pensando. Realmente, a consultora conseguiu o que queria. Sem mais nenhuma outra interrupção, ela continuou com suas explicações.

Quer saber como foi? Venha com a gente, acompanhe a fala da consultora!

Há uma ideia errônea com relação ao uso de jogos na educação, ou, como diriam os gêmeos do laboratório, uma não, duas! Ou várias! Vamos listar algumas e vamos debater sobre elas.

1. Jogo é brincadeira

Brincar remete a uma atividade em que não há regras definidas. O jogo, por sua vez, tem regras bem estruturadas, como o boliche ou salto com varas. Brincadeiras podem até ter regras definidas, mas elas não são fixas, variando de lugar em lugar.

Usando como exemplo o futebol, não importa se a partida é no Maracanã, em Lisboa ou Vanuatu, as regras sempre serão as mesmas. Sempre que um jogador adversário estiver atrás da linha do último defensor, será impedimento; somente o goleiro, dentro de sua área, pode colocar a mão na bola; falta dentro da área é pênalti; bola na trave não altera o placar.

Já no Esconde-Esconde, as regras são passadas de forma oral e variam conforme foram ensinadas para a nova geração. O próximo a procurar será o primeiro ou último a ser encontrado? Se o último conseguir chegar a salvo no pique, salva todos que foram pegos ou não? Até que número quem está procurando tem que contar de olho fechado? E qual o nome oficial, Esconde-Esconde, Pique-Esconde, Escondidinha ou outro?

O mesmo vale para Amarelinha, Pula-Carniça, Pega-Pega, Cabra-Cega. Há inúmeras diferenças regionais, que podem transformar a atividade em outro tipo de brincadeira.

Se toda brincadeira é jogo, então essa cantiga de roda também é?

Shisho,
Ó Shisho,
Meu Shisho,
Um Shisho...

Shisho,
Ó Shisho,
Meu Shisho.,
Dois Shishos...

Shisho,
Ó Shisho,
Meu Shisho,
Três Shishos...

Claro que não. O jogo pode ser uma brincadeira, como ficar saltando para ver quem pula mais longe, mas não podemos generalizar. O jogo, quando bem usado, pode ser aplicado em qualquer nível escolar, desde o Infantil até o ensino Técnico, Superior ou mesmo Corporativo.

2. Usar o jogo para revisar um tópico

Não é um problema, em si. O jogo pode ser usado como estrutura de revisão, mas aí, você desperdiçará alguns dos melhores elementos dele.

A primeira perda será a do ineditismo, da concentração e da curiosidade que o jogo desperta quando ele é utilizado para apresentar um novo tema do seu conteúdo programático. A animação com o novo jogo faz com que os alunos se interessem pelas regras do jogo e pelo tema. E aproveitar tudo isso é uma chance de ouro! Principalmente se se tratar de jogo de tabuleiro moderno em que a temática e as regras são bem amarradas. Assim, em um segundo momento (pós-jogo), você dá sua aula, normalmente, sobre o conteúdo que o jogo abordou, e deixa que os alunos passem a observar as congruências, a ver as regras fazerem sentido, a entender qual a relevância prática daquele conteúdo e fazer correlações com o jogo e o conteúdo.

O segundo ponto de desperdício é que, ao usar o jogo para revisar o conteúdo, você acaba por exigir do jogador um conhecimento prévio sobre o assunto ali abordado. Então, só quem conhece um pouco de química vai saber dizer se aquele elemento é comburente ou combustível e, só assim, vai poder acertar ou pontuar no jogo. Aqui, o jogo deixa de ser interessante e passa a ser uma prova oral gamificada. Ou seja, você vai avaliar os alunos conforme eles ganham ou perdem no jogo, e conforme o que eles aprenderam (é uma prova, só que você "gamificou" ao usar um tabuleiro ou cartas; mas não há oportunidade de aprendizagem, só de avaliação).

Não seria mais interessante que os alunos aprendessem jogando? Melhor seria aproveitar a curiosidade e atenção do jogo para que eles queiram jogar e ganhar. E, para ganhar, precisam aprender como pontuar, e assim, vão percebendo com o *feedback* do jogo, se estão jogando bem ou se precisam prestar mais atenção no colega que está na frente no placar parcial do jogo.

Portanto, defendemos o uso do jogo para apresentar novos conteúdos, abordar assuntos pela primeira vez.

3. Gamificação com pontuação e o condicionamento

Ok, gamificação é mais do que atribuir pontos para atividades dos alunos. É usar elementos de jogo em alguma coisa que não seja jogo e, assim, tornar essa alguma coisa divertida, interessante, gostosa de se fazer – tal qual um bom jogo. Mas o que vemos por aí é a redução de tudo a pontuar o que o aluno faz de bom e a punir (ou deixar de pontuar) o que o aluno faz de ruim. Acontece que isso não é gamificação, isso é behaviorismo, aquele do cara com o mesmo nome do diretor da escola do Bart Simpson: Skinner[1].

Gamificar bem é trazer elementos de jogo como regras, dados, cartas, desafios, obstáculos, estratégias, imersão e outros, para fazer da atividade (no caso, aula) algo tão divertido e leve quanto jogar.

Usar jogos em sala de aula não é gamificação, é aprendizagem baseada em jogos.

Gostamos das duas abordagens, sempre que bem-feitas. E sempre que fujam de uma estrutura "gamificada" de avaliação com perguntas e respostas, apenas. Lembre-se, não é porque as perguntas sobre a matéria estão dentro de uma bexiga ou balão que será estourado, que a atividade será automaticamente divertida – na verdade, ela é idêntica a uma prova com questões escritas que o aluno responderá de forma oral.

Agora, você pode estar se perguntando: e como é que eu faço uma atividade, com jogo ou gamificada, que saia desse *feijão com arroz* de perguntas e respostas? Respondemos: aumentando o seu repertório de jogos. E lá vem o próximo tópico.

---

1 (* / NOTA): Behaviorismo, também chamado de comportamentalismo, é um paradigma da psicologia desenvolvido com contribuição das ideias de B. F. Skinner, que sustentava que qualquer ser humano é um animal condicionável. A psicologia comportamentalista se baseia nisso, condicionar comportamentos. Não deve ser à toa que Skinner é o nome do diretor da escola de Bart Simpson, da série animada "Os Simpsons".

4. Repertório de jogos e letramento lúdico OU Por que jogos educativos são chatos

Antes de ser um bom escritor, é preciso ser um bom leitor, correto? Senão, aquele que quer escrever um livro, sem nunca ter lido outros, tende a fazer algo medíocre.

Assim é também no mundo dos jogos. Para bem usar jogos na educação, o professor precisa conhecer mais os jogos. Se seu repertório se limita a jogos de trilha e da memória, não podemos exigir que você crie mais do que isso, não é verdade? Infelizmente, os jogos educativos costumam ser feitos por quem conhece pouco de jogos e mecânicas.

Os jogos de tabuleiro modernos são tal qual livros. Têm autor, editora, diferentes versões e reedições. E, quanto maior a sua biblioteca, ou ludoteca, mais recursos você terá para criar ou adaptar jogos para seus alunos. Além disso, temos os diferentes gêneros de jogos, cada qual com sua característica e público, temos mecânicas e regras que recebem nomes e se repetem em outros jogos. Enfim, é um mundo a se desvendar e este livro vai te ajudar a adentrar nesse universo lúdico.

Aí, com esse letramento de jogos, você estará apto a adaptar, criar, identificar e dinamizar diferentes jogos para seus alunos. Aliás, é bastante comum o professor-jogador reconhecer oportunidades de ensino durante partidas despretensiosas com os amigos, por puro entretenimento. E você vai ser o professor que chega para dar aulas com as "caixinhas" e que ganha seus alunos, mesmo que eles pensem que estão somente jogando. O jogo deixa de ter cara de educativo e passa a ser entretenimento. O resultado final? Aprendizagem divertida!

Faça isso, jogue! Conheça mais os jogos de tabuleiro modernos (também chamados de *board games*) e, principalmente, faça um grande favor aos alunos: vá além do bê-a-bá do jogo de *quiz*, memória e trilha. Use, por exemplo, o jogo *Código Secreto* para, com novas cartas, fazer com que seus alunos tentem agrupar as palavras das cartas por características gramaticais. Imagine um aluno dando a dica "substantivo 3" e os demais colegas vão procurar, dentre as cartas, quais são os 3 substantivos. Ou, quem sabe, fazer com que eles precisem encontrar filos, espécies, classes... ou cartas com palavras relacionadas aos filósofos que você está ensinando! Busque mais informação sobre esse jogo e entenderá as adaptações sugeridas. Neste livro mesmo, há um capítulo dedicado ao jogo *Código Secreto*.

5. Os jogos são difíceis e caros

Os jogos de tabuleiro modernos não são difíceis. Claro, há alguns que são. Mas você pode começar com jogos festivos (*party games*), que são leves e rápidos. Assim como começamos a ler pelos livros mais leves e rápidos. Se começarmos a ler por um Dostoiévski, possivelmente não vamos gostar. O mesmo vale com os jogos.

Acontece que os jogos de tabuleiro modernos são pouco conhecidos, então, não é somente abrir a caixa e sair jogando. É preciso aprender as regras. Mas, além do manual de instruções, há vídeos na Internet, resenhas em *blogs*, e outras formas de você aprender a jogar. Ainda existem lanchonetes e cafés em que é possível jogá-los e, o melhor, tem quem explique as regras para você e tire suas dúvidas. Esses locais como bares com jogos e os vídeos da Internet são a maneira mais fácil de você conhecer um jogo. E não é preciso comprar para jogar, pois há, também, locadoras de jogos.

Por fim, agora queremos deixar as últimas observações:

- Jogo não é exclusividade de crianças. Portanto, seja você professor da educação básica, técnica, superior ou corporativa, você pode usar jogos para ensinar.

- Jogo de tabuleiro tem a vantagem de não depender de computador, de conexão com Internet, nem mesmo de tomada elétrica. Logo, são mais fáceis de serem utilizados e até confeccionados na escola.

Aqui, vale um parênteses dizendo que não é permitido tirar cópias de jogos, ou escaneá-los, mas o jogo tem uma especificidade no tocante às regras. A lei de Propriedade Industrial (L.9279/96), no inciso VII do seu art.10, diz que regras de jogo não são patenteáveis. Tecnicamente, a mecânica e as regras de um jogo que já exista são passíveis de adaptação para fins exclusivamente educacionais. Mas cuidado, pois a arte do jogo, seus componentes, seu nome, seu manual de regras estão protegidos por lei. Então, crie um novo jogo, com novos componentes, novas ilustrações e se baseie no "modo de jogar" do jogo pré-existente. Dica: dê um nome divertido ao jogo, não coloque um nome que entrega que tenha por objetivo a aprendizagem. Jogar *Carcassone* é mais interessante (para os alunos) do que jogar "O Plano Cartesiano e a geografia medieval".

- Ao abordar jogos competitivos na sala de aula, convém ter em mente que, além do conteúdo programático que você atrelou ao jogo, você ainda pode ensinar seus alunos a ganhar e a perder, ou usar a competição como estímulo para que pesquisem o assunto trabalhado, mas... se seus alunos forem muito pequenos é melhor ensinar as regras do jogo e não marcar os pontos, deixem que aproveitem a dinâmica do jogo para se divertir e aprender, sem competir. Outra alternativa são os jogos de tabuleiro modernos cooperativos em que todos os jogadores formam uma única equipe e precisam derrotar a inteligência artificial do tabuleiro de forma que ou todos ganham, ou todos perdem. O jogo *Ilha Perdida* é um exemplo de jogo cooperativo e há um capítulo sobre esse tipo de jogo neste livro.

- O jogo deve ser usado com parcimônia. É preciso que haja um objetivo de aprendizagem a ser trabalhado com o jogo na educação (não é tapa-buraco entre aulas) e não nos parece possível usar apenas jogos, o tempo todo.

Dica de ouro: Não deixe que os alunos percebam que vão jogar para aprender. Deixe que pensem que é uma aula livre com jogos, ou mero entretenimento. Faça com que só percebam que aprenderam depois de terem jogado e de você ter dado aula daquele mesmo assunto. Então, se for criar um jogo, fuja de nomes que entreguem o seu objetivo como "o jogo da multiplicação" e "o jogo da crase".

Ludografia

CHVÁTIL, Vlaada. *Código Secreto*. Devir: São Paulo. 2015.

LEACOCK, Matt. *Ilha Perdida*. Devir: São Paulo. 2014.

Visão crítica e educação lúdica: pílula pós-capítulo

> Não poderíamos fechar a *Parte II: Como usar jogos de tabuleiro na educação* sem lembrar ao leitor que, por trás de cada ação pedagógica, é possível promover com os jogos de tabuleiro um olhar crítico e transformador, independente do ensino de conteúdos ou da função socializadora dos jogos. Uma pílula de realidade para o professor preocupado em educar para uma sociedade melhor. (**Arnaldo V. Carvalho**)

VISÃO CRÍTICA EM EDUCAÇÃO LÚDICA: DO EUROCENTRISMO AO LUDOCENTRISMO (E O QUE FAZER PARA EVITAR)

A criticidade é um importante constituinte para uma educação com jogos de tabuleiro. É, inclusive, matéria-prima para o chamado letramento-lúdico pedagógico, conceito que será explorado a partir do capítulo seguinte, acerca de repertório lúdico, e a pílula que a ele segue.

Os fundamentos apresentados em *Jogos de Tabuleiro na Educação* procuram conectar o leitor a uma variedade de reflexões e possibilidades de desenvolvimento, a fim de impulsionar a experimentação pessoal, e posterior oferta de abordagens lúdicas em educação.

Há aqui uma convicção de que, com os jogos de tabuleiro, é possível oferecer uma interação rica ao processo de ensino-aprendizagem. Rica, não simplesmente em sentido produtivo, mas, inclusive, existencial - os jogos oferecem sentido ao estudo, uma vez que impulsionam o interesse na direção dos mais variados temas. O resultado é um senso de realização e satisfação entre todos os envolvidos com esse processo.

Todavia, ainda não havíamos formulado uma crítica geral aos problemas que tangem a cultura associada aos jogos de tabuleiro.

Os fatores que agora se apresentam visam despertar a atenção do educador, na busca por aproximar as pessoas da realidade particular e geral em que vivem, o que começa pela pergunta: a quem serve o conjunto de teorias, experiências, técnicas e práticas descritas em nosso livro?

Se observarmos a enorme quantidade de referências em inglês, parece que estamos diante de uma cultura lúdica alienígena, descida ao Brasil como promessa de ajudar a educação. Não temos nós uma cultura lúdica, nossos jogos e saberes inerentes ao jogo? Onde está? O uso ostensivo do inglês pode apontar para a premissa oculta de um eurocentrismo a afirmar "somos melhores" e mais: "sabemos o que é melhor para vocês", ou a denúncia é pura paranoia deste autor? Reflita.

O problema se agrava quando a "campanha" entusiasta (da qual este livro é apenas parte) diz que há um "jogo moderno", superior aos demais assim como a época moderna assim se autointitulava[1], percebendo-se como nova, feita às luzes e melhor que qualquer outra. Sob esse olhar "neoiluminista", as demais culturas - in-

---

[1] A divisão historiográfica das épocas conhecida como "tripartite histórica", onde os fenômenos naturais e culturais são divididos, sendo "idade antiga", "idade média" e "idade moderna" (posteriormente, os franceses ainda desdobraram o tempo, estabelecendo uma "idade contemporânea"), foi criado pelos estudiosos europeus do século XVIII (VER: LE GOFF, Jacques. A História deve ser dividida em pedaços? São Paulo: Unesp, 2015.). A divisão talvez os ajudasse a compreender os processos ocorridos na Europa, mas ao mesmo tempo partia de um ponto de vista linear, onde tudo o que acontece, é criado, proposto e vivido fora dali tornava-se periférico, menor. Em um momento no qual a sociedade enfrenta preconceitos, conclama por uma igualdade de direitos e respeito multilateral, a todas as pessoas de todos os lugares, parece um contrassenso que levemos isso adiante, ainda que apenas reproduzindo a velha mentalidade ainda em voga nas escolas, inclusive nos livros didáticos.

cluindo a da rua e suas formas lúdicas, como a escolar da sucata, e mesmo o uso de jogos tradicionais seriam preteridas.

É fato: o "jogo moderno" nasce nas indústrias do hemisfério norte, e se não o utilizamos responsavelmente, nos tornamos, mesmo sem querer, mais uma arma contra nossos próprios saberes. Procure perceber como a cultura dos jogos de tabuleiro é, quase sempre, apresentada por uma perspectiva eurocêntrica: expressões em inglês se somam ao predomínio de temas, estilos de ilustração e representações de personagens e cenários etc., e mesmo elementos mecânicos presentes nos jogos de tabuleiro.

A Europa, suas pessoas e culturas estão centralmente presentes nos temas e artes dos jogos de tabuleiro, nas noções históricas oferecidas acerca dos mesmos, e influenciam fortemente o vocabulário usado não apenas por brasileiros, mas por jogadores-consumidores em todo o mundo.

Você já se perguntou sobre:

- Quantos jogos mostram pessoas negras em suas capas? E outros tipos de pessoas?
- Quantos jogos utilizam estética ou narrativa inspirada na chamada Idade Média europeia, com castelos, guerreiros com armaduras e elmos etc., em contraste com outros modelos culturais?
- Quantos mostram o modelo europeu de fazendinhas felizes típicas da agricultura familiar que hoje é minoritária?
- E quantos, por outro lado, enfatizam as resistências e lutas camponesas?
- Quantos jogos há sobre a experiência das mulheres na história? E das crianças e infâncias?
- O que o modelo de "jogo moderno", baseado em "conflito indireto" com forte base econômica tem de pacífico (aos críticos a jogos com conflito), quando se baseia no estrangulamento progressivo do outro, à medida que se ocupam espaços no tabuleiro e/ou se lhe consomem os recursos?
- Por que tantos jogos têm como critério de vitória "pontos de prestígio"?
- Que jogos valorizam as experiências do mundo do trabalho, embora recentemente tenha surgido o termo "trabalhadores", que participa de mais de um mecanismo de jogo de tabuleiro?
- Por que os jogos modernos predominantemente oferecem aos seus jogadores o assumir de papéis típicos da elite social e econômica? E qual é o impacto ideológico possível deste tipo de proposta?
- Até que ponto a proposta de uso dos "jogos de tabuleiro modernos" na educação pode estar a serviço de uma baixa escuta das populações de aprendentes e suas próprias experiências lúdicas, oriundas sobretudo das periferias (que, no final das contas, corresponde à maior parte da população)?

Os autores das teorias dos jogos também são dominantemente europeus ou norte-americanos. Embora os jogos de tabuleiro historicamente tenham se difundido desde tempos antigos pela maior parte dos continentes, é da Europa que estamos importando seus modos de jogar, suas regras e saberes. Talvez, no inconsciente coletivo de entusiastas, desejosos de levar os "jogos modernos" para cada vez mais pessoas, haja um certo "missionarismo" típico de cultura cristã. Daí, inclusive, surge um *ludocentrismo* a representar, disfarçadamente, o fenômeno do eurocentrismo.

O *ludocentrismo* aqui referido se faz presente no educador entusiasta que desvaloriza jogos mais simples do que os "modernos", além de outras experiências de aprendizagem, reproduzindo, sem perceber, um processo contra o qual tanto protesta. Afinal, adoramos jogos, mas nem tudo em educação é jogo, e nem tudo em educação com jogos é "jogo moderno".

É preciso cuidado para não fazermos dos preciosos jogos de tabuleiro mais um "cavalo de troia" colonizador: uma oferta recheada de signos, onde "os ventos do Norte nos movem os moinhos". Não é problema utilizarmos qualquer um dos jogos europeus ditos modernos. Não precisamos jogar fora os cânones estrangeiros, ou passar a só se discutir o que há aqui dentro, ou ainda insistir em um uso monocromático dos jogos tradicionais abstratos. O perigo, como diz Chimamanda N. Adichie, é sempre o do risco da história única[2], que aqui estendo para o discurso único e a escuta única.

Enquanto houver crianças e adultos achando unilateralmente fascinante se transportar ludicamente para o mercado de ferrovias da Europa e, ao mesmo tempo, aborrecido ter que conduzir pessoas escravizadas para a segurança de um quilombo, ou que as mitologias europeias lhes pareçam cenários mais atraentes do que os mistérios folclóricos de nossas florestas de acordo com o imaginário indígena, a educação lúdica do Brasil terá um sério desafio adiante.

O movimento para superar esse estigma é o exercício ativo da criticidade, que deve acompanhar o dia a dia das educadoras e educadores do tabuleiro. Na realização de um trabalho de excelência junto a suas alunas e seus alunos, a ludicidade pode estar presente de muitas formas e os jogos de tabuleiro são apenas a parte objetiva de um conjunto de relações, onde a marca subjetiva da resistência pela alegria de viver se une aos olhos abertos em relação a posições de mundo.

Não há falta de recursos para se vencer o discurso colonizador, mais do que eurocêntrico, eurocentrista. A língua portuguesa (que em si já é fruto de colonização, uma contradição mais difícil de se resolver) tem riqueza mais que suficiente para constituir um vocabulário completo no campo do jogar. Os pesquisadores brasileiros e portugueses, assim como os criadores de jogos, artistas e diversos outros profissionais da cadeia produtiva de jogos, desenvolvem trabalhos de primeira linha, oferecendo jogos de tabuleiro com tudo o que um bom jogo precisa ter.

---

2 Ver: ADICHIE, Chimamanda N. *O perigo da história única*. TED TALKS, 2019. In: https://www.ted.com/talks/chimamanda_ngozi_adichie_the_danger_of_a_single_story?language=pt

Dentre eles, temos inclusive aqueles que estão sempre a propor temas que dizem respeito à pluralidade cultural brasileira, lidando com questões étnicas, artísticas, históricas, e mesmo políticas e econômicas do país. Nos próximos anos, é muito possível que o campo de jogos de tabuleiro e educação dê novos saltos, e cânones oriundos de nossas próprias pesquisas suprirão as demandas teóricas então surgidas. Nossos estudos, casuísticas e iniciativas serão traduzidos e exportados para diferentes línguas, e inspirarão uma cultura interna de autovalorização.

Quando o todo dos educadores compreenderem o potencial construtivo e desconstrutivo dos jogos e suas possibilidades críticas, aí começa a verdadeira revolução dos jogos na educação. É quando, nas escolas e universidades, os jogos de tabuleiro ajudarão crianças e jovens a se perceberem como sujeitos no mundo, e a compreenderem suas posições sociais, as demais, e o papel da proatividade cidadã.

PARTE III
Como criar jogos de tabuleiro na educação

A IMPORTÂNCIA DO REPERTÓRIO LÚDICO NA ELABORAÇÃO DE JOGOS PARA A APRENDIZAGEM

Leonardo O. Costa
    Doutor em Microbiologia Agrícola pela Universidade Federal de Viçosa (UFV) e professor de Microbiologia do Instituto Federal de Educação do Rio de Janeiro. Jogador de RPG desde os 12 anos de idade, já tendo jogado e narrado diversos RPGs. Na infância, jogou os jogos clássicos: *War, Banco imobiliário, Jogo da Vida, Detetive*. Em 2012, iniciou o contato com os jogos de tabuleiro modernos e elaborou juntamente com alunos do médio técnico seu primeiro protótipo de jogos para aprendizagem. A partir de 2015 realiza os projetos Stand Nerd e a partir de 2018 orienta o Coletivo Nerd Stanley Lieber, criado pelos alunos do *Campus* Rio de Janeiro do IFRJ.

A IMPORTÂNCIA DO REPERTÓRIO LÚDICO NA ELABORAÇÃO DE JOGOS PARA A APRENDIZAGEM

Este capítulo irá abordar a importância do conhecimento de jogos de tabuleiro, e dos Jogos de Interpretação de Papéis (*Role-Playing games*), como necessário para a proposição da criação de Jogos de Tabuleiro modernos como estratégia na elaboração de jogos para a aprendizagem. A ideia aqui é mostrar que o seu conhecimento do universo dos jogos de tabuleiro será a base do seu *know-how*. Isto é essencial para se criar jogos para aprendizagem inovadores, que sejam divertidos ao mesmo tempo que apresentam potencial para ensinar. Um repertório lúdico amplo irá permitir a você criar jogos diferentes, fugindo dos clássicos jogos de trilha e perguntas e respostas no estilo *Quiz*, fazendo com que você vá além no que diz respeito à criação de jogos de tabuleiro.

Não me entenda mal, os jogos de trilha e de perguntas e repostas podem ser mais atrativos para os alunos que uma aula tradicional; porém, com o passar do tempo, estes jogos ficam parecendo mais do mesmo, e os alunos acabam perdendo o interesse ou passam a encará-los como uma prova disfarçada na forma de um jogo. Meu objetivo é mostrar que para uma educação com jogos de tabuleiro de excelência, é necessário expandir o repertório e o conhecimento sobre os jogos, para que se possa criar as melhores experiências lúdicas para os alunos.

Neste capítulo, vou relatar como crio o meu repertório lúdico e como busco criar o repertório lúdico da instituição onde atuo. Além disso, irei mostrar como o meu repertório lúdico e o dos meus alunos influenciaram na construção dos jogos de aprendizagem: *Super Trunfo Bacteriano*, *Warganismos: uma batalha pela colonização do mundo*, e as duas versões do *Medician*. Apesar de relatar jogos de aprendizagem que foram criados pela área de Microbiologia, o que apresentarei aqui poderá ser aplicado em qualquer área do conhecimento, ou em qualquer instituição.

Jogos de Aprendizagem, Repertório Lúdico

Você, leitor, deve estar se perguntando o que eu quero dizer com o termo repertório lúdico. Então vou tentar definir. De forma bem ampla, podemos dizer que o repertório lúdico é a soma de todas as experiências lúdicas que tivemos, englobando, por exemplo, o brincar da infância e depois todos os jogos que já jogamos. Quando somos crianças aprendemos muito através da brincadeira, do faz de conta e da utilização da imaginação. Podemos dizer que toda pessoa quando criança desenvolve o seu repertório lúdico neste processo. Para uma parte das pessoas, o lúdico se perde após a infância enquanto para outras pessoas ele permanece e se desenvolve em vários hábitos lúdicos que ela mantém no seu dia a dia. Do ponto de vista mais prático, aqui neste capítulo, vamos utilizar o termo repertório lúdico de uma forma um pouco mais restrita e simplificada. Então, pelo resto do capítulo, vamos considerar todos os jogos que a pessoa jogou e experimentou como seu repertório lúdico, isto é, o conhecimento que ela tem sobre o universo dos jogos de tabuleiro (neste contexto estamos falando desde jogos clássicos como xadrez, damas, *War, Banco Imobiliário* etc.; e dos jogos modernos como *Catan, Carcassonne, Código Secreto* etc.).

Em um processo criativo utilizado para a criação de jogos de aprendizagem temos que partir de algum lugar, e geralmente partimos do referencial que temos. Desta forma, um professor que possui como únicos referenciais jogo de baralho, xadrez e dama terá a tendência de partir destes três exemplos como ponto de partida. Seguindo este exemplo, creio que será muito difícil, a este professor propor a criação de um jogo cooperativo. Mais à frente, neste capítulo, pretendo utilizar minha trajetória pessoal como um exemplo de como aumentar meu repertório lúdico foi essencial para aumentar as possibilidades na criação de jogos para a aprendizagem. De antemão, já aviso ao leitor que pretende se tornar um professor lúdico: prepare-se para passar um bom tempo jogando diferentes jogos com seus familiares, amigos ou alunos. E aproveito para dar uma segunda dica: se você tem algum familiar ou amigo que não gosta de jogar... não force esta pessoa a jogar com você, afinal a experiência de jogo precisa ser prazerosa para todos os envolvidos!

Como criar um bom repertório lúdico

Creio que você já percebeu que o caminho natural para criar um repertório lúdico é bem simples: sentar-se à mesa e jogar. Porém, só isso não basta. Você precisa experimentar diferentes tipos de jogos e, aos poucos, ao procurar informações sobre os jogos de tabuleiro modernos, vai descobrir que existem centenas de *designers* no mundo, milhares de jogos de tabuleiro, e diversos temas que já foram explorados de diversas maneiras por estes milhares de jogos e centenas de *designers*. Você vai descobrir que, além de jogar, dentre os jogos de tabuleiro ditos modernos, já existem clássicos como o *Catan*, considerado o "pai dos jogos de tabuleiros modernos"; que existem outros jogos que difundiram uma variedade de mecânicas presentes nos jogos. Então se você quer realmente criar um repertório lúdico, além de jogar precisará entender um pouco mais do Universo dos jogos de tabuleiro, principalmente se sua aspiração for criar um jogo de aprendizagem para os seus alunos ou com os seus alunos. Você terá, inclusive, que navegar em dois *sites* que são os dois principais repositórios de informação sobre jogos que todo professor lúdico brasileiro deveria conhecer: *Board Game Geek* (https://boardgamegeek.com/) e Ludopedia (https://www.ludopedia.com.br/). O primeiro é o maior banco de dados sobre os jogos de tabuleiro do mundo (em inglês) e o segundo é o portal brasileiro que busca fazer um papel semelhante ao primeiro aqui nas terras brasileiras. Além destes *sites*, você pode procurar por *blogs*, e canais de *Youtube* nacionais e internacionais para aprender um pouco mais sobre o Universo dos jogos de tabuleiro.

Super Trunfo Bacteriano e Warganismos

Em 2012, juntamente com três professores de Microbiologia do Instituto Federal do Rio de Janeiro, e um grupo de alunos, criamos um pequeno projeto para a semana científica e cultural do *Campus* Rio de Janeiro, conhecida como a Semana da Química. O título deste projeto foi: "Utilizando o lúdico para incentivar o ensino em Microbiologia". No levantamento bibliográfico, feito em 2012 para embasar este projeto, destacou-se o texto *O Jogo em aula: Recurso permite repensar as relações de ensino-aprendizagem,* da psicopedagoga Tânia Ramos Fortuna. Escolhemos as estratégias lúdicas, pois estas permitiam ao estudante desenvolver a imaginação, o raciocínio, a iniciativa, a curiosidade e o interesse pelo conteúdo, ou seja, como um elemento motivador. Neste projeto, criamos junto com os alunos os protótipos de dois jogos: o *Super Trunfo Bacteriano* e o *Warganismos*.

Como mencionado anteriormente, estes dois jogos foram criados em 2012. Nesta época, meu repertório lúdico e o dos outros participantes desta empreitada (alunos e professoras) se limitava aos jogos clássicos como o *War, Detetive, Banco Imobiliário, Super Trunfo* e jogos de baralho. No meu caso, adicione alguns bons anos de vários sistemas de jogos de interpretação de papéis (conhecidos pelo nome em inglês *Role-Playing Games* – RPGs, sobre os quais você terá um capítulo inteiro sobre uso aqui no livro, escrito por Odair de Paula). Graças à experiência quase restrita a esses jogos, usamos como base dois títulos conhecidos: o *War* e o *Super Trunfo* como inspiração para a criação, respectivamente, de *Warganismos: uma batalha pela colonização do mundo* e *Super Trunfo Bacteriano*.

No caso do *Warganismos: uma batalha pela colonização do mundo,* utilizamos um mapa-múndi dividido em territórios, como no *War*. Inserimos como nomes dos territórios, os de pesquisadores importantes para a área da Microbiologia. Determinamos que os números de bactérias cresceriam seguindo a curva teórica que resume o crescimento das bactérias, e criamos cartas que poderiam ser utilizadas para criar efeitos em um único território, utilizando conceitos de crescimento e controle de microorganismos. Repare que, nesta época, tínhamos uma grande preocupação em tentar colocar uma grande quantidade de conteúdo dentro do jogo.

No caso do *Super Trunfo Bacteriano*, criamos critérios para as características de bactérias e tivemos que estabelecer regras para mensurar estes critérios dentro do universo do jogo. Nem sempre foi possível utilizar critérios puramente técnicos para gerar esta pontuação.

E o que aprendemos com a experiência do *Warganismos* e do *Super Trunfo*? A receptividade dos alunos foi excelente, porém, precisávamos buscar um equilíbrio entre conteúdo e jogabilidade. O fato de ter sido usado o *War* como base fez o *Warganismos* ser muito longo, e estratégias de reduzir o tempo de jogo para adequá-lo ao uso em sala de aula não trouxeram bom resultado. Sobre a questão de conteúdo *versus* jogabilidade, recomendo a leitura do trabalho: "*How to design for meaningful learning – finding the balance between learning and game Components*". Apesar de ser um artigo que aborda a elaboração de *Serious Games*[1], pode-se aproveitar algumas discussões deste trabalho para o *design* de jogos de tabuleiro.

Todas estas questões ficaram latentes após este projeto de 2012, e só foram retomadas com outro grupo de alunos, em 2014. Neste ano, foi proposto um segundo projeto de elaboração de jogo, denominado "Microbiologia Médica: Um Jogo Real?". Seu destino era ser apresentado na semana científica e cultural do IFRJ - *Campus* Rio de Janeiro. Neste projeto, os alunos batizaram o jogo elaborado como *Medician*. Após sua primeira edição em 2014, foi retomado em um terceiro projeto sobre jogos para a semana científica e cultural, agora em 2016, no projeto intitulado: "Jogo de casos".

Medician: do competitivo ao cooperativo

Antes de apresentar as duas edições do *Medician*, gostaria de retomar o meu processo de desenvolvimento do repertório lúdico. Até 2012, eu não conhecia os chamados "jogos de tabuleiro modernos" até ouvir falar de *Catan* e *Domínio de Carcassonne*. A primeira edição do *Carcassonne* no Brasil foi lançada pela Devir em 2002, ou seja, 2 anos após seu lançamento na Alemanha. Contudo, foi relançado em 2012, rebatizado como *Domínio de Carcassonne*. Na época, procurei em lojas de conveniência e não o encontrei. Em 2013, descobri que alguns antigos companheiros de mesa de RPG também tinham ouvido falar dos jogos de tabuleiro modernos, e inclusive tinham importado alguns deles. Peguei alguns emprestados... No mesmo ano, conheci as plataformas de financiamento como as brasileiras Catarse[2] e Kickante[3] no Brasil e a americana Kickstarter[4]. O primeiro financiamento de jogos de tabuleiro brasileiros que tive conhecimento foi nesse ano; e aí, caro leitor, foi um caminho sem volta: iniciava-se minha paixão pelos jogos de tabuleiro e minha coleção de jogos. Ainda em 2013, também descobri os eventos de jogos de tabuleiro no Rio de Janeiro, por onde podia ter acesso a vários jogos que não conhecia. Alguns dos eventos que conheci naquela época aconteceram até a pandemia interromper suas atividades, mas certamente voltarão assim que as condições permitirem. Procure conhecer eventos próximos de onde você vive, eles são uma grande oportunidade para você conhecer alguns jogos e aumentar o seu repertório lúdico. Em 2014, eu já conhecia um pouco mais dos jogos de tabuleiro, não tinha tantos jogos na minha coleção, mas lá estava eu com alguns alunos propondo a criação de mais um jogo para aprendizagem. Ape-

---

1 "Serious Games": termo utilizado, geralmente, para jogos eletrônicos, que são desenvolvidos com o objetivo principal de ensinar e que não foram projetados primariamente para o entretenimento. Estes tipos de jogos combinam estratégias de aprendizagem e elementos de jogos para ensinar habilidades específicas, conhecimentos e/ou atitudes. Os "Serious Games" são utilizados nas áreas da saúde, educação, propaganda e áreas industriais, dentre outras.
2 Ver: https://www.catarse.me/
3 Ver: https://www.kickante.com.br/
4 Ver: https://www.kickstarter.com/

sar de eu ter um maior conhecimento, em relação a 2012, sobre o universo dos jogos de tabuleiro, meus alunos só conheciam os mesmos jogos já citados, e para criar um jogo sobre microbiologia clínica com base em casos clínicos em 2014, decidimos nos inspirar no famoso seriado *House* e no jogo de tabuleiro *Scotland Yard*.

Foi criado um jogo para a aprendizagem utilizando como base casos clínicos, em que os jogadores são personagens que competem para desvendar o caso descobrindo qual é a doença, qual é o agente etiológico da doença, como a pessoa ficou doente e qual seria o tratamento mais indicado. Em sua primeira versão, ficou evidente que o fato de os alunos não conhecerem nenhum jogo de tabuleiro cooperativo dificultou este tipo de abordagem, e acabamos com um protótipo de jogo competitivo.

Em 2015, procurou-se sanar esta e outras lacunas do repertório lúdico dos alunos. Iniciei o projeto *Stand Nerd*, que será detalhado em capítulo próprio, no decorrer deste livro.

Voltando ao *Medician*, dois anos depois de sua criação, montamos então a segunda versão do protótipo. Agora o jogo ganhou uma dinâmica cooperativa, em que cada aluno pode decidir, na sua vez de jogar, onde o personagem que está investigando o caso deve buscar informações para desvendar o caso clínico. Desta forma, toda a turma joga contra o jogo, discute as informações obtidas e tenta desvendar o caso de forma cooperativa antes que o paciente venha a óbito. O *Medician* tem sido utilizado desde então como introdução de uma aula de microbiologia médica sobre infecções do sistema digestório[5].

Conteúdos e contextos abordados no jogo serão vistos na aula seguinte à sua aplicação em sala de aula, aprofundando este conteúdo.

Após *playtests* com esta versão, aplicados em algumas turmas do ensino médio-técnico do IFRJ, creio que o *Medician* poderá ganhar uma terceira versão, agora incorporando o *feedback* destas aplicações. Para fazer a transição da versão competitiva para a versão cooperativa, eu tive que passar algumas tardes jogando alguns jogos cooperativos com os alunos, e entre os vários apresentados, gostaria de destacar o *Pandemia (Pandemic)*, que já foi publicado pela Devir e hoje é publicado por outra editora. Se você estiver procurando jogos cooperativos para conhecer, podemos indicar, pela Devir: *Código Secreto Dueto, A Ilha Proibida, Exit, Lendas de Andor, Lord of the Rings, Fast Food Fear* entre outros.

---

5   Nesta etapa formativa, os alunos já estudaram microbiologia básica, possuem os fundamentos de microbiologia médica que os permitem explorar com propriedade as informações contidas no jogo e discuti-las.

Conclusões

Como reforçamos durante todo o capítulo, é preciso jogar e conhecer diferentes jogos para se criar um bom repertório lúdico. Será uma experiência incrível, e você vai descobrir, no meio do caminho, quais os jogos que mais lhe agradam. Neste processo, você vai passar a experimentar jogos sempre vislumbrando como poderá aplicá-los em sala de aula. Para alguns, chega o momento que surge a pergunta: "Como posso criar um jogo sobre determinado tema que leciono em sala de aula, de forma a promover o ensino e aprendizagem dos meus alunos?". Se você chegar a dar este passo, devo lhe saudar como um companheiro do lúdico e dizer que ainda terá um longo caminho pela frente.

Como prometi, deixo aqui três indicações sobre literatura que te apoiarão a ousar neste caminho de fazer jogos de tabuleiro. A primeira indicação é um livro inicial com dicas em português. Os outros dois já são em inglês e são indicados para aqueles que querem ir mais a fundo:

- La Carretta, Marcelo. *Como Fazer Jogos de Tabuleiro*. Manual Prático. Curitiba: Appris Editora, 2018.
- Engelstein, Geoffrey; Shalev, Isaac. *Building Blocks of Tabletop Game Design: An Encyclopedia of Mechanisms*. Boca Raton: CRC Press, 2020.
- Schell, Jesse. *The Art of Game Design: A book of lenses Third Edition*. CRC PRESS (A K Peters), 2019.

Referências

CAVALCANTI, A. V.; BARRACA, C. F. C.; DUARTE, D. S. S.; MORAIS, L. S. R.; RODRIGUES, M. R.; SANTOS, M. V.; LOPES, V. B.; OLIVEIRA, C. M.; GARCIA-GOMES, A. S.; Oliveira, B. C. E. P. D.; Silveira, T. S.; COSTA, L. E. O. *Microbiologia Médica: Um Jogo Real?*. In: XXXIV Semana da Química ENERGIA: TENDÊNCIAS E DESAFIOS DO SÉCULO XXI, 2014, Rio de Janeiro. Livro de Resumos da XXXIV Semana da Química, 2014, 2014.

HUIZINGA, J. (1999). *Homo Ludens: o jogo como elemento da cultura*. Perspectiva: São Paulo, 1984.

FORTUNA, T. R. *Jogo em aula Recurso permite repensar as relações de ensino aprendizagem*. Revista do Professor. Porto Alegre, v.19, n.75, p.15-19, 2003.

GUIA ESCOLAS. *O que é educação socioemocional?* Portal Guia Escolas. Website disponível em: http://www.portalguiaescolas.com.br/acontece-nas-escolas/metodologia-de-ensino/o-que-e-educacao-socioemocional/ ultimo acesso em 06/05/2020.

Instituto Ayrton Senna. *BNCC: construindo um currículo de educação integral: Desenvolvimento pleno*. Website disponível em: https://institutoayrtonsenna.org.br/pt-br/BNCC/desenvolvimento.html

Johansson, M.; Verhagen, H.; Åkerfeldt, A.; Selander, S. (2014). *How to design for meaningful learning – finding the balance between learning and game Components.* Proceedings of the European Conference on Games-based Learning. 1.

BNCC e Jogos de Mesa. São Paulo: Devir, 2018. Disponível em https://devir.com.br/escolas/arquivos/BNCCJogosDeMesa.pdf ultimo acesso em 06/05/2020.

GUZMAN, Nuria. *Neuroeducação e Jogos de Mesa.* São Paulo: Devir, 2016. Disponível em https://devir.com.br/escolas/arquivos/Neuroeducacao.pdf, ultimo acesso em 06/05/2020.

LA CARRETTA, M. *Como Fazer Jogos de Tabuleiro.* Manual Prático. Appris, 2018.

LIMA, L. R.; PIRES, J. F.; SILVA, A. C. R.; CHAMON, L. M.; Oliveira, B. C. E. P. D.; COSTA, L. E. O.; MAJEROWICS, T. S. S. *"Jogo de Casos".* In: XXXVII Semana da Química, 2017, Rio de Janeiro. Resumos da XXXVII Semana da Química, 2017. 2017.

ENGELSTEIN, G. SHALEV, I. *Building Blocks of Tabletop Game Design: An Encyclopedia of Mechanisms.* CRC Press, 2019.

MOURA, N. R. de.; VAZ, M. E. R.; FERNANDES, V. V.; NASCIMENTO, J. S.; COSTA, L. E. O.; Oliveira, B. C. E. P. D.; GARCIA-GOMES, A. S. *Utilizando o lúdico para incentivar o ensino em Microbiologia.* In: XXXII Semana da Química: IFRJ, Ciência e Cultura, 2012, Rio de Janeiro. Anais da XXXII Semana da Química: IFRJ, Ciência & Cultura, 2012.

SCHELL, J. T*he Art of Game Design: A book of lenses.* CRC Press, 2019.

Ludografia

BRAND, Inka; Brand, Markus *Exit: A Cabana Abandonada*, 2016.

CHVÁTIL, Vlaada. *Código Secreto Dueto.* São Paulo: Devir, 2015.

CHVÁTIL, Vlaada; EATON, Scoot. *Código Secreto Dueto.* São Paulo: Devir, 2017.

COSTA, Leonardo Emanuel de Oliveira; Runze de Moura, N.; Riente Vaz, M. E.; Fernandes, V. V.; Nascimento, J. S.; Oliveira, B. C. E. P. D.; GARCIA-GOMES, A. S. *Warganismos: uma batalha pela colonização do mundo.* Brasil, IFRJ (protótipo), 2012.

COSTA, Leonardo Emanuel de Oliveira Runze de Moura, N.; Riente Vaz, M. E.; Fernandes, V. V.; Nascimento, J. S.; Oliveira, B. C. E. P. D.; GARCIA-GOMES, A. S. *Super Trunfo Bacteriano.* Brasil, IFRJ (protótipo), 2012.

COSTA, Leonardo Emanuel de Oliveira; CAVALCANTI, A. V.; BARRACA, C. F. C.; DUARTE, D. S. S.; MORAIS, L. S. R.; RODRIGUES, M. R.; SANTOS, M. V.; LOPES, V. B.; OLIVEIRA, C. M.; GARCIA-GOMES, A. S.; OLIVEIRA, B. C. E. P. D.; Silveira, T. S. *Medician 1.0* (versão competitiva). Brasil, IFRJ (protótipo), 2014.

COSTA, Leonardo Emanuel de Oliveira. LIMA, L. R.; PIRES, J. F.; SILVA, A. C. R.; CHAMON, L. M.; Oliveira, B. C. E. P. D.; MAJEROWICS, T. S. S. *Medician 2.0* (versão cooperativa). Brasil, IFRJ (protótipo), 2017.

DORDONI, Dario. *Fast Food Fear*. São Paulo: Devir, 2017.
KNIZIA, Reiner. *Lord of the Rings*. São Paulo: Devir, 2000.
LEACOCK, Maat. *A Ilha Proibida*. São Paulo: Devir, 2010.
LEACOCK, Maat. *Pandemic*. São Paulo: Devir, 2008.
MENZEL, Michael. *As Lendas de Andor*. São Paulo: Devir, 2012.
TEUBER, Klaus, *Catan: O Jogo*. São Paulo: Devir, 2019.
WREDE, Klaus-Jürgen. *Carcassonne*. São Paulo: Devir, 2000.

Letramento Lúdico e Letramento Lúdico-Pedagógico: Pílula pós-capítulo de Repertório Lúdico

Jogos de Tabuleiro na Educação é um livro que propõe ir além. Compreenda: o universo dos jogos vive em torno de uma linguagem própria. Para o domínio desta linguagem, o principal exercício consiste na ação de jogar em variedade e profundidade, permitindo que o educador adquira, inicialmente, um repertório lúdico. No entanto, há um caminho que se inicia no repertório, passa por um letramento, e aterrissa na ideia de letramento lúdico-pedagógico. Acompanhe esta proposta, lançada em apenas duas páginas, como uma pílula, um suplemento para se pensar no aprofundamento a partir da base lançada no capítulo anterior. (Arnaldo V. Carvalho)

LETRAMENTO LÚDICO E LETRAMENTO LÚDICO-PEDAGÓGICO

A noção de letramento, literacia ou mesmo alfabetização surge da ideia de "domínio do mundo das letras", referindo-se à linguagem falada e escrita. Pode simplesmente referir-se a letramento no sentido raso da alfabetização, ou no profundo do que seria uma "alfabetização funcional"[1]. Neste segundo caso, para além do simples juntar palavras e formar ou ler frases, letrado é aquele que para quem uma determinada língua é compreendida em significados mais profundos. Quando lê, este sujeito percorre variados sentidos sígnicos, é capaz de interpretar, refletir e criticar os conteúdos apresentados por meio escrito ou falado.

À medida que a ciência - em especial, a ciência da educação - avança, o letramento e palavras análogas expandem seu escopo, ganhando nomes e sobrenomes como literacia digital, alfabetização matemática etc. O uso expandido reconhece a multimodalidade humana, ou seja, o desenvolvimento, apropriação e uso de múltiplas linguagens em simultâneo, pelo ser humano. Reconhece, ainda, que diversos campos do saber formam e ao mesmo tempo se constituem de uma linguagem própria. Assim também acontece em relação aos saberes inerentes ao jogo e ao jogar.

Essa "linguagem lúdica" é reconhecida, cada vez mais, pelos estudiosos como uma espécie de linguagem, por meio da qual seus "falantes" interagem. Apresenta vocabulário, gestual e estéticas próprias. No dialeto dos jogos de tabuleiro, seu domínio passa pelo reconhecimento básico dos elementos do jogo e do jogar: os componentes conhecidos, as regras etc., e avança na direção de uma literacia avançada, onde o reconhecimento de mecânicas, temáticas e subjetividades da dinâmica do jogar é inerente. Através desse letramento ou literacia, é possível reconhecer rapidamente a qualidade de um jogo, não apenas em termos mecânicos, mas as mensagens nele contidas. Espera-se, assim, que um sujeito ludicamente letrado tenha uma visão crítica quanto aos jogos com que lida. Literacia lúdica ou letramento lúdico são os termos que vêm sendo cada vez mais empregados nesse sentido. O letramento lúdico conclama que, aquele que joga passa por uma espécie de "alfabetização", onde se familiariza com os aspectos básicos dessa linguagem e pode seguir aprofundando-se no jogo e jogar, em progressivo desenvolvimento de seu letramento.

O conjunto de saberes sobre jogos não torna um sujeito ludicamente letrado um professor, assim como um educador, não é capaz de compreender as subjetividades, abstrações e codificações dos jogos de tabuleiro sem esse letramento. Saber utilizar pedagogicamente a linguagem lúdica e os saberes com ela envolvida é uma premissa dos educadores envolvidos com jogos de tabuleiro. Mais que um letramento lúdico, ele precisa ir ao encontro de um letramento-lúdico pedagógico, e esta é exatamente a proposta que a Devir te faz mediante este livro.

---

1 Os três termos se confundem, são muitas vezes utilizados como sinônimos, mas podem guardar especificidades subjetivas. Uma desambiguação precisa, como fizemos com jogos de sociedade, jogos de mesa e jogos de tabuleiro, pareceu-me desnecessária.

INTRODUÇÃO À TEORIA DE PROJETO DE JOGOS

Geraldo Xexéo
Geraldo Xexéo é engenheiro eletrônico pelo IME (1988), doutor em ciências pelo Programa de Engenharia de Sistemas e Computação da COPPE/UFRJ (1995) e, hoje, professor no mesmo local, onde coordena o LUDES, o Laboratório de Ludologia, Engenharia e Simulação. Já publicou mais de 150 artigos em livros, periódicos e congressos. Orientou 66 dissertações de mestrado e 23 teses de doutorado. Atualmente divide sua atenção entre a mineração de textos e o estudo de jogos, digitais ou não, principalmente metodologias de criação e análise de jogos educacionais. Mais informações podem ser obtidas em http://xexeo.net.

INTRODUÇÃO À TEORIA DE PROJETO DE JOGOS

Neste capítulo, vamos entender melhor como jogos funcionam em geral, e quais são as principais preocupações que você deve ter para criar um jogo, olhando também com atenção para as necessidades educacionais.

Jogar é buscar uma experiência além do nosso mundo. Jogamos em busca de emoções, da satisfação que vem com a vitória, chamada de *fiero*[a], da raiva que temos ao perder mais uma vez, e a felicidade de ver um filho ou discípulo ganhar, chamada de *naches*[b].

Ao concluir este capítulo, você vai conhecer alguns dos importantes termos básicos utilizados entre os estudiosos do jogo. Talvez entenda melhor aqueles que criticam os jogos simples, como os de trilha (corrida). O motivo principal é porque levam a um conjunto limitado de experiências. Conhecendo mais sobre jogos, você pode, ao criar um jogo, enriquecer a experiência do jogador.

O jogador é tão importante que, para fazer jogos, a primeira pergunta que você deve responder a si mesmo é: quem é seu jogador?

1.1 Conheça seu jogador

Uma das regras do *design* é conhecer o seu cliente, ou seja, para quem o objeto ou serviço será feito. A vantagem que um professor tem ao criar um jogo educacional é conhecer bem suas turmas. A questão é não deixar esse conhecimento perdido na sua mente, abstrato, mas explicitá-lo para poder discuti-lo - nem que seja com você mesmo.

Uma forma de descrever o público de seus jogos é construir arquétipos. Um arquétipo é um exemplo que serve para entendermos um tipo de usuário de um serviço ou produto, como o/a jogador(a) que fruirá do jogo que pretendemos criar.

Ao projetar um jogo devemos descrever vários desses arquétipos, de forma que, juntos, mostrem facetas diferentes dos nossos futuros jogadores. Muitos arquétipos são baseados em exemplos extremos, enquanto a maioria das pessoas possui características de vários arquétipos, com pesos diferentes, inclusive mudando ao longo do tempo.

O aluno estudioso, o bagunceiro, o desamparado, o exibido, são todos exemplos extremos. Um aluno, escolhido ao acaso, pode gostar especialmente de uma matéria, se exibir nos esportes e fazer bagunça com todos nas aulas de línguas. Ele é uma mistura.

Umas das ferramentas mais utilizadas para descrever arquétipos é o *user persona*, que faz uma descrição dos futuros clientes de um produto ou serviço, em nosso caso, os jogadores. Existem muitas variações de como construí-lo; não é uma regra exata, então não se preocupe em dar um toque pessoal.

Um *user persona* descreve um "personagem fictício que é a síntese de um comportamento observado de consumidores com um perfil extremo. Ele representa motivações, desejos, expectativas e necessidades de um arquétipo, e quando temos vários, podemos entender as características de um grupo maior"[1]. Ele não é inventado, é investigado, criado a partir da compreensão de um padrão que encontramos em nossas observações.

Na criação de um jogo real, você deve trabalhar com vários *user persona*, mas neste capítulo vamos reduzir para um só. Eu apresento a Bia, uma aluna estudiosa, que quer passar para uma faculdade pública e cursar Direito. A Bia não existe, mas ela explica um grupo de alunas que se parecem. Ela é um arquétipo.

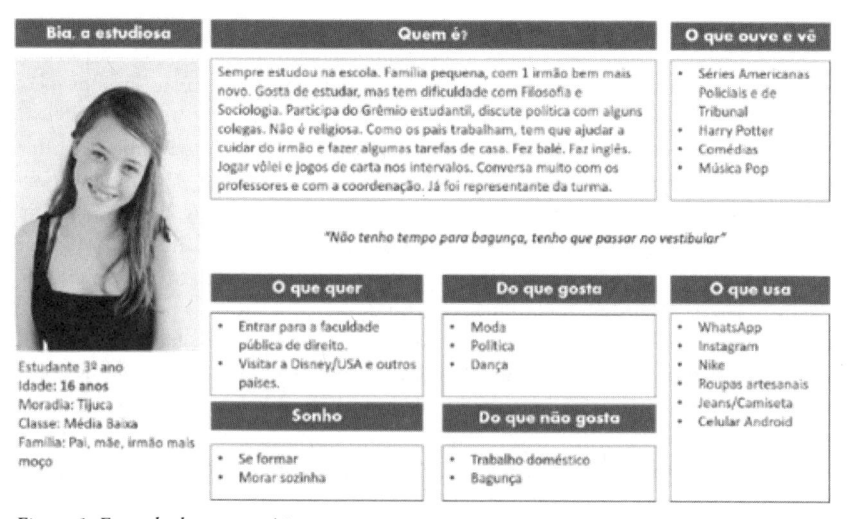

Bia, a estudiosa	Quem é?	O que ouve e vê
	Sempre estudou na escola. Família pequena, com 1 irmão bem mais novo. Gosta de estudar, mas tem dificuldade com Filosofia e Sociologia. Participa do Grêmio estudantil, discute política com alguns colegas. Não é religiosa. Como os pais trabalham, tem que ajudar a cuidar do irmão e fazer algumas tarefas de casa. Fez balé. Faz inglês. Jogar vôlei e jogos de carta nos intervalos. Conversa muito com os professores e com a coordenação. Já foi representante da turma.	• Séries Americanas Policiais e de Tribunal • Harry Potter • Comédias • Música Pop

"Não tenho tempo para bagunça, tenho que passar no vestibular"

	O que quer	Do que gosta	O que usa
Estudante 3º ano Idade: 16 anos Moradia: Tijuca Classe: Média Baixa Família: Pai, mãe, irmão mais moço	• Entrar para a faculdade pública de direito. • Visitar a Disney/USA e outros países.	• Moda • Política • Dança	• WhatsApp • Instagram • Nike • Roupas artesanais • Jeans/Camiseta • Celular Android
	Sonho	Do que não gosta	
	• Se formar • Morar sozinha	• Trabalho doméstico • Bagunça	

Figura 1. Exemplo de um arquétipo.

Que tal começar a bolar um jogo só para a Bia de um tópico que você dê aula? Olhando para o que está escrito, já podemos ter ideias: a Bia gosta de séries policiais e de tribunal. O jogo pode então incluir investigações, mistérios, julgamentos. Pode exigir usar um aplicativo de celular que ela goste. As ideias começam a aparecer se sabemos para quem estamos trabalhando, por isso devemos colocar as coisas no papel. Você já deve ter visto, em séries policiais, o quadro de investigação. Olhar para o que sabemos de forma escrita permite pensar melhor. Pense em construir um quadro para pensar em seu jogo.

Apesar de fácil de entender, criar essas descrições exige um esforço, de certa forma, desconcertante. Eu sugiro que você escolha, para começar, um aluno "extremo", não típico, para fazer esse exercício, e depois tente montar um conjunto de arquétipos mais variados que, de certa forma, represente sua turma. Por enquanto, vamos seguir com a Bia.

1.2 Incerteza, objetivos e meios

Agora que você já sabe melhor para quem é o jogo, melhor desenvolver a ideia de o que é o jogo.

Um jogo é uma competição que possui objetivos e meios para alcançá-los, que são as regras e equipamentos manipulados[2]. Isso significa que seu jogo precisa de um objetivo, e as regras, e mecânicas, são os meios que o jogador tem para chegar lá. A competição não precisa ser entre os jogadores, pode ser em equipes, pode ser de todos juntos contra um desafio, ou contra o relógio. Jogos cooperativos estão na moda ultimamente e servem para criar um espírito de turma. Você, como mediador, pode controlar uma força de oposição, ou as regras podem fazer isso. Em um jogo, os jogadores têm que vencer obstáculos.

Lembre-se de que jogos são construídos para que seja razoavelmente difícil alcançar o objetivo final, logo as regras e mecânicas geralmente são formas "ineficientes" de fazê-lo. No futebol, por exemplo, você não pode usar as mãos. Porém, em sua ineficiência, elas criam percepções intuitivas de possibilidades de uso[c] que permitem ao jogador criar uma solução que leva à vitória. Essa busca de uma solução para ganhar, a partir de um conjunto restrito de ações, é parte do prazer de jogar e até um indicativo da beleza do jogar, como o gol de bicicleta é no futebol.

É importante que você sempre analise se o objetivo do jogo é claro e se as regras e mecânicas estão criando, ao mesmo tempo, dificuldades e possibilidades para atingi-lo, principalmente no contexto de um jogo limitado em tempo por um horário de aula. Uma forma de garantir isso são objetivos intermediários, como pegar o "morto" e fazer uma canastra limpa antes de "bater" no Buraco[1].

Qual seria o objetivo do jogo da Bia? Vamos "pular" os jogos de corrida, trunfo e dominós e buscar alguns jogos um pouco mais complexos. Que tal criar ou ocupar um mapa como em *Carcassone*[3]? Ou "aprender" um conjunto de mágicas, aproveitando um de seus assuntos preferidos?

Outra característica essencial é a incerteza[4]. Jogos só são interessantes quando temos dúvida sobre o final. Vamos ou não ganhar, bater o *recorde*, conquistar a cidade adversária? Lembramos que crianças só têm interesse pelo Jogo da Velha enquanto não sabem que é possível forçar o empate[5]. Essa incerteza pode ser fornecida pela sorte, como no gamão; por necessidades de desempenho físico, como no futebol; imprevisibilidade dos jogadores, como no pôquer; pela complexidade de análise, como no xadrez; pela dificuldade de uma pergunta, como na Trivia; e ainda por várias outras maneiras[6]. Ao longo da sua criação, garanta que, ao começar, o jogador não saiba se vai ganhar.

---

1 Buraco é um jogo de cartas comum no Brasil, com variações conhecidas como Tranca e Canastra. Na linguagem dessa família de jogos, "Pegar o morto", é pegar um conjunto de cartas que fica disponível na mesa para o(s) primeiro(s) a conseguirem baixar todas as suas cartas na mesa; "Canastra limpa" é uma sequência perfeita de cartas baixada na mesa pelo jogador. Ver: https://pt.wikipedia.org/wiki/Buraco_(jogo_de_cartas)

Voltemos à Bia: como podemos propiciar incerteza? Em *Carcassone*[7], por exemplo, sorteamos peças de dentro de um saco, trazendo incerteza para a nossa jogada, e colocamos onde queremos, trazendo incerteza para os adversários. Dados sempre trazem incerteza por meio da sorte. Colocar um jogador contra o outro também, pois nunca é fácil prever o que uma pessoa vai fazer.

Mas como evoluir essa ideia para um jogo completo? Vamos falar então na Tétrade Elementar.

1.3 A Tétrade Elementar

Um jogo pode ser entendido por quatro elementos básicos, conhecidos como a Tétrade Elementar[8]: estética, tudo que envolve a comunicação do jogo por meio dos sentidos humanos: aparência, sons, cheiros, gostos e sensações; história, a sequência de eventos que acontece no jogo, algumas vezes reduzida a um tema; mecânica, tudo que faz com que o jogo funcione, incluindo as regras e procedimentos; e tecnologia, a forma como o jogo é implementado, desde a nossa própria voz, passando por papel e lápis e indo até tecnologias sofisticadas como a visualização 3D.

Você provavelmente já viu peças de xadrez que aplicam um tema, como figuras nordestinas ou ícones da cultura pop como *Os Simpsons*®. Temas fornecem, ao mesmo tempo, uma pequena história e uma identidade estética, que são explicitados pela arte. Jogos famosos usam miniaturas quando poderiam usar peças de papelão, optando por tecnologias e estéticas diferentes.

Os quatro elementos interagem. Criar um jogo é, de certa forma, negociar entre os elementos como deve ser a experiência do jogador, de forma que um elemento reforce o outro para tornar essa experiência interessante[9]. Por exemplo, a história deve suportar a mecânica: se você vai fazer um jogo sobre frações e pizzas, pode ter entregadores, crianças famintas, pizzaiolos, mas não tem, *a priori*, motivo para ter um astronauta na sua história.

Existem alguns modelos que falam de como estender a tétrade para jogos educacionais, mas nenhum têm ampla aceitação. Em geral, eles implicam em um novo elemento relacionado à didática, explicado de uma forma ou de outra por diferentes autores. A solução mais simples é entender que existe outra dimensão a ser tratada que envolve não só o assunto a ser ensinado, mas várias questões pedagógicas.

1.3.1 A tecnologia

Normalmente, você terá uma limitação das tecnologias disponíveis, principalmente por causa do custo de produção. Com um pouco de invenção, muitas barreiras podem ser ultrapassadas. Adolescentes gastam horas jogando *Adedanha* apenas com lápis e papel. Na sala de aula parece que estamos limitados a ter que produzir um tabuleiro, peças, dados e cartas, mas existem outros objetos que podemos usar, como o quadro negro/branco, folhas grandes (A3, A2 ou maior) que podem ser penduradas na parede, *slides* projetados, músicas, lanternas, feijões, aplicativos de celular projetados para outra coisa. Os alunos podem usar mensagens de celular para fazer acordos secretos. O limite é a imaginação. Peças podem ser criadas de material reciclável como tampas de garrafa PET. Peças para bijuterias de plástico, facilmente encontradas, podem ser diamantes ou pérolas. Eu uso contas de colar para carnaval de 6 cores diferentes como peças, comprei a quilo em uma papelaria. Também é possível comprar peças específicas para jogos em lojas especializadas na Internet, mas é um pouco mais caro.

Qual é a tecnologia do jogo da Bia? Faça uma proposta para um jogo só com papel e lápis, depois pense como seria um jogo bem sofisticado, o que ele precisaria?

1.3.2 A história

Da Tétrade Elementar, apenas um elemento pode estar fracamente presente: a história. Isso porque existem jogos totalmente abstratos, como damas, que não contém nem mesmo um tema, ou como o xadrez, que ainda é bastante abstrato. Nesse caso, a "história" é apenas a sequência dos eventos abstratos.

Não posso deixar de lembrar, porém, o poder que a história e o tema têm de trazer o jogador para o mundo do jogo, dando a sensação de imersão em um mundo fantástico. Histórias exigem mundos, locais e personagens, e esses personagens devem trazer emoções aos jogadores, a partir da empatia ou da repulsa.

A Bia gostaria de jogar algo que acontecesse na Escola Brasileira de Magia? Uma investigação policial? Criar um jardim fictício? Se ela precisa de ajuda em filosofia, podemos investigar a partir de cartas com *tal* filósofo a defender *tais* ideias, por exemplo.

Existe, porém, um conflito entre contar uma história e criar um jogo. Isso acontece porque, no jogo, passamos a agência[2] ao jogador, então, se ele tiver muita liberdade, pode não contar a história que queremos. Então o *designer* do jogo tem que escolher um equilíbrio entre as mecânicas e a narrativa.

Mesmo em assuntos abstratos, como a Matemática, um tema serve para ajudar o aluno a ver exemplos concretos. Um jogo de frações pode usar círculos cortados (pensamento totalmente abstrato), ou pizzas (tema mais concreto para as crianças).

Ainda há outra característica especial nos jogos educacionais. Aqui, estamos lidando muitas vezes com duas "histórias": uma é o seu objeto de ensino, e outra a que ocorre no jogo. É importante procurar um alinhamento: frações com pizzas, filósofos com bibliotecas, geografia com mapas. O inesperado pode ser bom também,

---

2 De forma simplificada, *agência* é a capacidade dos jogadores de afetar e alterar o que acontece no jogo. Este conceito, porém, é tratado de bastante forma sofisticada em várias áreas de estudo relativa a jogos, como Narratologia, Sociologia etc.

mas tenha um pouco de cuidado para não complicar a explicação, pois o tempo de aula é limitado.

1.3.3 As mecânicas

Um jogo é um pequeno sistema composto de peças que interagem entre si, e com o jogador, por meio de mecânicas. Mecânicas são a forma como o jogo funciona. Distribuir cartas, guardá-las em suas mãos, para que os outros não vejam, buscar combinações de cartas iguais ou em sequência, por exemplo, são algumas das mecânicas do Buraco. Cada jogada deve modificar o estado atual de forma visível, que tenha um significado dentro do jogo[10]. Você deve procurar mecânicas que façam sentido ao objetivo do jogo e que realmente modifiquem seu estado. Cada ação deve ser, de alguma forma, visível ao jogador, ou a todos os jogadores, e algumas podem atrapalhar outro jogador.

As mecânicas, que incluem mecanismos e regras, devem dar ao jogador a possibilidade de decidir o caminho no jogo. Sid Meyer diz que "um jogo é uma sequência de decisões interessantes"[11]. Se estas mecânicas são apenas passos obrigatórios (role o dado e ande o número de casas) então a qualidade do jogo é menor. A experiência é menos rica. Isso também impacta a motivação do jogador, pois ele perde a autonomia.

Usar uma mecânica exige três passos do jogador: avaliar o estado do jogo, escolher um próximo estado desejado e determinar uma ação que leve a esse estado. Essa ação só será possível se existir uma ou mais mecânicas que a suportem. Se o jogador decide que deve estar em outro lugar, deve poder mexer sua peça de alguma forma. Se decide que tem cartas demais, deve poder descartar. As regras do jogo podem, ou não, fazer com que haja uma incerteza em cada jogada. Por exemplo, se o jogador quer se mover para um lugar, pode ter que jogar um dado para saber quantos passos pode dar.

Cada jogo tem suas mecânicas, e raramente um jogo apresenta uma mecânica nova. Os *sites Board Games Geek*[12] e Ludopedia[13] fornecem ótimas listas, trabalhadas em um artigo que escrevi com Kritz e Mangeli[14]. Engelstein e Shalev organizaram as principais mecânicas em níveis, exemplificados em tradução livre na tabela a seguir[15]. Os jogos rearranjam as mecânicas para criar algo novo.

Tipo	Mecânicas
Estrutura do jogo	Competitivo, Cooperativo, Solo...
Turnos	Ordem Fixa, Tempo Real, Passar a vez...
Ações	Por pontos, Por fila, Uma vez por jogo...
Resolução	Pedra-Papel-Tesoura, Maior valor...
Fim e Vitória	Corrida, Eliminação de jogadores...
Incerteza	Forçar a sorte, apostar e blefar, informação escondida...
Movimento	Tabuleiro tesselado, jogar e mover...

Tabela 1 - Exemplos de Mecânicas de Engelstein e Shalev[16].

Mas como aprender mecânicas que já existem? Bem, jogos são como livros, para criá-los é necessário, antes, usá-los. Compre, jogue os dos amigos, jogue em casas especializadas, jogue na Internet, veja os vários canais que existem na Internet e ensinam regras.

1.3.4 A estética

Na maioria dos jogos de tabuleiro, uma parte da estética só precisa ser realmente tratada na arte-final. Porém, devemos pensar na Estética desde cedo, porque a experiência estética é grande parte do jogar.

Essa experiência é normalmente baseada em formas, cores, imagens e texturas. Também podemos pensar em sons, músicas de fundo. Em um jogo onde as rodadas têm determinado tempo, o uso de uma ampulheta oferece uma experiência diferente de se usar uma música que vai acelerando tocada em um celular, ou o tique-taque de uma bomba. Para incluir deficientes visuais, podem ser usadas formas e texturas diferentes.

Se você, como eu, não sabe muito bem como desenhar, suas opções são imagens obtidas na Internet, muitas sem *copyright*, convidar um amigo para ajudar ou ser sócio da ideia, ou pagar um profissional. Os próprios alunos também podem ajudar. Existe um jogo de domínio público chamado *1000 Cartas em Branco*, onde cada um desenha suas próprias cartas e cria suas próprias regras.

1.3.5 Construindo jogos apenas com a Tétrade

Colocar temas ou histórias em jogos abstratos já existentes pode ser uma solução simples para o projeto de jogos educacionais, como muitos professores fazem com o dominó ou o trunfo. Porém, queremos ir além.

É mais prático trabalhar cada um dos elementos de cada vez. Não tente, por exemplo, desenhar cartas enquanto decide como funcionam as regras, ou escrever as regras enquanto escolhe a história que quer ensinar. Isso não quer dizer, porém, que ideias não possam ser esboçadas rapidamente, principalmente para explicar, de forma concreta, um exemplo abstrato de regra.

Para o uso educacional, é comum que se comece a criação de um jogo pela história, ou seu tema. Seja ele sobre o Descobrimento do Brasil, ou o Ciclo da Água, ou Frações, a tudo podemos aplicar essa ideia. Um primeiro esforço pode ser escrever um texto, ou desenhar um mapa mental[17] - duas atividades fáceis, para que, olhando para eles, se possa escolher o que pode ser mais interessante, limitando o escopo. O próximo passo é pensar nas restrições existentes; logo, é possível tratar da questão da tecnologia, inicialmente levantando-se as opções possíveis.

Criar o jogo propriamente dito é criar suas mecânicas. Nesse ponto, começam as interações e os ciclos entre mecânica, estética, tecnologia e história. É preciso fazer compromissos, como simplificar mecânicas para não atrapalhar a compreensão do conteúdo educacional, limitar o jogo ao tempo disponível em sala de aula e analisar o custo de produzir seus componentes.

Devemos lembrar das etapas de desenvolvimento do pensamento operacional de Piaget: o período pré-operatório (2-7 anos), as operações concretas (7-11 anos) e as operações formais (11 e mais)[18][19]. Todos os elementos do jogo devem levar em conta a idade-alvo.

Então, o que você propõe para a Bia? Será que isso é tudo? Qual o controle que o educador-*designer* tem ao criá-lo sobre o que acontece quando ele é jogado?

1.4 O modelo MDA

Os jogos também podem ser vistos segundo um arcabouço de 3 componentes: Mecânica, Dinâmica e Estética[d], conhecido como MDA[20]. Nesse modelo, as definições de estética e mecânica são diferentes daquelas encontradas na Tétrade Elementar. A ideia do MDA é que o *designer* do jogo *desenvolve* as mecânicas, e os jogadores as *utilizam*, criando *dinâmicas*. O resultado provoca *sensações estéticas* nos jogadores, como emoções. Quando você decide pôr uma outra mecânica, está apenas prevendo as possíveis ações ou reações emocionais do jogador, que pode se comportar, ou não, como você imagina.

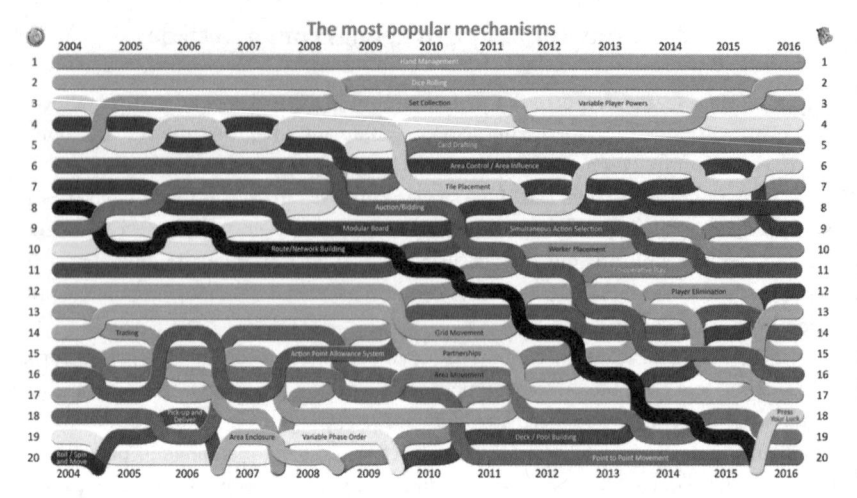

Figura 2. Você já viu este gráfico no capítulo dedicado a jogos cooperativos, escrito por Carolina Spiegel. Este gráfico é um ótimo exemplo de interpretação do modelo MDA[21].

Um exemplo seria o momento em que um herói, como o Mário, encontra um inimigo, como o Bauzer. Mário pode pular, andar, correr e atirar. Se o jogador sentir medo, ele vai fugir. Se o jogador sentir coragem ou raiva, ele vai lutar. O *designer* não criou um "lutar" ou um "fugir", mas o jogador usa as mecânicas, como "correr" e "bater" para construir suas ações, as dinâmicas, a partir das suas sensações, i.e., a estética que vivencia.

O MDA sugere algumas estéticas específicas que você pode buscar oferecer em seu jogo: prazer, fantasia, drama, desafios, companheirismo, descoberta, autoexpressão e passatempo[22].

Por causa dessa distância entre o que o *designer* do jogo projeta o jogo e a maneira como o jogador vai usá-lo, os jogos precisam ser testados. Jogadores são muito inventivos e muitas vezes acham caminhos para ganhar mais rápido. Usar mecânicas bem entendidas pode diminuir, mas não eliminar, a necessidade de testes.

Torne a pensar em seu jogo para Bia. Como ela pode usar as mecânicas que você propõe? Que emoções você espera que ela sinta, por meio de que estéticas? Descoberta? Fantasia?

1.5 Retórica procedural e valores

Retórica procedural é "A arte da persuasão por meio de representações e interações baseadas em regras"[23]. Jogos fazem afirmações sobre o mundo por suas regras e mecânicas, não só pela história, e os jogadores podem entender, avaliar e discutir essa retórica. Assim, nós podemos, e devemos, aprender a criar jogos com mecânicas que expressam algo deliberado sobre o mundo e, por outro lado, os jogadores podem, e devem, aprender a ler e criticar esses modelos, pensando na implicação dessas expressões.

Além disso, jogos transmitem valores éticos[24], e você não pode, como educador(a), passar a mensagem errada. Você deve usar as mecânicas a favor da mensagem. Em especial em jogos educacionais, não estamos criando simulações perfeitas, estamos criando material didático, necessariamente com esse viés. Isso não se relaciona apenas com o assunto educacional, mas com todas as mensagens que estão sendo passadas no jogo, como conceitos éticos e morais.

Um exemplo é o uso de regras que permitam "trair" ou "enganar". Podem ser divertidas, mas passam os valores corretos, de acordo com a idade dos alunos? Eles são capazes de discernir entre os efeitos de enganar no mundo do jogo e no mundo real?

1.6 A motivação para o jogo

Uma das expectativas que você tem ao criar um jogo educacional é que ele seja motivador. A motivação pode ser dividida entre *intrínseca* e *extrínseca*[25].

A *motivação extrínseca* é aquela que vem de fora, por meio de recompensas pelo sucesso, ou punição pelo fracasso. Provas são motivação externa para estudar. Em jogos, a motivação extrínseca é ativada com os prêmios e recompensas que damos, como um troféu. A motivação extrínseca, enquanto reação a ações externas à pessoa, é de certa forma fácil de ser provocada; mais complicado é compreender como ela se reflete no interior da pessoa. Um jogo educacional é uma motivação extrínseca para estudar.

A *motivação intrínseca* é aquela que leve a ações onde a "recompensa primária é o sentimento espontâneo de eficiência e prazer que acompanha o comportamento"[26]. Essa é bem mais complicada, tanto de entender como de provocar, porque depende de entender também o que motiva cada pessoa. Existem teorias de como ela funciona, sendo que uma das mais conhecidas é a Teoria da Autodeterminação (TDA).

Por essa teoria[27], a motivação intrínseca depende de 3 sensações principais: pertencimento, a sensação de pertencer a um grupo, de ser parte de algo; competência, a sensação de ser capaz de vencer desafios; e autonomia, a sensação de ser capaz de tomar decisões de forma independente. Temos que investir em trazer ao jogo essas sensações, buscando mecânicas, e induzindo dinâmicas, que as criem. Isso tem forte relação com a estética do MDA e com a retórica procedural.

Como dissemos, jogar é uma atividade que exige a incerteza da vitória; porém, essa incerteza tem que ser manipulada pelo jogador, gerando a sensação de autonomia. Se o jogador não tem nenhuma agência, não há um jogo. É necessário que ele tome decisões.

A sensação de pertencimento já é natural em jogos de tabuleiro, cada jogador é parte do grupo de pessoas jogando, mas ela pode ser aumentada formando times e torcidas, inclusive usando formas de identificar esses times.

Das três, a competência é a sensação com a qual temos que ter mais cuidado. Isto porque estamos lidando não com uma competência, a de jogar, mas também com uma segunda, a competência no assunto tratado pelo jogo. Em relação à competência no assunto educacional, teorias como a Zona de Desenvolvimento Proximal, de Vigostky, são um bom suporte.

O que a Bia já sabe, o que precisa saber? Como ajudá-la a construir esse conhecimento?

1.7 Conclusão

O que vimos neste capítulo?

Eu resumo para você em um parágrafo: conheça seus jogadores; pense nos objetivos, meios e incertezas; divida o trabalho entre história, tecnologia, mecânicas e estéticas; procure entender como os jogadores vão usar as mecânicas e o que vão sentir enquanto jogarem; pense nas mensagens que o jogo passa além de sua história, e procure motivar o jogador de forma intrínseca.

Claro que a teoria não acaba por aí, este é apenas um resumo de parte de um curso de Projeto de Jogos, que, por sua vez, é apenas uma introdução ao tema. A partir desse ponto, além de ler mais sobre o assunto, você precisa jogar e usar esse conhecimento para entender melhor os jogos.

Bons jogos!

[a] Do italiano.
[b] Palavra íidiche pronunciada *narres*.
[c] *Affordances*, palavra sem tradução plena para o Português.
[d] Em inglês, *aesthetics*.

[1] MAURÍCIO VIANNA et al. *Design Thinking: Business Innovation*, Rio de Janeiro: MJV Press, 2012.
[2] DAVID PARLETT. *The Oxford History of Board Games*, Oxford, UK: Oxford University Press, 1999.
[3] KLAUS-JÜRGEN WREDE. *Carcassone*, São Paulo: Devir, 2000.
[4] KOSTER, Raph. *A Theory of Fun for Game Design*. 2. ed. Sebastopol, CA: O'Reilly Media, 2014.
[5] *Ibid*.
[6] COSTIKYAN, Greg. *Uncertainty in Games*. Reprint edition. Cambridge Mass: The MIT Press, 2013.
[7] KLAUS-JÜRGEN WREDE. *Carcassone*. São Paulo: Devir, 2019.
[8] SCHELL, Jesse. *The Art of Game Design: A Book of Lenses*. Boca Raton: A K Peters/CRC Press, 2019.
[9] *Ibid*.

[10] XEXÉO, GERALDO et al. *O que são jogos: Uma introdução ao objeto de estudo do LUDES*. Rio de Janeiro: LUDES/PESC/UFRJ, 2017.

[11] ALEXANDER, Leigh. *GDC 2012: Sid Meier on how to see games as sets of interesting decisions*, disponível em: </view/news/164869/GDC_2012_Sid_Meier_on_how_to_see_games_as_sets_of_interesting_decisions.php>, acesso em: 3 abr. 2020.

[12] https://boardgamegeek.com/browse/boardgamemechanic

[13] https://www.ludopedia.com.br/mecanicas

[14] KRITZ, JOSHUA. MANGELI, EDUARDO. XEXÉO, GERALDO, *Building an Ontology of Boardgame Mechanics based on the BoardGameGeek Database and the MDA Framework. In:* , Curitiba: SBC - Sociedade Brasileira de Computação, 2017.

[15] ENGELSTEIN, Geoffrey; SHALEV, Isaac; SHALEV, Isaac, *Building Blocks of Tabletop Game Design : An Encyclopedia of Mechanisms*. Boca Raton: CRC Press, 2019.

[16] *Ibid*.

[17] BUZAN, Tony. *The Buzan Study Skills Handbook*. Harlow, Essex, UK: BBC Active, 2006.

[18] JEAN PIAGET. *L'Épistémologie Génétique*. Paris: PRESSES UNIVERSITAIRES DE FRANCE, 1970.

[19] ANA MERCÊS BAHIA BOCK; ODAIR FURTADO; MARIA DE LOURDES TRASSI TEIXEIRA. *Psicologias: Uma Introdução ao Estudo da Psicologia*. 13a. ed. Barra Funda, SP: Saraiva, 2001.

[20] HUNICKE, R; LEBLANC, M; ZUBECK, R, MDA: *A Formal Approach to Game Design and Game Research, in*: In Proceedings of the Challenges in Games AI Workshop, Nineteenth National Conference of Artificial Intelligence, San Jose, California, USA: AAAI, 2004.

[21] *Ibid*.

[22] *Ibid*.

[23] BOGOST, Ian. *Persuasive Games: The Expressive Power of Videogames*, Cambridge, Massachusetts: The MIT Press, 2007.

[24] FLANAGAN, Mary. NISSENBAUM, Helen, *Values at Play in Digital Games,* Cambridge, Mass: The MIT Press, 2014.

[25] RYAN, R.M. DECI, E.L., *Self-Determination Theory: Basic Psychological Needs in Motivation, Development, and Wellness*. New York: Guilford Publications, 2017.

[26] *Ibid*.

[27] *Ibid*.

A NARRATIVA CINEMATOGRÁFICA NA CRIAÇÃO DE JOGOS DE TABULEIRO

Renata da Silva Palheiros
Mestranda em História e Crítica da Arte (PPGAV-UFRJ), Bacharel em Comunicação Social - Cinema (UFF), autora do livro "A Produção Cinematográfica - Seu Processo de Execução", professora de Produção Cinematográfica (com aplicação de jogos de tabuleiro) e criadora do *blog* sobre jogos de tabuleiro: desbussolados.blogspot.com, que completou 10 anos em 2021.

A NARRATIVA CINEMATOGRÁFICA NA CRIAÇÃO DE JOGOS

Quando nos sentamos numa mesa diante de um jogo, estejamos a sós ou com amigos, esperamos passar bons momentos entretidos naquela atividade. Quanto tempo durará aquela partida? Vai depender da estrutura do jogo e do tempo de resposta dos jogadores. Mas o quanto aquela partida irá entreter dependerá do quanto cada um se permitirá ao mergulho na experiência lúdica.

Sabemos que existe uma variedade de tipos de jogos e que eles podem ser classificados por uma série de características: pela origem, pela mecânica, pela duração, pelo nível de dificuldade, e mesmo pelo tema. Muitos jogadores gostam de se concentrar nas mecânicas, e mesmo quando vão explicar as regras, atêm-se à movimentação dos componentes e como fazer pontos para vencer. No entanto, existem aqueles que antes de qualquer regra perguntam: "Mas qual é a história?" Essa pergunta inocente pode modificar completamente o modo como veremos aquele jogo, e interferir totalmente na nossa experiência lúdica.

Se pensarmos nos jogos abstratos, diremos que eles não possuem uma "história", - afinal, são abstratos! No entanto, não devemos confundir a trama com jogo temático. Vale ressaltar que entendemos como jogos temáticos aqueles cujo tema são parte intrínseca do jogo, de tal forma interligado com as mecânicas que um só se movimenta com o outro. Até o mais simples dos jogos pode possuir um tema[1], e por consequência, pode ter uma história, uma narrativa.

O que veremos neste capítulo é como a construção dessa narrativa é um elemento crucial para a construção de um bom jogo, tanto do ponto de vista estrutural quanto da memória gerada pelo prazer da experiência lúdica. E, para tal, a estrutura narrativa aperfeiçoada pelo cinema será uma grande aliada. Uma das características que aproximam jogadores de tabuleiro, e espectadores cinematográficos, é o senso comum de que tanto os bons jogos, como os bons filmes, envolvem as pessoas de tal maneira que elas submergem, perdem a noção de tempo e, por fim, se divertem. Que fator de sucesso é esse que conduz essas duas plataformas lúdicas tão distintas? Uma boa narrativa.

Dentro da construção de um jogo, a história pode exercer vários papéis, de um simples cenário até o papel principal; em alguns casos, é muito discreta, em outras não pode passar despercebida. Ao longo deste capítulo conheceremos a fórmula de um roteiro, os elementos que o compõem, e, em paralelo, como essa estrutura pode se conectar com os jogos de tabuleiro, seus componentes e mecânicas. Esperamos, assim, contribuir para que as próximas partidas que desenvolva em sala de aula, ou mesmo projetos de construção de jogos educativos, sejam vistos sob uma nova ótica, envolvendo muito mais os alunos-jogadores na experiência do jogar, criando memórias afetivas fundamentais para a fixação do conhecimento e do prazer lúdico.

---

1 Syd Field, 1996, p. 15.

O que é um roteiro

Quando escrevemos uma história, pensamos quais serão os personagens, em que local se passará, a época, ou mesmo em que planeta. E no princípio, tudo o que sabemos é que terá um começo e um final. Então, começamos a anotar, em tópicos, que passos essa história dará. Parece simples, não? Assim como montamos o roteiro de uma aula, decidimos o tópico que será dado, e planejamos cada conteúdo que será oferecido, quais os exemplos que serão usados. Uma história pode ser contada assim? Claro que pode. Mas será que podemos aperfeiçoar ainda mais esse método? Sem dúvida!

Um roteiro de cinema pode ser dito, entre várias outras definições, que "é uma história contada em imagens, diálogos e descrições, dentro do contexto da estrutura dramática." E essa estrutura dramática é desencadeada por uma série de ações e reações provocadas pelos personagens, compondo a trama do filme.

O roteirista, quando começa seu trabalho, define o início e o final da história. Assim como um jogo, que precisa de início e fim: os objetivos concluídos. Ambos, todavia, precisam de uma estrutura: um filme sem um bom roteiro estruturado pode ser um desastre, daqueles que abandonamos antes dos trinta minutos iniciais. Um jogo sem uma boa estrutura definida será apenas uma máquina de fazer pontos aleatórios.

O roteiro permite, não apenas que se conte uma boa história, mas que se garanta a atenção do espectador. Ele organiza todas as informações de personagens, ações, diálogos, locações, luz, dentro de uma estrutura bem definida em prol da narrativa, um paradigma.

Nesse caso, poderíamos supor que qualquer base literária seria apta a ser usada como modelo para o jogo... mas o roteiro cinematográfico tem um diferencial que o torna mais adaptável aos jogos do que um romance, por exemplo. Enquanto este se baseia muito mais nas emoções e dramas interiores dos personagens, aquele se constitui de ações, muito mais do que reflexões. São as ações que movem a história, como jogada após jogada, uma sucessão de incidentes que levarão à resolução da trama, ou da conquista do objetivo do jogo.

Estrutura

Durante anos, a indústria cinematográfica aperfeiçoou um modelo estrutural que está presente na maioria dos filmes produzidos. Ele é tão milimetricamente sistematizado que podemos controlar a emoção do espectador a cada página escrita, numa cadência de desenvolvimentos dramáticos, até a trama atingir seu clímax. Esse modelo é chamado de paradigma do roteiro e consiste basicamente em dividir a história em três atos, onde temos: I. o ato 1 como apresentação dos personagens e da trama; II. o ato 2, onde acontecerão os conflitos e o desenvolvimento da história; III. e por fim o ato 3, com a resolução ou desfecho. Ora, essa estrutura narrativa parece bastante simples, e comum a outros textos.

O segredo está no uso dos "plot points" ou pontos de virada, momentos previamente determinados em que a narrativa muda, conduzindo a história para outro caminho. E isso só é possível com os conflitos gerados pelos obstáculos no caminho das personagens.

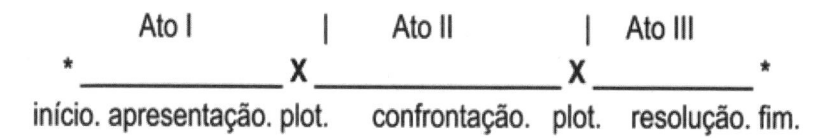

```
           Ato I           |      Ato II       |     Ato III
  *_____ X _____ X _____ *
   início. apresentação. plot.   confrontação. plot.   resolução. fim.
```

Gráfico 1 - estrutura do roteiro de três atos.

Cada ato tem, em média, uma duração de 30 minutos, e os pontos de virada são os ganchos que mantêm a atenção. Quando se consegue apreender a atenção do espectador no primeiro plot, é praticamente garantido que ele permanecerá assistindo até o final. É preciso ter um equilíbrio nesse desenvolvimento, a história precisa evoluir num crescente, mas respeitando sempre o balanço entre os momentos de tensão e relaxamento, alternados.

Se considerarmos que toda história tem um início e um fim, ela deve sair de um ponto A para um ponto B (veja o gráfico 2, 1). Mas uma linha reta (1) nunca é a melhor opção para se contar uma história, seria monótona e acabaria muito rápido. Também não pode ter tantas reviravoltas (2) a ponto do espectador se perder na trama, não lembrar mais o que aconteceu no ato anterior, ou quais as motivações dos personagens. Muitas histórias, na ânsia de agarrar o espectador, abusam do excesso de adrenalina e momentos de tensão, o que deixa a todos entorpecidos a ponto de não saber mais a que estão assistindo... Até que a tensão se perde em si mesma. Quando, porém, a história consegue equilibrar esses momentos (3), temos uma onda de emoções perfeitas, que, combinadas com uma boa trama, se tornarão memoráveis.

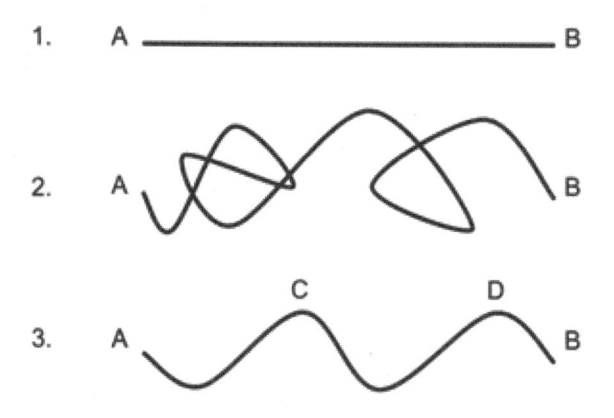

Gráfico 2 - linhas narrativas, onde A e B são início e fim, e C e D são os plot points.

Elementos

Além dessa estrutura dramática, o roteiro define os personagens, cenários/locações, o tempo/duração, o gênero, o estilo e a situação dramática. Como dito anteriormente, a trama é composta por ações e reações: são necessários gatilhos, que são acionados por dois polos opostos que gerarão a tensão necessária que impulsiona o personagem.

Muitos escritores utilizam como base para compor suas histórias a chamada *jornada do herói*[2], um conjunto de doze passos pelo qual o personagem deve passar. A jornada do herói e o roteiro clássico de cinema possuem muitos pontos em comum; de fato, trata-se de uma ferramenta muito útil na construção da trama de personagens, e, por isso, é amplamente utilizada em diversos filmes e livros. No entanto, esse caminho pode ser simplificado para a construção dos personagens de um jogo (exceto se for jogo narrativo, neste caso, os doze passos podem ser mantidos para enriquecimento da trama).

Parece estranho falarmos de "motivação do personagem" quando pensamos em peões, dados e cubos de madeira, mas pensar sobre esse viés mudará o seu modo como vê esses componentes dos jogos. Seria possível traçarmos um paralelo de correspondência entre esses elementos:

Elementos de uma história/roteiro	Componentes de um jogo de tabuleiro
Personagens	Meeples, peões ou o próprio jogador
Motivação do personagem, sua história, seus conflitos	Cartas, ficha do personagem
Cenário	Tabuleiro
Ferramentas	Dados, recursos (cubos, tiles)
Objetivo	Cartas
Melhor amigo	Poderes/habilidades especiais
Vilão	Obstáculos

Transpondo agora o paradigma já visto para um jogo de tabuleiro, o primeiro ato seria a fase inicial do jogo, quando os jogadores se familiarizam com o tabuleiro (cenário), analisam seus objetivos e traçam suas estratégias iniciais. Essa primeira fase, geralmente, é composta por uma articulação e geração de recursos, num primeiro momento acumulativo, pois o jogador ainda não visualiza todo o trajeto do

---

[2] A "jornada do herói", também conhecida como "monomito" é um conceito desenvolvido pelo antropólogo Joseph Campbell em seu livro "O Herói de Mil Faces" (1949), e adaptado ao universo do cinema por Christopher Vogler em "The Writer's Journey" (1992).

jogo. Em seguida, surge o primeiro ponto de virada, quando começam a aparecer conflitos por recursos, ou ocupação de área, e o jogador se vê diante do primeiro dilema e precisa se adaptar e retraçar sua estratégia. Essa escolha será importante, pois conduzirá todas as suas ações até o clímax do jogo. Uma escolha errada nesse ponto pode comprometer toda a partida. Nessa etapa costuma ser fundamental ao jogador o equilíbrio de suas ações, sem desfocar nunca do objetivo do jogo. O segundo ato é marcado pelo aumento da dificuldade, seja em se movimentar pelo tabuleiro, em adquirir recursos, confronto de cartas e poderes. As escolhas tornam-se mais difíceis, já não é possível ampliar tanto o leque de ações e o jogador é forçado a escolher uma estratégia mais direta num único ponto. O clímax, ou o segundo ponto de virada, é atingido quando não se pode mais voltar, e as últimas rodadas se aproximam. É a hora do jogador fazer o melhor possível com os recursos que tem, para cumprir os objetivos estabelecidos. Não há espaço para vários heróis/vencedores, e nessa corrida final a adrenalina sobe nos jogadores. O desfecho é a contagem de pontos e a declaração do(s) vencedor(es).

Durante todo este capítulo, falamos de história, trama, roteiro, mas em nenhum momento determinamos que o jogo em questão seria de natureza narrativa, como um RPG por exemplo, porque essa estrutura pode ser aplicada a qualquer estilo de jogo, do abstrato ao *eurogame*, do *cardgame* ao *worker placement*. O paradigma estará vinculado duplamente ao jogo, tanto através da história em si que é contada, quanto por seu desenvolvimento e suas mecânicas.

Todo o *background* visual poderá ser explorado através do(s) tabuleiro(s), cartas e outros elementos. Até mesmo o manual de regras e a própria caixa do jogo são componentes importantes na composição desse universo narrativo que será contado. As mecânicas escolhidas precisam estar de acordo com a história - elas serão o equivalente às ações dos personagens. A duração do jogo tem que ser calculada de modo a dar tempo dos jogadores realizarem essas ações, passar pelos obstáculos e realizar os objetivos. A divisão das rodadas deve ser equilibrada com a divisão dos atos dramáticos.

Para auxiliar todo esse processo, algumas perguntas são fundamentais de serem feitas e as respostas começarão a criar as diretrizes do jogo. Podemos dividi-las em dois grupos. São elas:

1a etapa:

1) Qual é o meu problema? O que eu quero "responder" com esse jogo? A resposta não necessariamente será o objetivo que o jogador atingirá, mas pode ser todo o processo do jogo em si.

2) Esse problema pertence a uma disciplina específica? Se sim, ela pode vir a ser o tema do jogo? Ou será preciso inseri-lo num outro contexto fictício? Qual?

3) Tenho um limite de tempo específico? Se sim, é preciso construir o jogo levando em conta este fator, o que será fundamental na escolha das mecânicas do jogo. Se não, a escolha das mecânicas fica mais livre para se adaptar ao tema, sem a restrição do tempo.

Essas serão as perguntas-respostas norteadoras do seu roteiro de jogo; com elas, você terá o seu ponto de partida e de chegada, o contexto/tema e a duração. Em seguida, temos mais um conjunto de perguntas que darão os elementos para compor seu roteiro.

2a etapa:

1) Quantos jogadores/personagens terão? Qual é a motivação desses personagens? Qual é a história deles? Como eles chegaram naquele ponto em que o jogo se iniciará? Isso dará credibilidade à missão que eles realizarão ao longo da partida.

2) O jogo é competitivo ou cooperativo? Individual ou em grupo?

3) Qual é o cenário da história, em que período se passa, como integrar o cenário ao jogo?

4) Qual é o papel da aleatoriedade dentro da história? Essa pergunta te orientará para um jogo com fator sorte maior ou menor. As mecânicas que serão escolhidas influenciarão no equilíbrio e controle desse fator. Familiarize-se com as mecânicas.

5) Quais são os três atos? Divida sua história/desenrolar do jogo em três momentos, como os três atos do roteiro. Estruture a primeira etapa de modo a introduzir as ações e aumentar o grau de complexidade com o andar do jogo até o clímax e desfecho. A divisão de ações, rodadas e indicativos no tabuleiro podem auxiliá-lo.

6) Quais ferramentas auxiliam os personagens? Dê preferência para ferramentas que tenham relação com a história contada. Serão cartas com poderes, itens especiais? O que os auxiliará?

7) Quem é o "vilão"? Todo protagonista precisa de um antagonista. Neste caso, não há exigência de um vilão personificado. Esse papel pode ser adotado por uma situação catastrófica, um grande problema a ser resolvido antes do desfecho, e que cria outros obstáculos aos jogadores/personagens.

8) Qual é o desfecho? Defina não só o objetivo a ser obtido, mas como será alcançado, computado, os métodos de desempate (se houver).

O roteiro nos jogos

Analisando dois jogos de naturezas distintas, podemos ver como aplicar o paradigma do roteiro em diferentes tipos de jogos. Para essa análise, utilizaremos os jogos *Colonizadores de Catan* e *Lendas de Andor*. O primeiro é considerado por muitos um marco dos jogos modernos, jogo introdutório por ter uma regra simples, mas que se encaixa no padrão de *eurogames*, jogos estratégicos, com uma duração de tempo de partida bem definida. O segundo é um jogo cooperativo no estilo *Role-Playing Game* (RPG).

Catan - o jogo (Klaus Teuber, 2015, 3-4 jogadores, 90 min.)

Ato I: Três ou quatro ([3]) grupos de colonos chegam à ilha de Catan, um terreno fértil e inexplorado, se estabelecem, fundam suas aldeias e começam, aos poucos, a cultivar e explorar as riquezas da ilha. Logo descobrem que precisam uns dos outros, e se estabelece um franco comércio de mercadorias. As estradas se ampliam, novas aldeias são criadas, expandem-se e tornam-se cidades.

1º *Plot point*: A prosperidade não chega para todos ao mesmo tempo e ladrões andarilhos atacam as aldeias. Alguns colonos têm mais sorte do que outros e começam a prosperar. As negociações entre as cidades tornam-se mais acirradas, o comércio mais difícil.

Ato II: É preciso encontrar novos meios de trocar a mercadoria para continuar progredindo. São construídos portos que ampliam o comércio para além da ilha, com valores mais caros, porém fixo, e sempre aberto. As cidades já não são mais amigas, elas crescem, prosperam, criam exércitos, edifícios públicos, e se fecham. Somente aqueles governantes mais habilidosos com o dom da oratória e diplomacia mantêm amplo comércio com os demais.

2º *Plot point*: Mas a disputa acirrada pelo domínio da ilha se intensifica. Todos correm atrás do controle das estradas e do maior exército, além do domínio das cidades e aldeias.

Ato III: Numa busca contra o tempo, os governantes ampliam suas aldeias, evoluem as cidades. Cada movimento agora é um lance à frente dos adversários. Ficar atento ao movimento do outro é fundamental, pois pode-se perder o controle e a supremacia. O comércio está quase todo extinto. Aqueles que têm recursos os mantêm para si, até que alguém se declare o conquistador da ilha.

Os tipos de recurso também ajudam a contar essa história. Madeira e tijolos são importantes no início (ato I) e dão vez ao minério e ao trigo (ato III), porque no início todos precisam construir estradas e estabelecer aldeias. No final, a prioridade é construir cidades e investir nas cartas de desenvolvimento. São momentos distintos do jogo refletidos pelo uso dos recursos, que, se bem observados, alteram toda a estratégia do jogador. Sabendo desse parâmetro, vai procurar no início da partida estabelecer suas aldeias em terrenos que produzam esses recursos iniciais fundamentais e mais procurados por todos, deixando para conquistar o minério num segundo momento da partida.

Muito se atribui o fator sorte em *Catan* por conta dos dados. Eles criam uma aleatoriedade na produção dos recursos, que pode ser mitigada procurando terrenos com números mais favoráveis na probabilidade (como o próprio jogo indica: 6-8) e evitando os menos favoráveis (2-12). No entanto, *Catan* tem um fator humano que podemos considerar ainda mais relevante que a aleatoriedade dos dados: a negociação! Essa é a grande chave que pode alterar completamente o rumo das partidas. O modo como os jogadores se comportam nas negociações das mercadorias é muito

---
[3] quantidade de jogadores utilizando o jogo base sem as expansões.

mais relevante para o resultado do jogo do que o quanto ele produziu. E esse fator humano dá a essa história uma nova narrativa a cada partida jogada. Mantém-se o texto, mudam-se os atores, altera-se o resultado.

Transpondo todo esse contexto para o gráfico 3, visualizamos como é a estrutura narrativa de *Catan*. Existem momentos de alternância de tensão e calmaria, mas conforme os atos avançam, a curva também se amplia. No entanto, não há uma curva descendente ao final, aquele momento em que a resolução chega e contam-se os pontos; não há um desfecho descendente porque a contagem de pontos é em tempo real ao longo da partida, e possui sempre um jogador com pontos escondidos que anuncia o final do jogo, levando a tensão para o alto.

Gráfico 3 - linha narrativa de Catan.

As Lendas de Andor (Michael Menzel, 2016, 2-4 jogadores, 75 min.)

Ato I: Um grupo de guerreiros (heróis) com diferentes habilidades são chamados a cumprir uma missão no reino de Andor, cujo castelo tem sido atacado por monstros. É o momento de fortalecer suas habilidades e conseguir equipamentos, melhorando sua ficha de personagem.

1º *Plot point*: Os inimigos se aproximam. O grupo precisa se dividir entre cumprir a missão e defender o castelo.

Ato II: Os inimigos aumentam em número e força/periculosidade, estão cada vez mais próximos do castelo. Surgem novas missões para os heróis. O grupo precisa tomar decisões difíceis. Grandes monstros estão na porta do castelo.

2º *Plot point*: O grupo precisa sacrificar algo ou alguém para conseguir cumprir a missão.

Ato III: A batalha final entre heróis e monstros é a grande incógnita: a missão pode ter sido realizada com êxito e com muito sacrifício, dando grande satisfação aos jogadores pela vitória, ou a missão pode não ter sido completada e será preciso uma nova partida para tentar cumprir o objetivo e seguir com a história para o próximo nível[4].

Andor, ao contrário de *Catan* como já visto, tem uma série de fatores diferenciais. Para começar, é um jogo de RPG de tabuleiro, seu objetivo é desenvolver uma história; é colaborativo, ou seja, todas as decisões advêm de um consenso entre os jogadores, ou todos ganham ou todos perdem. Existe um fator de aleatoriedade dado

---

4 Por ser esse um jogo narrativo composto por várias histórias diferentes, poupamos na divisão o detalhamento das ações, nos atendo apenas à estrutura da aventura.

por conta de eventos a cada amanhecer (nova rodada); esse recurso permite que a partida aumente o grau de dificuldade com a entrada de novos monstros ou dê benefícios para os guerreiros. Mas a contagem do tempo da partida é o grande causador do clímax; eis o "narrador" do jogo. A cada monstro abatido os jogadores ganham benefícios, mas faz com que o narrador avance a história, tornando cada escolha feita um dilema. Cada amanhecer é um dia a menos, uma rodada a menos, e o grupo descobre que matar monstros nem sempre é a escolha mais sábia.

Embora exista um fio condutor da narrativa - o "narrador" que obriga os jogadores a tomarem um rumo -, as escolhas podem ser diversas, caminhos diferentes podem ser tomados, e a partida pode acabar antes mesmo do fim do segundo ato. Nesse caso, temos duas configurações de roteiro para *Andor*. Quando se completa a história (o narrador chega ao final sendo o resultado positivo ou negativo - ver o gráfico 4); e quando os jogadores perdem antes de completar a missão principal porque os monstros entraram no castelo em número maior do que os escudos de proteção, deixando o gráfico incompleto.

Gráfico 4 - linha narrativa de As Lendas de Andor.

Não há momentos de calmaria, a tensão está sempre alta, mas os *plots* se mantêm. O gráfico pode variar conforme a lenda que é jogada, como quando há a entrada de personagens que auxiliam na batalha, dando um respiro aos jogadores, ou a saída de cartas de evento favoráveis. Mas a tensão não diminui a ponto de se ter uma curva e contracurva opostas.

Conclusão

Quanto mais jogamos, mais aprendemos sobre jogos. É como a leitura. E para apreender a estrutura do jogo, o exercício de decompô-lo se fará muito útil. Conhecer os componentes e as mecânicas, observar como elas fazem uma partida evoluir, e tudo isso dentro dessa espinha dorsal que é o roteiro. Nem todo criador tem consciência de que está escrevendo um roteiro enquanto concebe seu jogo, mas, se o processo for inverso, a prática da criação tende a se tornar muito mais interessante, coerente e produtiva.

Para os profissionais que trabalham com jogos em sala de aula, esse se torna um recurso adicional. Os jogos podem ser usados para entreter, para aprimorar alguma prática, para ensinar alguma disciplina, e pode ser lido e interpretado, criando novas dinâmicas de interação entre os alunos e os jogos.

Praticar a leitura do jogo dentro do paradigma do roteiro também ampliará a sua visão como jogador, entendendo a partida como um todo, e permitindo que se prepare melhor para atingir os objetivos apresentados. Levando isso para um olhar mais amplo na vida, aprimoramos nossa análise de situações, antevendo três ou quatro passos além do momento presente.

No entanto, talvez o maior ganho que possamos ter é a capacidade de mergulhar numa nova aventura, não mais em peões e dados, mas numa verdadeira história que será vivenciada em torno daquele tabuleiro. Quando apresentarmos um novo jogo, seja em sala de aula ou para os amigos, não começaremos com "mova sua peça e marque pontos": preocupe-se que a primeira impressão que transmitirá para eles seja: "que história vamos vivenciar hoje?".

Referências

BENJAMIN, Walter. *Reflexões: a criança, o brinquedo, a educação*. São Paulo: Summus Editorial, 1984.

BRUNI, Roman. *Roteiro de Roteiro versão 2.3*. Rio de Janeiro: Armazém das Letras, 2001.

COMPARATO, Doc. *Da Criação ao Roteiro*. Rio de Janeiro, Rocco, 1995.

FIELD, Syd. *Os Exercícios do Roteirista*. Rio de Janeiro: Objetiva, 1996.

SABOYA, Jackson. *Manual do Autor Roteirista - técnicas de roteirização para a TV*. São Paulo: Editora Record, 1992.

Ludografia

TEUBER, Klaus. *Catan - o jogo*. São Paulo: Devir, 2015.

MENZEL, Michael. *As Lendas de Andor*. São Paulo: Devir, 2016.

OS JOGOS DE TABULEIRO
E A INFÂNCIA

Isabel Butcher
　　Formada em jornalismo e atuante na área há 22 anos, Isabel Butcher é carioca e jogadora desde a infância. Conheceu os jogos modernos em 2005 e desde então não parou mais de jogar. Entre 2007 e 2009 fez mestrado acadêmico na Universidade Paris 8 (Paris/França) sobre jogo digital e arte digital e, entre 2009 e 2010, fez outro mestrado, dessa vez na Universidade Paris 13 (atual Université Sorbonne Paris Nord, Villetaneuse/França) e profissional, sobre jogos de tabuleiro e como montar uma editora de jogos no Brasil. Em 2016 fundou, com a amiga Graziela Grise, a Curió Jogos, pela qual lançou os jogos *Macacos me Mordam!* (2018), cocriado com Grise, e *Quero-Quero* (2019), este com Tânia Zaverucha do Valle, vencedor do Prêmio Ludopedia como melhor jogo infantil de *designer* nacional.

OS JOGOS DE TABULEIRO E A INFÂNCIA
(A experiência de uma pequena editora)

Parte 1: Preocupações que motivaram o nascimento de uma editora voltada para crianças

1. Por que criar uma editora de jogos voltada para crianças? OU O mistério da caixa autodestrutível

A diferença era gritante: enquanto as prateleiras de jogos para adultos exibiam jogos modernos, variados, com diferentes temas e mecânicas, do lado destinado às crianças viam-se apenas os clássicos amassados (literalmente) e mofados de ideias antigas. A insatisfação com essa disparidade chegou ao limite quando um dos filhos da minha então futura sócia, Graziela Grise, ao completar 5 anos, ganhou um jogo de observação e agilidade e, em minutos, sua caixa estava destruída. Não, o menino não rasgou deliberadamente a caixa – nem ele nem o cachorro, que não existia e nem existe: ela simplesmente se desintegrou com o simples manuseio.

À época, o mercado de jogos de tabuleiro para crianças no Brasil se caracterizava por jogos de má qualidade e por mais do mesmo, ou seja: uns poucos títulos que existiam há gerações e gerações. Pode parecer que falamos do início dos anos 1990, mas não: estávamos no início de 2016. A sensação que tínhamos era de que as grandes empresas estavam acomodadas, vendendo bem, sem precisar sair da zona de conforto. Foi nesse cenário que decidimos criar uma editora, na esperança de contribuir para fazer esse pequeno nicho de mercado crescer.

Enquanto desenvolvíamos os conceitos da editora voltada para o público mirim, algumas das editoras tradicionais começavam a importar jogos europeus modernos, de qualidade. Mas tudo muito incipiente, ainda; o espaço para novas entrantes era gigantesco. Os desafios, ainda assim, eram grandes, e sentimos que deveríamos começar por listar alguns princípios que consideramos essenciais para se ter no cerne da editora:
• Desenvolver jogos próprios, originais nossos;
• Focar em produtos criativos, bem ao estilo dos jogos modernos, ou seja: com regras simples, sem serem simplórias – sem jamais desmerecer a inteligência do nosso público; mesmo sendo para crianças, os jogos deveriam incorporar alguma tática, estimular os jogadores a tomar decisões e aprender com sua experiência;
• Utilizar temáticas e mecânicas variadas;
• Ilustrar sempre priorizando a beleza, buscando de preferência profissionais da área de livros infantis;
• Valorizar a qualidade da produção – pensando em seu uso e durabilidade.

A partir desses princípios, nasceu nosso lema: "produtos criativos para pequenos curiosos".

1.2 Aprendendo a se divertir

Nessa altura, já sabíamos qual o nosso objetivo: produzir jogos próprios, criativos e com mecânicas e temas variados. Mas como fazer? Vivíamos – ainda vivemos – num limbo, no que diz respeito a jogos para o público infantil. Claro, a situação vem melhorando consideravelmente, à medida que outras editoras – pequenas ou grandes – trazem novas opções para o nosso mercado; mas, mesmo assim, ainda há uma longa estrada a percorrer.

Quando começamos, a pouca variedade nas prateleiras voltadas aos miúdos estava a nosso favor. Queríamos mudar por completo o mercado. O céu era o limite! Queríamos mostrar que jogos sem grandes franquias por trás poderiam fazer sucesso. Que valia a pena produzir e desenvolver um jogo fisicamente resistente, com uma qualidade melhor do que aquela que o mercado oferecia. Que era possível fugir de jogos de trilha, dominós e de memória.

Mas não apenas isso: queríamos que os jogos fossem divertidos, inteligentes, bonitos e atraíssem crianças e adultos. Sabíamos que precisávamos conquistar também os maiores de idade – afinal, são eles que pagam pelos jogos!

Quando um adulto vai comprar um brinquedo, é comum que pergunte "o que a criança vai aprender com isso?", e não "isso é divertido?". Curiosamente, quando um adulto procura um jogo para si, não pensa em quais ensinamentos o produto vai lhe proporcionar (imagine: "Hum, vou comprar *Carcassonne* para aprender mais sobre essa linda vila medieval"); ao escolher seu jogo, o adulto quer é se divertir.

Pensando nisso, desde o início do projeto ressaltamos, na divulgação, os aspectos pedagógicos dos nossos produtos. "Desenvolvimento da coordenação motora fina", "noções básicas de matemática", "relação entre números, animais e cores", eram aspectos destacados na capa dos títulos. No entanto, nossa intenção nunca foi produzir "jogos educativos" – porque acreditamos que TODOS os jogos são educativos.

Eles ensinam as crianças a esperar a sua vez; a rolar um dado (acredite, isso é importante para uma criança de 3 ou 4 anos que nunca viu um na vida); a seguir regras; a jogar em parceria com os amigos – no caso de um jogo cooperativo ou por equipes –; e claro, ensinam a ganhar – e a eventualmente perder e se frustrar, uma lição tão importante nos dias de hoje.

Além do mais, o termo "jogos educativos" nos remete a produtos não muito interessantes. No meu caso, me fazem lembrar de alguns "jogos educativos" que precisei encarar durante o mestrado *Loisir, Jeu et Éducation* (Lazer, Jogo e Educação), que fiz em Paris 13, na França, entre 2009-2010. A professora nos apresentava produtos que desenvolvia para empresas, e que, para ela, pelo simples fato de estarem em um formato de cartas ou em tabuleiro – geralmente num jogo de trilha de perguntas e respostas – já significava que eram jogos.

Bem, não eram, não na minha humilde opinião: para que um jogo conquiste esta alcunha, ele precisa ser divertido. Deve causar tensão, suspense, até mesmo gerar uma sensação de desconforto. Deve tirar a criança (ou o adulto) da cadeira de ansiedade, na dúvida do que fazer, na torcida pelo bom número no dado ou na expectativa de se sua jogada vai dar certo. Nem sempre os jogos evocam sentimentos bons, mas são SENTIMENTOS, ora. Todos são importantes de serem experimentados, certo?

Na minha experiência (e acredite, faço essa generalização baseada em muitos e muitos exemplos observados), um jogo categorizado como educativo tem em seu cerne a preocupação em passar informações. Ele quer ensinar algo. A preocupação com o lúdico, ou seja, com a diversão dos jogadores, é secundária e, em muitos casos, se resume a transportar o conteúdo para um jogo de perguntas e respostas ou cartas.

Claro que todas as iniciativas de levar o jogo para sala de aula são válidas e preciosas. Como uma pessoa já me disse, se você levar um tijolo para a sala de aula e disser que aquilo é um jogo, os alunos vão prestar muito mais atenção em você. E no tijolo, é claro. O que falta para quem quer usar o jogo nas escolas é repertório lúdico. É jogar e jogar e jogar sem parar, e entrar em contato com algumas das mais de 200 mecânicas descritas por Engelstein e Shalev (saiba mais no capítulo do Geraldo Xexéo). É se importar não só com os conteúdos a serem passados, mas com a experiência dos jogadores-aprendizes – que é determinante para o que eles vão aprender, ou deixar de aprender...

Enfim, por tudo isso, tenho receio da expressão "jogos educativos". E, veja só a ironia: quando começamos a apresentar nossos títulos, as pessoas logo nos rotulavam como uma editora... de jogos educativos. Mas eu sempre usava esse momento para explicar que não tínhamos essa premissa; não tínhamos a ousadia de ensinar nada, mas – uma ousadia talvez maior – de divertir. Queria atingir adultos como eu, que estavam conectados com a diversão – sem tirar o olho do outro lado, daqueles preocupados em passar algo distinto para a criança. Ficamos assim num meio-termo, e espero que o pré-conceito de jogos educativos seja revisto – que as pessoas se deem conta de que jogos comerciais, ou seja, vendidos ao público em geral e não pensados somente para as escolas, também têm o que ensinar.

1.3 Cores berrantes e princesas famosas

Outra preocupação nossa era quanto ao visual dos nossos produtos. Não queríamos nada exagerado. As empresas parecem acreditar que quanto mais colorido, mais as crianças serão atraídas. Só que acabam exagerando, perdendo a mão. Nós também acreditamos no poder das cores – afinal, nossas caixas são laranjas! –, mas, antes disso, no poder do belo. Na harmonia das cores e dos elementos das caixas. Sem parecer *over*, mas valorizando os tons. Tendo isso em mente, chamamos para os nossos primeiros jogos duas ilustradoras consagradas de livros infantis. Com o olhar dessas artistas, conseguimos levar para os jogos a textura de uma aquarela, desenhos vibrantes e cheios de cores, mas tudo em harmonia e de acordo com os conceitos que definimos para a editora. Acho que cumprimos o intento com primor.

Tampouco queríamos que os jogos tivessem personagens conhecidos. As inevitáveis franquias de brinquedos tradicionais ou de personalidades, youtubers etc., estavam vetadas. Pensar na possibilidade de termos uma figura famosa ou uma boneca na caixa não nos agradava. A exceção que poderíamos abrir seria fazer um jogo a partir de um livro. Isso ainda não aconteceu, mas é o máximo de proximidade que chegaríamos em relação a uma *franchising*.

Afinal, o norte seguia sendo o mesmo: queríamos que os jogos fossem atraentes e agradáveis para crianças e adultos – não só pela aparência, mas pela experiência que proporcionam a quem joga.

Parte 2: Não basta ter a ideia, é preciso colocar a mão na massa

2. Dicas para os educadores criadores: testar, testar, testar

Ok, já abordamos diversos aspectos dos jogos: que todos ensinam algo; os sentimentos contraditórios que eles proporcionam; o pé atrás em afirmar que se trata de um "jogo educativo"; a importância da parte estética de seus componentes.

Agora vamos imaginar que você tem uma ideia para um jogo, já fez o protótipo e até mesmo alguns testes consigo e pessoas próximas. E agora? Agora é preciso testá-lo ainda mais. Seja puramente educativo, comercial ou institucional, um jogo só se sustenta se todas as suas mecânicas estão muito bem azeitadas. Pense numa ferramenta qualquer: é preciso que ela seja resistente não só para os usos para os quais foi pensada, mas para ser usada por pessoas diversas e de maneiras que muitas vezes você nem imaginava possíveis.

Por isso, nessa etapa de desenvolvimento de um jogo, é preciso experimentá-lo com pessoas da sua confiança. De preferência que conheçam diferentes jogos ou que tenham um repertório que vá além dos clássicos encontrados (ainda) nas prateleiras das lojas. Essas pessoas vão te ajudar a perceber os pontos fracos e os pontos fortes das mecânicas e o casamento delas com o tema, ou seja, se uma coisa se encaixa bem na outra e se há coerência entre ambas. Sem pandemias, os testes devem acontecer em um lugar confortável e devem ser o motivo principal do encontro. A ideia é que esteja claro que vai acontecer um *playtest* e que todos estejam concentrados na atividade.

Note: testes, e não teste. O primeiro é um esquenta. As pessoas vão digerir o jogo, vão entender as regras. Os jogadores podem até dar dicas. A partir do segundo teste devem dar mais pitacos, fazer mais críticas. É importante anotá-las. Quando alguém dá uma ideia diferente, que implicaria mudar uma regra, é importante testar várias vezes para ver se funciona. Se der certo e, principalmente, se você, autor@ do jogo, gostou da ideia, então, incorpore a sugestão. Mas, caso alguém dê uma dica que não seja interessante, não perca tempo: explique por que não gostou e siga adiante.

Depois dessa sessão de teste entre amigos e a partir do retorno deles, vale testar com outro grupo. Quanto mais testes, melhor. Mas antes, não se esqueça de montar um novo protótipo e reescrever as regras.

Quando tiver a convicção de que o jogo está "redondo", pronto para o mundo hostil dos desconhecidos, vá a um evento de jogos de tabuleiro[1]. O jogo precisa passear e encontrar jogadores distantes do seu meio. É preciso desbravar novos mundos. Dá frio na barriga, não é fácil. Mas é necessário. E é preciso fazer isso várias vezes, além de ouvir com atenção e educação o *feedback* dessas pessoas. E, por favor, não confie na memória: anote as boas sugestões. Inclusive, vale anotar o máximo de dados (informações) sobre os testes: número de jogadores, duração das partidas. Todas essas informações podem ser úteis no aperfeiçoamento do seu jogo.

Bom, até o momento, estamos falando de testes entre adultos. Mas, depois de um certo momento, é preciso testar com o público do jogo, certo? Isso, crianças. Esses seres dão medo, né? Mas são indispensáveis.

2.1 Teste com crianças

Tenho sorte. Tenho gêmeas. E minha sócia, outros dois meninos de idades diferentes. Nossos filhos e filhas são os principais testadores dos nossos jogos – mas não podem ser os únicos. Por isso, sempre que posso, proponho um joguinho com as amigas das minhas filhas. Às vezes dá, às vezes é impossível. Como qualquer educador@ bem sabe, juntar crianças é nitroglicerina pura. Ficam mais agitadas que o normal, querem conversar, correr. Não é fácil convencê-las a sentar calmamente para aprender um jogo. É preciso selecionar muito bem esses pequenos seres que serão os principais testadores do seu jogo. Procure crianças mais calmas. Não reúna muitas ao mesmo tempo, porque pode ser explosivo. Encontre um ambiente – uma casa – que não seja novidade para elas. E então, deixe que joguem e fique atent@ às suas reações. Depois, ouça suas opiniões com a mesma atenção que destinou aos seus testadores adultos.

2.2 Ainda sobre as ilustrações... E mais dicas!

É preciso também saber quando basta. Nesse momento, com o jogo pronto, é importante que ele ganhe sua arte definitiva, incluindo os materiais necessários para ele deixar de ser um protótipo e virar jogo de verdade.

---

1 Em tempos pandêmicos existem muitos eventos *online* de *playtests*. Não se intimide e faça uma versão *online* para o seu protótipo no tabletopia (www.tabletopia.com).

Em muitos casos, @ ilustrador@ entra ainda na fase de protótipo do jogo. Alguns até contribuem com ideias de regras. Nos meus jogos, essa pessoa entra depois, quando acho que o jogo está pronto. Tem sido assim porque, até o momento, trabalhamos com profissionais de livros infantis e não com quem já ilustra jogos. Em geral, quem já está habituado a ilustrar jogos faz parte do time de criação logo cedo, dá pitacos nas regras e tudo; mas quem é do mundo da literatura não se sente muito confortável para sugerir mudanças e prefere entrar na etapa final.

Quando @ ilustrador@ entra para o time, é importante que @ autor@ do jogo converse com esse profissional para que el@ entenda sobre o que está desenhando. Se possível, jogue o jogo com el@. É importante também elaborar um contrato de modo que tudo fique bem claro. As orientações devem ser claras e, caso você não saiba muito bem o que quer, dê uma visão geral, ofereça exemplos de ilustrações dessa pessoa que você goste e deixe @ profissional à vontade para criar.

Se o jogo for pensado para a sala de aula, considere utilizar imagens gratuitas, que são fáceis de serem encontradas na Internet. Mas lembre-se: precisam ser gratuitas. Ou pague por elas. Alguém desenhou, trabalhou e merece ser remunerado por isso. Em todos os casos, o importante é ter em mente que as ilustrações de um jogo devem torná-lo bonito e agradável de se ver e manusear, mas também contribuir para a clareza das regras, ajudando os jogadores a lembrarem o que podem e o que não podem fazer ao jogar.

2.3 E agora?

Jogo idealizado, prototipado, testado e retestado um milhão de vezes, e ilustrado. Mas agora falta uma última etapa. Como você quer que ele fique? Com cara de protótipo ou com aspecto de jogo de verdade, desses com cartas de qualidade, arredondadas nas pontas para que os menores não se machuquem, e um tabuleiro que é só dele? Outra questão a se colocar é: de quantas cópias vou precisar?

É possível simplesmente imprimir os componentes do jogo na sua impressora caseira e colar em papéis mais grossos (como um paraná para o tabuleiro, por exemplo) ou plastificar. Mas uma gráfica pode ser a solução para deixar seu protótipo mais turbinado. As gráficas menores costumam imprimir poucas cópias e com uma qualidade que já vai deixar seu jogo bem bacana. Mas, se você acha que é importante ter centenas de cópias do jogo, aí talvez seja melhor procurar por uma gráfica profissional. Neste caso, o valor por cópia fica bem mais barato, mas o custo final será mais alto. É uma reflexão a ser feita. Mas saiba que são valores altos e que, dependendo da circunstância, não é necessário produzir tantos exemplares.

Afinal, o importante é tirar aquela ideia da cabeça e colocá-la em prática na sala de aula. Acredite, vai valer a pena. A recompensa maior é ver a turma – talvez até mesmo aquele aluno ou aquela aluna tímida do fundo da sala – vibrar e se divertir com o seu jogo.

Parte 3: Receptividade do mercado

3.1 Quando você mira em uma direção e acerta o alvo do outro lado

Acreditávamos, eu e minha sócia, que atingiríamos um público grande se conseguíssemos colocar nossos jogos nas prateleiras das lojas de brinquedos educativos. Aqueles espaços com centenas de brinquedos de madeira, bonitos, jogos clássicos, como mancala e marionetes, parecia perfeito. Os clientes de uma loja de brinquedos educativos procuram sair da mesmice das lojas tradicionais. Nossos produtos, ali, seriam sem dúvida um sucesso.

Quem entra em uma loja de brinquedos educativos ou está procurando um superpresente para seu filho/filha, sobrinho/sobrinha, ou uma lembrança para aquela amiga ou aquele amigo do filho. Na prática, são dois extremos de presentes que estamos tratando aqui: para os primeiros, seria aquela casa de bonecas de madeira, uma cabana no estilo índio norte-americano ou um posto de gasolina e estacionamento com vários carrinhos. Ou seja, presentes caros, grandes para causar aquela impressão. Para o outro extremo, um conjunto de marionetes, um jogo da memória, enfim, brinquedos mais em conta.

Só que nós estávamos no meio do caminho: tínhamos produtos que proporcionavam variedade para a loja, mas também causavam alguns questionamentos por parte dos donos das lojas. Primeiro por uma questão de conceito, o qual me escapava na época: lojas de brinquedos educativos fogem de papelão. O papel que entra é o do livro e olhe lá. Papelão não tem vez. O produto valorizado, ali, é o MDF. Esse, sim, tem destaque na vitrine. Segundo porque quando uma pequena editora de jogos publica um único jogo, a loja de brinquedo não se interessa tanto. Ela quer comprar do fornecedor uma boa variedade de produtos e em pouca quantidade... Um catálogo de um único jogo não vale financeiramente.

O jogo estava quase saindo do forno quando nos demos conta disso. Peregrinar pelas inúmeras lojas de brinquedos educativos não era exatamente uma diversão. Mas começamos a fazer esse movimento, até percebermos que não valia o esforço.

Ao mesmo tempo, uma grande e tradicional loja de brinquedos, dessas com enormes bichos de pelúcia, vários jogos, bonequinhos de franquias, simplesmente não era possível. Envolvia dois itens que não tínhamos: dinheiro e influência. Nem cogitamos.

Só nos restava um tipo de loja para tentar um espaço: as lojas especializadas em jogos de tabuleiro. Achávamos – e não tínhamos feito estudo de mercado nem nada, era puro achismo mesmo – que essas pessoas simplesmente ignorariam nossos joguinhos para crianças. "Bah, para o público infantil? Ai, que perda de espaço e tempo", pensava eu que ouviria. Mas, como era a nossa única chance, corremos atrás.

Ao entrar em uma loja especializada em jogos de tabuleiro, as portas se abriram como por mágica. Lá, fomos acolhidas e bem recebidas. Os donos nos entenderam, ficaram encantados em poder incrementar a estante dedicada ao público infantil. E os frequentadores ficaram encantados com o que tínhamos a oferecer. Sério, nunca vi uma receptividade tão acolhedora, carinhosa e incentivadora.

3.2 A nossa casa

Tivemos, ali, uma casa para chamar de nossa. Começamos, então, a participar de uma série de eventos voltados para jogos de tabuleiro. Castelo das Peças e SeJoga – ambos no Rio de Janeiro – foram os principais. Neles, tínhamos um espaço dedicado às crianças. Ali, aprendemos muito sobre adultos e crianças e suas belas relações no entorno de uma mesa com um jogo para entretê-los.

Nos diversos eventos especializados em jogos de que participamos, o público demonstrou encantamento por nossos jogos. Acredite, não sou uma pessoa que se gaba daquilo que faz e não me supervalorizo; mas ver adultos e crianças se divertindo com o jogo criado por você, rindo, mordendo os lábios de nervosismo, pulando, me fez acreditar que estávamos no caminho certo. A receptividade do público foi muito positiva. Sempre. E isso foi o que nos deu vontade de seguir.

Ludografia

BUTCHER, Isabel e GRISE, Graziela. *Macacos me Mordam!*. São Paulo: Curió Jogos, 2018.

BUTCHER, Isabel e ZAVERUCHA DO VALLE, Tânia. *Quero-Quero*. São Paulo: Curió Jogos, 2019.

A TERCEIRA IDADE E OS JOGOS DE TABULEIRO

Pedro Vitiello
   Psicólogo, mestre em saúde coletiva e brinquedista pela ABBri. Idealizador e fundador da rede Ludus Magisterium, que reúne pessoas interessadas em jogos de tabuleiro e educação.

A TERCEIRA IDADE E OS JOGOS DE TABULEIRO

Chegou um tempo que a vida é uma ordem.
(fragmento de *Os Ombros Suportam o Mundo*, de Carlos Drummond de Andrade)

O passar da idade e o amadurecimento ocorrem com uma série de mudanças. Sejam de amadurecimentos físicos diversos, como as diferentes etapas da infância e adolescência, sejam como mudanças emocionais e sociais nos relacionamentos e na forma como elementos diversos são significados e interpretados. Mas, mais do que isso, é importante, para nossa discussão, que entendamos que o próprio conceito do que é velhice se modificou ao longo do tempo e em diferentes sociedades.

De fato, a noção de terceira idade e velhice era muito menos distinta da atual (SILVA, 2008), e, gradativamente, a idade e o momento da vida no qual o sujeito se encontrava, passaram a ser fatores de parte da definição identitária de um sujeito ou parcela da população.

Podemos destacar ao menos dois fatores fundamentais para estas mudanças: o primeiro é relacionado às condições do envelhecimento. Historicamente, pessoas com boas condições de vida chegarem aos 70, 80 anos ou mais não é uma novidade. Essas boas condições, que incluem, questões alimentares, de segurança física, dentre outras, sempre fizeram grande diferença na longevidade humana. Quando falamos sobre pessoas morrendo cedo em períodos como a Idade Média, em geral nos referimos mais às pessoas comuns, pobres e com condições de vida muito mais extenuantes. Se o processo industrial trouxe outros problemas, também é inegável que, apesar de condições ainda bastante severas, trouxe para um número maior de pessoas a possibilidade de um período razoavelmente maior de vida.

A segunda mudança se relaciona ao conceito do envelhecimento que foi se alterando gradualmente na cultura ocidental. Os termos usados para denominar este momento da vida refletem um pouco da história destas mudanças. Velho, Idoso, Terceira Idade e Melhor Idade são, justamente, tentativas de se ressignificar, cada vez de forma mais apurada ou positiva, o indivíduo que envelhece.

A escolha dos termos usados ao envelhecer também refletem, em parte, o posicionamento de quem fala. Por esta razão, ao longo deste texto, utilizaremos mais aqui o termo "Terceira Idade", compreendendo que o termo é suficientemente claro para o leitor comum, mas lembrando que há outras subclassificações ou termos que alguns autores e leitores podem preferir (como Jovem Idoso, Quarta Idade etc.). Outro termo comumente utilizado, "Melhor Idade", apesar de ser interessante, no sentido de estímulo à qualidade de vida, também esconde, não intencionalmente, os problemas advindos do envelhecer, naturais e esperados, e para os quais o profissional que deseje trabalhar com jogos nessa faixa etária, necessita dar alguma atenção. No entanto, é importante notar que há outros termos ou classificações (por exemplo, Quarta Idade) que podem, em outros momentos, ser mais interessantes para clarificar atividades e necessidades específicas.

Nossos próprios desafios, enquanto pessoas que pensam ou utilizam os jogos com o objetivo de trazer benefícios a esta faixa etária, se iniciam quando nos damos conta de que o envelhecimento ocorre de forma variada, dependendo das histórias pregressas de cada sujeito, suas condições de saúde e seus recursos emocionais, bem como sociais, nesta etapa da vida.

Para realizar uma oficina de jogos com a terceira idade, portanto, uma atividade lúdica com esta faixa etária, é preciso identificar as necessidades específicas daquele grupo. Estas necessidades podem ser observadas tanto de forma *projetiva*, isto é, com um entendimento prévio de que áreas cognitivas serão executadas a partir de um planejamento, como de forma *ativa*, significando, aqui, que é a partir da interação cotidiana com os grupos que a ordem, escolha e adaptação de jogos será realizada. Sugerimos que ambas as formas de observação estejam presentes. Em outras palavras: que o profissional dinamizador planeje de forma clara que tipo de jogos serão adequados para aquele grupo, mas que o faça de uma forma suficientemente flexível para que este planejamento possa ser revisto com frequência e redirecionado sempre que se fizer necessário.

Utilizamos o termo, aqui, "dinamizador", preferencialmente, para o responsável por decidir, explicar e ajudar diretamente em aplicações de jogos em oficinas para terceira idade. O termo se aplica pelo aspecto dinâmico que a atividade pede. Mais do que um facilitador ou um explicador de jogos, ele é quem vai ajudar o ato de jogar a funcionar como experiência agradável e desafiadora. Ele não necessariamente se faz presente para tornar o jogo "mais fácil", ainda que isto ocorra com frequência. Todavia, ele pode, a partir da experiência e da dinâmica do grupo com o qual joga, prever, rever e dar plasticidade aos jogos. Inclusive porque um jogo não precisa ser jogado somente da forma inicialmente prevista, cabendo a cada grupo e momento, a possibilidade de rever sua relação com os jogos apresentados.

Também usamos, aqui, o termo "profissional", tanto porque alguma formação a respeito de jogos, saúde ou educação é sempre desejável, para tornar claro que, mesmo quando se tratar de um trabalho voluntário, que ao levar jogos para esta população é preciso enxergar no jogo um objetivo com aquela ação. Não somente como ferramenta, mas como metodologia, em outras palavras, é fundamental que o profissional dinamizador compreenda profundamente os jogos e o grupo com os quais interage e pense e adapte jogos de acordo com seus objetivos. Não se trata de se levar jogos que interessam ao dinamizador, mas, sim, jogos que possam ser bem aproveitados pelo público com o qual se trabalhe.

Assim como o jogar é dinâmico, a forma e o modo como cada profissional pode enfrentar desafios diferentes, podem ser de diferentes soluções, e, por isso, nem o planejamento projetivo deve ser rígido demais, e nem o processo de revisão ativa deve ser feito sem que a função do grupo esteja clara a todo momento. Em raras ocasiões, um grupo de jogos de terceira idade pode ter seus objetivos modificados. Por exemplo, um grupo de jogos para se trabalhar memória podem virar um momento lúdico muito mais de convívio social, onde os ganhos cognitivos passam a ficar em segundo plano. Então, vamos falar um pouco sobre isso.

Fase de planejamento projetivo:

Ao realizar um planejamento, o dinamizador, invariavelmente, imagina o tipo de jogos que aquele grupo ou indivíduo irá trabalhar e pelo qual poderá ter interesse. Este imaginar ocorre de forma quase involuntária, uma vez que a antecipação de um evento sempre traz alguma forma de preparo emocional e mental prévio.

Na maior parte dos casos, isso inclui levar em consideração as dificuldades que podem se apresentar (por exemplo, baixa visão ou audição como sendo um elemento que será recorrente etc.) Este planejamento ajuda o profissional na escolha dos jogos selecionados previamente para fazerem parte de seu "arsenal" de experiências. Sobretudo, projetar as atividades é, mais do que somente planejamento prévio, uma forma de o dinamizador começar a construir uma imagem de grupo e de trabalho a serem realizados. Enganos (muitos) serão cometidos neste momento, e é importante que o planejamento seja, preferencialmente, uma linha condutora que seja "frouxa" o suficiente para poder ser redirecionada sempre que isso se mostrar necessário.

Entre alguns dos fatores a serem imaginados e pensados podemos destacar:

Faixa etária do grupo:

Como rapidamente explicado acima, há subdivisões diversas dentro da própria classificação etária de terceiras e quartas idades. Mas estas classificações se misturam entre si e há potenciais diferenças individuais relevantes aqui. Há, por exemplo, pessoas na casa dos 75 anos que apresentam condições cognitivas particularmente intactas, enquanto outras, já pouco após os 60 anos, já podem apresentar sinais de demência (diagnósticos associados a dificuldades cognitivas são complexos e requerem qualificação profissional adequada, mas, algumas vezes, podem ser percebidos nas interações lúdicas). Seja como for, como regra geral, quanto mais avançada a média de idade do grupo, maiores as chances de problemas específicos do envelhecimento surgirem. Portanto, a escolha de jogos inicial deve ser mais criteriosa e cuidadosa.

Aspectos visuais e textuais:

Em termos visuais, os jogos devem ter, por exemplo, letras maiores e pouco texto em cartas. Entre a população feminina, a ocorrência de daltonismo é mais rara do que entre a população masculina, mas ela existe. Sendo assim, se for utilizar um jogo que a diferenciação cromática seja importante como condição de êxito, procure antes descobrir se, mesmo entre senhoras, todas enxergam as cores em seu amplo espectro. Um teste apresentando cores e perguntando para todas se elas enxergam as mesmas cores pode ser útil aqui e só precisa ser feito quando uma ou um nova/novo integrante se junta ao grupo.

Recomenda-se que os textos em cartas e demais componentes do jogo, se ocorrerem, sejam mais curtos e breves do que muito complexos. Objetividade textual ajuda na memorização de regras, e trabalhos com textos mais longos são melhor realizados com técnicas específicas de grupos de leitura do que em atividades lúdicas, costumeiramente.

São poucas as pessoas, de maneira geral, que falam alguma língua que não a nativa, então, evita-se jogos que usem termos estrangeiros.

Outro fator, pouco diagnosticado na população mais velha, é algum grau de dislexia. Algumas pessoas podem ter dificuldade de leitura por conta desta questão, então, de novo, atenção no planejamento e acompanhe a leitura se o jogo exigir isso.

Por fim, lembre-se de que nem todas as pessoas foram adequadamente alfabetizadas. Ainda que incomum, não é impossível que algum(a) jogador(a) de seu grupo não saiba ler ou tenha algum grau, ou de demência ou dislexia não descoberta, ou mesmo o analfabetismo funcional se faça presente. Ao planejar jogos, nunca escolha títulos que envolvam este potencial problema prático nas primeiras sessões, antes de conhecer, de fato, melhor seu grupo. É um gesto importante, inclusive, para não se gerar desconforto desnecessário no grupo.

Aspectos sonoros e de comunicação:

Há uma tendência, gradual e natural, de perda de audição ao longo da vida. Alguns jogos trabalham, justamente, esta parte de escuta e de fala. A parte da acústica e distanciamento entre pessoas de um grupo de jogo é relevante aqui, porque a proximidade e mesmo o gestual podem ajudar em casos de maiores dificuldades auditivas. Elas não são, necessariamente, comuns, mas sempre podem ocorrer ou se agravar ao longo do tempo.

Assim sendo, é importante que o dinamizador esteja atento, já no preparo de um jogo, sobre as regras a serem transmitidas; que fale com clareza e sempre peça o *feedback* do grupo sobre se entenderam as regras de um jogo. Um exercício interessante é, além de se perguntar "se entenderam", pedir para que alguém repita as regras (parcial ou totalmente).

Jogos com regras mais claras e simples facilitam o processo de explicação, então, novamente, nos primeiros encontros, sobretudo, busque regras rapidamente explicáveis e claras. Palavras que sejam suficientemente diferentes entre si também são interessantes.

Jogos cooperativos x jogos competitivos:

Ambos os tipos de jogos têm suas vantagens. Em grupos pré-formados, isto é, que já tem vínculo entre si, quaisquer jogos, desde que bem aplicados, costumam funcionar. Mas com grupos formados a partir da própria atividade, como uma oficina de memória criada em uma instituição, ou grupos abertos e com rotatividade muito alta, jogos cooperativos são importantes de estarem presentes, uma vez que favorecem o fortalecimento das relações sociais.

Jogos que estimulem trapaças e traições, como certos jogos de cartas bastante populares, em grupos ainda sem vínculo, não são recomendáveis como jogos iniciais.

Se for usar jogos competitivos, dê preferência a jogos em que a competição seja uma diversão equilibrada, mas não que criem um potencial de geração de ofensa e sentimentos negativos entre participantes.

Entre os jogos competitivos iniciais, jogos de busca de imagem, como jogos da memória, são bons exemplos de jogos na qual a competição ajuda a estimular o interesse no jogo, mas sem dificultar as relações de vínculo.

Cultura lúdica:

Dentro da nossa cultura, de maneira geral, os jogos são uma opção pouco estimulada. Quando são, muitas vezes o que vemos são somente jogos de azar e aposta como sendo a realidade, principalmente na terceira idade. Algumas pessoas, quando falamos de jogos para terceira idade, pensam em somente três opções: cartas, baralho e bingo. Quase que uma espécie de "Santíssima Trindade" lúdica.

Devemos, então, desconstruir um pouco desta impressão, seja de terceiros, seja do próprio grupo com o qual trabalharemos.

Jogos de cartas, como buraco ou tranca, são muito conhecidos por muitas pessoas na terceira idade. Mas são desconhecidos por uma parcela maior ainda. Apesar da imagem clássica de pessoas idosas jogando baralho, a realidade é que muitas destas pessoas, ou não joga há muito tempo, ou nunca jogou qualquer tipo de jogo de baralho - ao menos, em nossa experiência. Mesmo dominó não é, necessariamente, um jogo universalmente conhecido, e muitos dinamizadores podem ficar surpresos ao tentarem jogar "velhos conhecidos" e descobrirem que uma parcela razoável dos participantes não faz ideia das regras.

Ao pensar em um jogo para o trabalho com idosos, é preciso saber quais são os jogos que aquele grupo conhece. Se isso não for possível previamente, no mínimo, reserve um tempo da atividade para explicar as regras.

No começo, muitos terão dificuldades de entender como se joga. E isso tende a melhorar com o tempo e com mais jogos sendo introduzidos. Em nossas atividades, rotineiramente, observamos que as pessoas presentes com maior frequência, absorviam mais rápido regras novas com muito mais facilidade. Isso também faz parte da chamada "cultura lúdica", sobre a qual você encontrará outros textos a respeito neste livro.

Comece por jogos de regras mais simples e aumente gradativamente a dificuldade. Mesmo no planejamento inicial isso pode ser feito. Mas tente sempre levar jogos novos e diferentes para um grupo. Muitos jogos viram "xodó" de uma turma, mas é importante que exista variação.

Os desafios dos jogos, mesmo os que trabalham as mesmas funções cognitivas, sendo diferentes, constituem-se em um importante estímulo, e não devem ser ignorados como fator de escolha. A repetição, em si, de jogos, também é importante e tem seu espaço, até porque uma população mais velha tende a preferir mudanças um pouco mais lentas. Enquanto que em oficinas com crianças, é quase obrigatório levar-se, ao menos um jogo novo por semana, independentemente dos antigos ainda serem jogados, a sede por novidades na terceira idade é mais suave, e jogos e novidades podem ser introduzidos com uma frequência menor, de acordo com a satisfação e interesse do grupo. Se o grupo não expressar interesse em jogos novos, na média, um jogo novo por mês pode ser o suficiente para quebrar a rotina de atividades.

É fundamental que o dinamizador conheça e jogue o maior número de jogos possível, mesmo os que não considere adequados para a terceira idade, porque isso ajuda a pensar em versões simplificadas e atividades que possam, eventualmente, ser interessantes para o grupo.

Em relação ao bingo, cabe um espaço específico para discussão: há alguns anos tivemos no país um problema social sério relacionado aos "bingos". Aprovados por alguns anos, eram comumente encontrados em diversos clubes e associações e, por detrás de sua intenção inicial de ajudar na arrecadação para algumas associações, o que se viu na prática, foi um problema relacionado ao vício em jogos acentuado. Isto pesou enormemente na proibição de bingos como atividade, e, em alguns casos, o sentimento negativo ou mesmo traumático familiar é facilmente associável e, inclusive, generalizável a todos os demais tipos de jogo. O mesmo vale, aliás, para casos mais raros de pessoas que não gostam ou têm preconceito com jogos de cartas, apesar de ser um pouco menos comum em nossa experiência.

Cabe, em virtude disso, um cuidado redobrado no uso de bingos com grupos. Se for realizar algum, as cartelas não devem ser vendidas de forma alguma. Em segundo lugar, a premiação deve ser feita, se ocorrer, com objetos simples e de valor irrisório, como bombons de uma caixa (desde que não existam pessoas com problemas como diabetes), elásticos de cabelo etc.

Fora isso, o bingo é um jogo que, mesmo sendo divertido, tem muito mais a ver com sorte do que com desafios, e tem problemas com aspectos visuais e auditivos. Mas consideramos que uma forma alternativa é a de se realizar uma atividade com bingos não numéricos, e, sim, conceituais. Por exemplo, o sorteio é de palavras, e para preencher a cartela, os jogadores precisam encontrar a imagem correspondente (ex.: casa + figura de casa), ou de reconhecimento de frutas, animais, cores etc.

Uma peça sorteada pode ter a imagem de uma forma (círculo, por exemplo) e uma cor (ex.: vermelho). Para preencher uma casa, o jogador precisa não apenas encontrar algo vermelho, mas uma forma arredondada vermelha, que pode ser só um círculo vermelho, ou uma bola de brinquedo com vermelho dentro dela etc.

Criar materiais próprios dá algum trabalho, mas pode ser recompensador em termos de resultados.

Tamanho de grupo:

Este é um fator variável, mas consideramos que, inicialmente, não sejam criados grupos com mais de 6 pessoas. A maior parte dos jogos de tabuleiro não suporta um número maior de participantes. Se houver a necessidade de grupos maiores, há algumas soluções.

Por exemplo, jogos rotativos. Separe os grupos em mesas. A cada 30 minutos, por exemplo, os jogos mudam de mesa (mas não os/as jogadores/as, preferencialmente, pelos riscos de queda que podem estar envolvidos). Outra possibilidade são jogos planejados como uma apresentação (uso de telões com *powerpoint* etc.) caso a instituição tenha esse recurso disponível, permitindo que o grupo possa visualizar a atividade e, assim, fazer a tarefa.

Os grupos também podem ser mesclados entre grupos de "veteranos", isto é, frequentadores mais antigos de uma oficina de jogos, e os mais novos, com os jogadores mais experientes explicando e ensinando as regras de jogos para os mais novatos. Esta opção é interessante, do ponto de vista social, porque fortalece os vínculos afetivos e o sentimento de grupo, bem como estimula os jogadores mais antigos a reverem seus papéis sociais e de conhecimento.

E existe, sempre, a opção de mais profissionais, estagiários ou voluntários dando apoio. Neste caso, é importante que quem for ajudar tenha algum preparo mínimo anterior sobre o que será jogado e sua função.

Fase de planejamento ativo ou reativo:

Complementar ao modelo projetivo, nessa fase, como uma forma de planejamento em que a relação cotidiana e frequente com um grupo lhe ajudará a decidir as atividades lúdicas.

O planejamento ativo não se opõe ao planejamento projetivo ou prévio, mas o complementa. É, aliás, igualmente fundamental, na medida em que o planejamento ativo, por vezes, encaixa-se com a frase "na prática, a teoria é outra".

Respostas emocionais:

Entendemos que a escuta e a observação são mecanismos fundamentais na organização de uma oficina lúdica. A aplicação de jogos é uma experiência, para o grupo e para o dinamizador. E, por vezes, pode ser tão intensa a relação com um jogo que isso se reflete nas relações sociais de médio e longo prazo entre os(as) participantes, ou mesmo pode trazer mudanças bastante positivas na percepção de si mesmas.

Em virtude disso, um bom sinal de que a oficina está indo bem é quando o riso, a alegria e o interesse por quem dela participa, é facilmente percebido. Se há um sinal a ser sempre observado é: seus jogadores ou jogadoras estão se divertindo? Se não, este é um bom momento para rever a escolha de jogos disponibilizados, por exemplo.

Respostas cognitivas:

Este é um aspecto de dificuldade um pouco maior de análise. Na maior parte das vezes, exceto em casos de ações declaradamente terapêuticas, nem mesmo precisa ser feito de forma muito detalhada. Mas é interessante notar, por exemplo, se o mesmo jogo, aplicado em diferentes momentos, vai sendo jogado mais facilmente pelos presentes. A grosso modo, um jogo que estiver apresentando uma curva de aprendizagem, está, sim, de algum modo, sendo benéfico como exercício para o grupo ou jogador. Há casos em que uma pessoa pode apresentar muita dificuldade de memorização, como no caso de algumas situações em que um(a) jogador(a), por exemplo, esteja em processo de um quadro neurológico mais avançado. Talvez este seja um dos principais desafios com jogos nesta faixa etária. Por melhor e mais preventivos que jogos possam ser, eles não são eficientes para todos os casos. A sugestão aqui é que se um(a) jogador(a), por exemplo, apresentar dificuldades com jogos muito complexos, e isto se repetir em jogos mais simples, que o dinamizador consulte, sempre com discrição, um profissional ou a coordenação do grupo no qual esta pessoa se inscreveu e descubra quais procedimentos são recomendados em casos assim.

Jogos infantis:

Algumas vezes, jogos infantis são uma boa opção para estes grupos. Mas é preciso a ressalva de que isso não significa infantilizar as pessoas do grupo. A razão pela qual jogos para crianças funcionam bem (em muitos casos) é a de que estes jogos costumam ser planejados de forma a estimular áreas cognitivas e de coordenação específicas para o desenvolvimento.

Estes jogos também costumam ter figuras maiores e coloridas, o que em casos de pessoas com baixa visão, pode fazer uma boa diferença no entendimento de um tabuleiro ou cartas.

Mas há uma outra razão para isso: É comum entre pessoas de terceira idade a ausência do hábito de jogar. Por isso, muitas vezes introduzir um jogo de regras mais complexas logo de início, pode ser a receita para o desastre. Reconquistar a confiança e o interesse em uma aula de jogos sem experiências prévias anteriores, é bem mais difícil do que fazer isso de modo mais gradual.

Em termos práticos, jogos mais simples permitem uma compreensão mais rápida de regras e tornam as primeiras aulas mais divertidas, criando vínculos sociais importantes. Mas esta é uma opção que não precisa ser feita por prazos muito longos.

De acordo com nossa experiência, jogos como *Fantasma Blitz* com regras simplificadas, e *Escada Assombrada* (Devir) , por exemplo, trouxeram excelentes resultados. Jogos de construção de torres, como *Jenga*, e jogos de percepção visual e coordenação, como *A Corrida das Cores* (Ludens Spirit) também trouxeram excelentes respostas. Já jogos como *O Monstro das Cores* nem chegaram a ser aplicados, porque a avaliação é de que não teriam sido de grande interesse em nossas oficinas.

Jogos narrativos:

Experiências menos positivas foram alcançadas com jogos narrativos, como jogos de imagens com cartas sugestivas de histórias, e mesmo "dados de contação de história". Este relato é importante porque não se pretende, aqui, que seja uma verdade para outros grupos. Mas enquanto planejamento, a ideia parecia excelente. Utilizamos, certa vez, um jogo de RPG sobre contos de fadas, com fichas traduzidas, na qual, esperava-se, a resposta fosse imensamente positiva. Os(as) jogadores(as) entraram na história, tomaram decisões adequadas e entenderam as regras. Porém, os relatos após a oficina, ainda que bem-educados, foram extremamente negativos.

Que fique claro, isso não é uma regra universal. Por exemplo, existem vários relatos positivos de RPG com terceira idade. Em escolas e eventos, muitos RPGs são aplicados com crianças com respostas imensamente positivas. Mas, em nossa experiência com a terceira idade, foi a atividade com a pior avaliação que já obtivemos."Odiar" define bem o sentimento dos(as) participantes. Faz parte e é importante que estes limites sejam conhecidos.

Equipe de apoio:

Fundamental para que os momentos reativos ocorram de forma adequada, é que existam profissionais de suporte nas oficinas. Isto inclui auxiliares ou outros dinamizadores; profissionais de diferentes áreas (fisioterapia, psicologia, neurologia, assistência social, por exemplo); e uma coordenação do local que seja, sempre que possível, acolhedora e tenha objetivos compatíveis com a atividade. Quando os jogos ocorrem em reuniões abertas, por exemplo, isso não apenas ajuda a despertar interesse por pessoas que desconheciam a oficina, mas permite que diferentes profissionais sem familiaridade com jogos entendam a dinâmica de uma oficina. Outros profissionais podem ajudar na sugestão de jogos, na percepção de quais atividades podem ser interessantes de serem desenvolvidas, ou, em alguns casos de necessidades específicas, darem suporte e encaminhamento para problemas específicos e individuais.

Aspectos materiais:

Dependendo do local onde se aplica uma oficina, existem chances de não haver suporte na compra de jogos, ou mesmo de materiais como papel e lápis. Convém usar jogos mais duráveis, se possível a preços acessíveis e de fácil transporte, se esta for a realidade do local onde se realiza uma oficina. Há alguns profissionais que se especializam na fabricação dos próprios jogos, usando materiais de festa ou recicláveis, por exemplo. Esta é uma saída, sobretudo em condições na qual uma oficina de jogo é individualizada e existe o interesse de que aquele jogador, mesmo fora da oficina, possa realizar aquele mesmo jogo mais vezes, com parentes ou amigos, por exemplo, em casos de manutenção cognitiva ou física, por exemplo.

Quando os jogos forem deixados na instituição, sendo jogos particulares do dinamizador, emprestados para a oficina, ou jogos da instituição, é importante que eles fiquem em locais seguros e não acessíveis sem supervisão. Muitos bons jogos, doados ou adquiridos com dificuldade, podem se estragar sem este cuidado. Idealmente, pensem em jogos que possam ser usados inúmeras vezes, mesmo que de diferentes formas, com um grupo.

Sobre tempo e periodicidade:

Consideramos que o ideal seja com uma oficina semanal, com tempo de aula entre uma hora e meia a duas horas. Como outros itens, profissionais diferentes podem ter experiências diferentes, mas dado que o desconforto físico por ficar muito tempo em cadeiras, e outros compromissos além de um relativo cansaço que o jogar traz, períodos maiores passam a trazer desinteresse ou tédio rapidamente. Muitas vezes, é o inverso, alunos de uma oficina desejam permanecer mais tempo jogando, por exemplo, mas isso não é uma verdade para todos, então esta média de aula costuma ser a de máxima eficiência.

Aulas com menos tempo, por exemplo, 50 minutos, são possíveis, mas nestes casos, os jogos precisam ser planejados antes, com maior cuidado para que o tempo de jogo não ultrapasse o horário.

Quantidade de opções e renovação de jogos:

Opções demais costumam ser frustrantes. Raramente um grupo entra totalmente em acordo com um jogo de preferência para aquele dia. Mas costumamos levar ao menos duas ou três opções de jogos por aula. Enquanto crianças cansam muito mais rapidamente de um jogo, inclusive os que amam, em oficinas de terceira idade, o que temos observado é que a permanência do interesse por um jogo é um pouco maior. Mas em termos práticos, evite levar o mesmo jogo duas oficinas seguidas. Nossa recomendação é que um jogo retorne a cada duas ou três semanas, mantendo o interesse pela atividade.

Empréstimo de animação:

Em uma atividade lúdica, sobretudo em grupos em que as pessoas pouco se conhecem, o dinamizador é a figura de junção entre os participantes. Exatamente por isso, recomenda-se bom humor e animação no apresentar de jogos e na interação com os jogadores. Brincar quando alguém perde, não costuma ajudar, mas comentar, em tons nitidamente exagerados, que alguém está "ganhando demais", animação com boas jogadas e ajuda eventual e rápida com participantes que estejam com dificuldades em um jogo, auxiliam a atividade a ser uma experiência agradável para todos os presentes. Algumas vezes já tivemos oficinas paralisadas porque uma participante, por exemplo, comentou ou de uma marcha de carnaval, ou de um filme durante o jogar e os alunos passaram a conversar sobre isso animadamente.

Este tipo de situação é relevante, porque significa que, entre outros benefícios do jogar, a socialização entre membros está ocorrendo.

Claro que em alguns momentos é preciso lembrar aos participantes de retornarem ao jogo, sobretudo quando o horário de uma oficina está perto demais do fim. Mas quando este prazer de viver está presente em um grupo, é positivo.

Observe que nem todas as pessoas desejam jogar tudo. O convite pode ser feito, mas a participação precisa ser espontânea. No caso da terceira idade, como é uma atividade, normalmente, voluntária, isso não costuma ocorrer. Mas se uma participante não desejar jogar naquele momento, é preciso escuta e liberdade para isso.

Tamanho do grupo:

Nem sempre isso é possível ou desejável, mas considere grupos de, no máximo, 8 participantes. A maioria dos jogos de tabuleiro suporta entre 4-6 pessoas, e em casos de grupos maiores que isso, nestas atividades, costuma ser interessante dividir o grupo em duas mesas próximas. Mas há atividades em que os jogos podem ser adaptados. Um grupo de alunas queria jogar junto, por exemplo, dominó. O que elas mesmas inventaram como solução foi interessante e simples: juntaram dois jogos de dominó com peças de cores diferentes (para facilitar a arrumação posterior) e distribuíram as peças normalmente. O jogo continuou funcional (só demorou um pouco mais, pelo número elevado de pessoas, uma vez que a rodada era mais lenta) e tudo correu bem.

Outras vezes, com o mesmo grupo, foram escolhidos dois jogos de duração aproximadamente igual, e cada grupo jogava o seu jogo, sendo permitido troca de grupo ou jogos a partir do interesse.

A divisão de um grupo nem sempre é desejável inicialmente, uma vez que fortalece ou cria as chamadas "panelinhas" e diminui a possibilidade de se criar vínculos afetivos com um número maior de pessoas. Mas, com o tempo, afinidades mais específicas e amizades podem surgir. O ideal, a longo prazo, é que mesmo que se permitam estes grupos menores de ocorrerem na prática, que existam aulas e momentos em que eles sejam desfeitos, principalmente em jogos mais competitivos.

Abrindo espaços:

Jogar com esta faixa etária é uma experiência rica e agradável. Mas, apesar de ser uma atividade que, muitas vezes, se imagina como interessante, ainda existem poucos espaços que permitam que estas atividades ocorram. Por isso é importante que o dinamizador que tenha interesse em realizar uma atividade similar busque, ativamente, criar estes espaços possíveis.

Procurar locais com atividades para terceira idade, conversar com associações de moradores, oferecer a oficina em clubes ou escolas que tenham espaços para a comunidade, por exemplo, são ações relevantes.

Também é fundamental que o preparo do profissional esteja em constante desenvolvimento. Há cursos especializados para jogos e atividades lúdicas, palestras, canais e livros e artigos discutindo o tema, profissionais que atuam nesta ou em áreas similares com quem é possível trocas de ideias e experiências.

Há uma enorme demanda (nem sempre facilmente percebida, mas que existe) crescente por atividades que estimulem a terceira idade, sobretudo em aspectos cognitivos, e ainda é muito recente a percepção dos benefícios que o lúdico e o jogar podem trazer, tanto na recuperação como na prevenção cognitiva.

Não faz muitos anos que se falar, por exemplo, de RPG e oficinas de jogos de tabuleiro com crianças, sobretudo ocupando o espaço de aula, era algo estranho. A partir de 2010, quando atividades deste gênero começaram gradualmente a aparecer com volume de maior vulto, é que muitos educadores e pais, passaram a tomar conhecimento a respeito deste tipo de atividade/abordagem em educação. Este é um espaço ainda em construção, mas com enormes avanços desde então.

Com a terceira idade existem, ainda, as mesmas dificuldades. Talvez agravadas pela ideia de que o jogar é "coisa de criança", bem como outros preconceitos que ainda persistem sobre a saúde física e emocional destas pessoas.

Sentar e jogar com esta faixa etária deveria ser algo simples e corriqueiro. Mas não sendo, cabe a nós, que enxergamos estas possibilidades, ajudarmos a criar maior visibilidade para este tipo de oficina.

Referências

SILVA, Luna R. F. *Da velhice à terceira idade: o percurso histórico das identidades atreladas ao processo de envelhecimento*. Rio de Janeiro: Revista História, Ciência, Saúde-Manguinhos, 2008. Disponível em: https://www.scielo.br/j/hcsm/a/kM6LLdqGLtgqpggJT5hQRCy/?lang=pt. Última visualização em 06/03/2022.

Ludografia

SCOTT, L. *Jenga*. São Paulo: Grow, 1983.
Corrida das cores. São Paulo: Ludens Spirit, 2019.
SCHANEN, M. *As Escadas Assombradas*. São Paulo: Devir, 2003.
ZEIMET, J. *Fantasma Blitz*. São Paulo: Devir, 2010.
ALLUE, J. GÓMEZ, D. *O Monstro das Cores*. São Paulo: Devir, 2018.

OS PROJETOS COLETIVO NERD E STAND NERD (IFRJ)

Kate Batista
   Bióloga, especialista em Educação Lúdica e doutoranda no Instituto Oswaldo Cruz, fez estágio em docência no Instituto Federal de Educação do Rio de Janeiro onde atuou no Stand Nerd e pretende seguir atuando.

Leonardo O. Costa
   Professor de Microbiologia do Instituto Federal de Educação do Rio de Janeiro. Jogador de RPG desde os 12 anos de idade, já tendo jogado e narrado diversos RPGs. Na infância, jogou os jogos clássicos: *War, Banco imobiliário, Jogo da Vida, Detetive*. Em 2012, iniciou o contato com os jogos de tabuleiro moderno e elaborou juntamente com alunos do médio técnico o primeiro protótipo de jogos para aprendizagem. A partir de 2015 realiza os projetos Stand Nerd e a partir de 2018 orienta o Coletivo Nerd Stanley Lieber, criado pelos alunos do *Campus* Rio de Janeiro do IFRJ.

OS PROJETOS COLETIVO NERD E STAND NERD (IFRJ)

O surgimento dos projetos Stand Nerd e Coletivo Nerd

Este capítulo traz a você, caro leitor, um relato da prática de jogos de tabuleiro para além da sala de aula, a partir da criação de uma comunidade de jogos de tabuleiro dentro de uma escola técnica de nível médio, na cidade do Rio de Janeiro. No início não sabíamos até onde iríamos e nem onde a iniciativa iria nos levar. Ainda não sabemos, mas sabemos que não vamos parar.

Na busca de utilizar jogos de tabuleiro em sala de aula, de criar jogos para aprendizagem, e na necessidade de criar e desenvolver a cultura dos jogos de tabuleiro e do RPG no Instituto Federal do Rio de Janeiro (IFRJ), foram criados o Stand Nerd e, em seguida, o Coletivo Nerd. Ambos promovem o repertório lúdico dos alunos do *Campus* Rio de Janeiro do IFRJ, deste 2015.

O que podemos dizer, é que o Stand Nerd surgiu em 2015 como proposta de criação de um espaço cultural no evento anual *Semana da Química*, do IFRJ - *Campus* Rio de Janeiro. No primeiro período deste ano, alguns alunos que jogavam RPG, jogos de tabuleiro e gostavam de anime, propuseram: "Não seria legal haver um projeto discente que mostre os jogos de tabuleiro, RPG, animes e mangás na Semana da Química?".

E foi através desta pergunta que estes alunos deram a ideia de montar um projeto para promover a cultura Nerd/Geek. Além da ideia, estes alunos também foram os primeiros protagonistas desta história. Nos meses seguintes, nos reunimos praticamente uma vez por semana para montar a primeira edição do Stand Nerd, que aconteceu pela primeira vez na sala 113 do *campus*. Esta sala, construída com divisórias, comportava apenas duas mesas redondas, ou seja, começamos em um espaço bem pequeno, em uma sala que não tinha sido escolhida por outros alunos para apresentarem outros projetos durante o evento. Achamos que o espaço seria bom o suficiente, que poucas pessoas se reuniriam ali. Nos surpreendemos.

Neste contexto, é importante ressaltar que o historiador e ludólogo Johan Huizinga, em seu livro *Homo Ludens* (1999) afirmou que o jogar precisa ser espontâneo e voluntário. Sob esse espírito, o Stand Nerd passou a promover este pequeno espaço, onde os alunos podiam, também nas palavras de Huizinga, adentrar no *círculo mágico* dos jogos, de forma voluntária, sem qualquer obrigação acadêmica. Este espaço segue existindo durante a Semana Acadêmica de nosso *campus* desde então.

Em 2018, um grupo de alunos do ensino médio-técnico do *Campus* concluiu que este espaço de uma semana, uma vez por ano, não era suficiente, e resolveu criar, espontaneamente, o Coletivo Nerd, rebatizado logo em seguida como Coletivo Nerd Stanley Lieber, em homenagem a Stan Lee, falecido pouco tempo depois da criação do coletivo. Desta forma, o Coletivo Nerd tem buscado promover espaços para jogos de tabuleiro, RPG, *card games* e outros elementos da *cultura Nerd/Geek*, segundo os alunos, durante todo ano. A partir deste ano, os alunos do Coletivo Nerd, de forma voluntária, passam a se juntar ao Stand Nerd para promover o uso de diferentes mecânicas de jogos de tabuleiro, organizar campeonatos, mesas de RPG, sessões de anime, entre outros elementos dessa cultura, no IFRJ. A tabela 01 resume as edições do Stand Nerd:

Tabela 1 – Resumo das edições do Stand Nerd desenvolvidas no Campus Rio de Janeiro de 2015 a 2021.

Da primeira à quinta edição do Stand Nerd

Como mencionado anteriormente, a primeira edição foi numa pequena sala e teve uma programação bem diferente das outras edições, com dias exclusivos para anime e mangá (Figura 1) e algumas palestras inseridas no meio da programação. Tivemos dificuldade de conseguir conciliar todas as atividades, por causa do pequeno espaço na época. Na primeira edição também tivemos a visita dos organizadores do evento Diversão Offline (DOFF)[1], que iria ter sua primeira edição em 2015, e protótipos do pessoal da extinta editora Riachuelo Games. Já a segunda edição teve um foco maior nos jogos de tabuleiro e RPG, graças à demanda dos alunos e ao fato de sabermos de antemão que iríamos permanecer com o mesmo espaço disponibilizado no ano anterior. Desta forma, a programação da segunda edição foi bem mais enxuta, mas ainda assim, contou com um campeonato do maior *card game* de todos os tempos: o *Magic: the Gathering* (figura 2).

STAND NERD (Atração Cultural na XXXV SEMANA DA QUÍMICA)

"RIO DE JANEIRO: PRODUZINDO CIÊNCIA HÁ 450 ANOS" (19 a 24 de outubro 2015)

Horário	Terça-feira 20/09/2015	Quarta-feira 21/09/2015	Quinta-feira 22/09/2015	Sexta-feira 23/09/2015
8:00 - 10:00	Stand de mangás	Stand de mangás	Mesa de RPG e Jogos de Tabuleiro	Mesa de RPG e Jogos de Tabuleiro
10:00 - 11:00			Palestra: Os Mistérios do jogo de xadrez	Palestra: Uma Visão Geral sobre os Jogos de Tabuleiro Moderno
11:00 - 12:00			Mesa de RPG e Jogos de Tabuleiro	Mesa de RPG e Jogos de Tabuleiro
12:00 - 13:00				
13:00 - 14:00	Palestra: Quadrinhos e animações japonesas	Palestra: Quadrinhos e animações japonesas	Mesa de RPG e Jogos de Tabuleiro	Palestra: A História do RPG Dungeon and Dragons
14:00 - 17:00	Filme: Naruto	Filme: Cavaleiros do Zodíaco		Mesa de RPG e Jogos de Tabuleiro
17:00 – 18:00	Karaoke	Karaoke	Palestra: O que é o RPG (Role Playing Game)?	

Palestras	Palestrante
Quadrinhos e animações japonesas	Matheus Froyd e Diogo Gomes
Os Mistérios do jogo de xadrez	Professor: Flávio Cid Muniz Ferreira
O que é o RPG (Role Playing Game)?	Professor: Leonardo Emanuel de Oliveira Costa
Uma Visão Geral sobre os Jogos de Tabuleiro Moderno	Professor Leonardo Emanuel de Oliveira Costa
A História do RPG Dungeon and Dragons	Professor: Leonardo Emanuel de Oliveira Costa

Figura 1 – Programação da 1ª edição do Stand Nerd 2015.

---

1 Evento de porte nacional, especializado em jogos de tabuleiro.

PROGRAMAÇÃO CULTURAL

STAND NERD

Coordenador: Leonardo Emanuel de Oliveira Costa
Sala 113
Público acima de 12 anos

O stand Nerd é um espaço dedicado aos jogos de tabuleiro e ao RPG (jogo de interpretação de papéis) dentro da Semana da Química! Os Jogos de tabuleiro moderno permitem a socialização além de promover a criatividade, o pensamento lógico entre outras habilidades.
Venha nos visitar!

Atividade	Horário
Jogos de Tabuleiro Modernos Mesa de RPG	19/07 a 21/07 De 9h às 18h
Campeonato de Magic the Gathering	22/07 De 9h às 18h

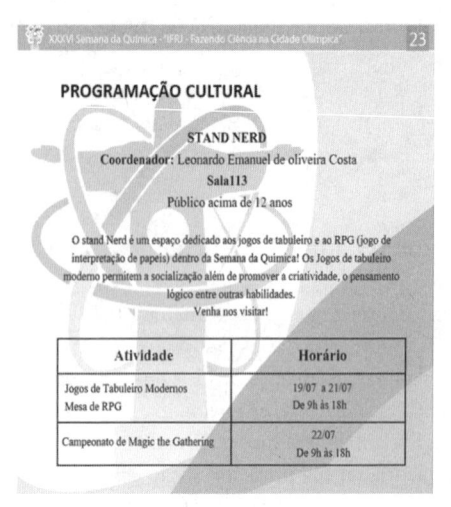

Figura 2 – Programação da 2ª edição do Stand Nerd 2016.

Embora o espaço da segunda edição tenha sido o mesmo, a escolha de focar nos jogos acabou dando uma maior visibilidade ao projeto. Formou-se uma fila de alunos para jogar quase todos os dias, e este chamou a atenção da organização do evento.

Com o sucesso da segunda edição, o projeto conseguiu em 2017 um espaço um pouco maior (a Sala 209) que permitia um número maior de mesas simultâneas. Para este novo espaço, os alunos montaram uma programação voltada para as visitações das escolas de fundamental 1 e 2 na parte da manhã, com jogos mais simples e de curta duração, e uma programação na parte da tarde, com jogos leves, médios e pesados para atender aos alunos do IFRJ.

Deste segundo público, alguns alunos começaram a se interessar por jogos de maior complexidade e maior duração. Neste contexto, os jogos de tabuleiros modernos começaram a fazer parte da cultura dos alunos do *Campus* Rio de Janeiro do IFRJ. Novamente, o projeto foi um sucesso e filas se formaram no segundo andar do IFRJ. Por estes motivos, tivemos dois desdobramentos óbvios: o projeto conseguiu um espaço ainda maior para o evento de 2018; e neste ano, os alunos se organizaram e criaram o Coletivo Nerd.

Horário	Terça-feira	Quarta-feira	Quinta-feira	Sexta-feira
8:00 - 12:00	Atendimento ao público externo - Visita de 30 minutos e apresentação de jogos de tabuleiro moderno de curta duração (20 - 30 minutos)			
12:00 - 13:00	Horário de almoço			
13:00 - 18:00	Atendimento ao público interno - Jogos de Tabuleiro Moderno de diferentes temáticas e Mesas de RPG			

Figura 3 – Programação da 3ª edição.

A 4ª edição do Stand Nerd (2018) foi um marco para o projeto, pois conquistamos o espaço da Biblioteca. A Biblioteca do *Campus* permite um número bem maior de mesas simultâneas. Tivemos uma palestra sobre a reconfiguração das histórias em quadrinhos da Marvel após os atentados de 11 de setembro de 2001. Criamos uma ficha de partida, onde fizemos um *ranking* dos jogos, tivemos visita de *designers* brasileiros que testaram seus jogos, tivemos lojas e editoras que apoiaram o evento e criamos a página do Facebook (@stand.nerd.ifrj) e o Instagram do projeto (@stand.nerd.ifrj).

Se nos você leu até aqui, pegue seu celular e siga o Stand Nerd nas redes sociais!

Empolgados com o novo espaço disponibilizado para o projeto, a 5ª edição do Stand Nerd veio com tudo: conseguimos o apoio de lojas, editoras, influenciadores digitais e estúdios. Criamos subeventos dentro do evento como: (I) o espaço Mesa do *designer*, onde recebemos *designers* com seus protótipos e/ou jogos recém-lançados; (II) o espaço Ciência na mesa, onde apresentamos jogos que possuem fidedignidade científica ou foram projetados com a intenção de ensinar conceitos de forma divertida; (III) Campeonatos de jogos de tabuleiro. Tivemos também a votação do nome do nosso mascote, que foi batizado de Erlenmeeple (Figura 4).

Figura 4 – Mascote do Stand Nerd – Erlenmeeple.

O Coletivo Nerd Stanley Lieber

Os alunos do Stand Nerd promovem durante o ano letivo um *Card Game Semanal*, além de eventos mensais como oficinas para quem quer aprender a jogar RPG e jogos de tabuleiro, discutir filmes, séries e animes.

Um dos eventos organizados pelo Coletivo Nerd, depois de algumas reuniões entre os alunos, foi o Star Wars Day em 2019, que reuniu vários alunos no auditório da escola para assistir e discutir *Star Wars: Episódio IV – Uma Nova Esperança* com pipoca e reuniram em torno de 100 pessoas. No meio da luta de Obi-Wan contra Darth Vader no filme, surgem dois *cosplayers* profissionais do Esquadrão Rio encenando a luta, um momento surpresa organizado pelos alunos do coletivo! Nesse dia ainda foram apresentados e jogados jogos de tabuleiro com a temática *Star Wars*, depois do filme.

Figura 5 - Cosplayers do Esquadrão Rio. Obi-Wan e Darth Vader.

Um capacete e uma almofada foram doados pelo Esquadrão Rio, que foram rifados durante o Stand Nerd 2019, arrecadando-se latas de leite para doação à instituições de mulheres em situação de rua.

"*Foi realmente um evento muito grande que a gente usou um poder que a gente não sabia que tinha como estudante!*" Relata Gabriel Esch, um dos alunos que ajudou a organizar o evento.

Figura 6 - Este material foi rifado pelos alunos do Coletivo Nerd para arrecadar doações para instituições (arquivo pessoal).

Além disso, o Coletivo Nerd sustenta doações de revistas em quadrinhos para compor uma estante da biblioteca.

O Coletivo também foi responsável pela organização de um campeonato interno de *League of Legends* com 5 times equilibrados, transmissão *online* com direito a comentaristas e mais de 50 espectadores.

Stand Nerd e Coletivo Nerd recebe o Devir Escolas

Logo depois de participar ativamente da 5ª edição do Stand Nerd, apresentando jogos no espaço onde ocorria o Stand, na biblioteca, a Devir nos deu a honra de receber o representante Nuno Venâncio em nosso auditório, e desta vez para conversar com os professores do *Campus* Rio de Janeiro do IFRJ.

Foi falado um pouco sobre as novas diretrizes da Base Nacional Comum Curricular (BNCC) e como alguns jogos da Devir se encaixavam em suas propostas.

A 1ª edição Virtual do Stand Nerd

Com a pandemia da Covid 19 tivemos que nos reinventar: em 2021 surge a ideia de realizarmos a primeira edição virtual do Stand Nerd, graças ao fato de estarmos impossibilitados de fazer eventos presenciais. Neste contexto, criamos nosso canal no Youtube[2]. Desta forma, com ajuda de membros da rede *Ludus Magisterium*, e dos alunos do Coletivo Nerd, criamos um Canal no Discord e montamos um evento na plataforma Even3.

Recebemos o apoio da Devir, como no ano anterior, além de outras editoras; também fomos apoiados pelo evento *Se Joga* e pela empresa Gorro do Saci, para a realização da primeira edição virtual do Stand Nerd com palestras, mesas virtuais de jogos de tabuleiro e RPG; e ainda, lives na *Twitch* TV em parceria com o canal sobre jogos e tabuleiros *After Match*.

Nesta primeira edição virtual, realmente nos reinventamos. Alunos com habilidades em *design* como a Hellen Prevot, fizeram a arte, outros com mais habilidade no Discord, organizaram as salas, como quem organiza um evento físico. Nos surpreendemos com a capacidade de união e engajamento dos alunos para que não ficássemos novamente sem o Stand Nerd, porque não poderíamos nos ver pessoalmente.

Abaixo, você pode conferir nossa programação no evento Virtual:

---

2 Ver: (https://www.youtube.com/c/StandNerd). Aproveita e dá uma força pro Stand Nerd se inscrevendo no canal!

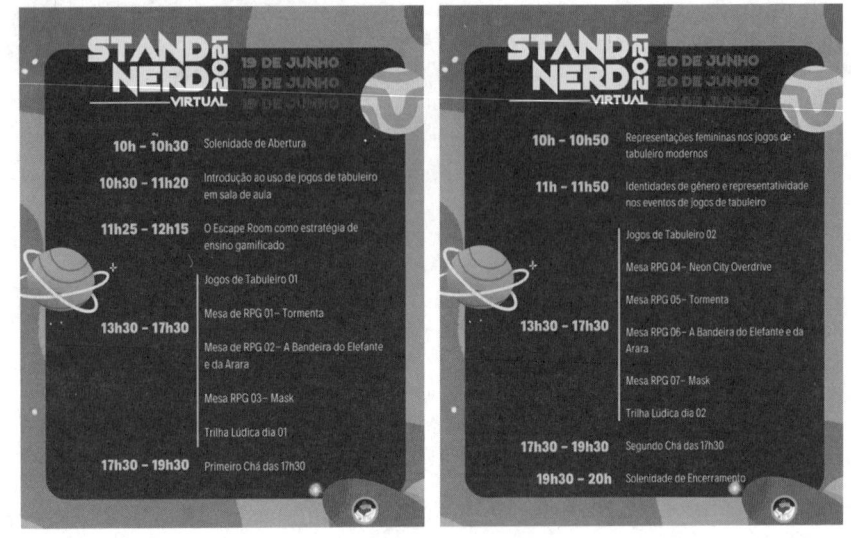

Figura 7 – Programação do evento virtual em 2021.

Conversamos sobre uso de jogos em sala de aula, sobre *Scape Room*, sobre temas mais polêmicos no universo dos jogos como a identidade de gênero e o machismo. Além disso, tivemos várias mesas de RPG e mesas de jogos de tabuleiro em plataformas digitais, com monitores disponíveis para ensinar e auxiliar no uso das plataformas, bem como jogar determinados jogos. Tudo isso ocorreu de forma simultânea e permitiu ao participante escolher qual atividade o agradava mais, como é quando o evento ocorre na biblioteca, mas com a segurança de se poder "lotar uma sala" sem o perigo de contaminação por Covid-19.

O projeto Stand Nerd Entrevista

Com o canal do *Youtube* e uma conta paga do *StreamYard*, aliada à vontade de divulgar o que é feito pelas pessoas que fazem parte da *Ludus Magisterium*, o Stand Nerd criou, ainda em 2021, o projeto Stand Nerd Entrevista.

Feito em três blocos, as perguntas eram padronizadas para todos os entrevistados: um primeiro bloco com perguntas sobre o passado do entrevistado, um segundo bloco sobre a vida profissional, e o terceiro bloco com perguntas de respostas rápidas (não tão rápidas assim).

Entrevistamos diversos profissionais que trabalham com o uso de jogos na educação de forma informal e ampla explorando o passado, a atuação e as perspectivas dos participantes. Segue o Stand Nerd no *Youtube* pra conferir!

Se você quiser verificar as entrevistas da primeira temporada, pode acessar a seguinte playlist: https://www.youtube.com/watch?v=xfug2HYhqT4&list=PLXKdf-tpbKOl5AHjnUoUHai_XRE8CnLRB4. Ou acessar o *QR Code* abaixo (Figura 8).

Figura 8 - QR code para acessar a Playlist do Stand Nerd Entrevista 1ª edição.

Conclusões

O Coletivo e o Stand Nerd são projetos que, juntos, trabalham de forma prazerosa e sutil as 10 Competências Gerais[3] da BNCC, no Instituto Federal de Educação do Rio de Janeiro.

Acredito que você, que aspira ser um professor lúdico, pode buscar formas de promover a cultura dos jogos de tabuleiro na sua instituição, contribuindo de forma significativa para o processo de ensino e aprendizado da sua comunidade escolar.

Como reforçamos no capítulo sobre Repertório Lúdico, é preciso jogar e conhecer diferentes jogos; para aqueles que possuem afinidade com jogos será uma experiência incrível, e você provavelmente vai descobrir no meio do caminho quais são os jogos que mais lhe agradam, e quais se encaixam nos seus objetivos com seus alunos. Neste processo, você vai passar a jogar sempre vislumbrando como poderá aplicá-los em sala de aula.

Chegará o momento em que você irá se perguntar: "Como posso criar um jogo sobre determinado tema que leciono em sala de aula de forma a promover o ensino e aprendizagem dos meus alunos?" E se você chegar a dar este passo, devemos lhe sau-

---

3 São elas: Conhecimento; Pensamento científico, crítico e criativo; Repertório cultural; Comunicação; Cultura digital; Trabalho e projeto de vida; Argumentação; Autoconhecimento e autocuidado; Empatia e cooperação e Responsabilidade e cidadania.

dar como um companheiro do lúdico e dizer que ainda terá um longo caminho pela frente. Para ajudar, deixaremos aqui três outras indicações de literatura especializada além de *Jogos de Tabuleiro na Educação*, que você lê agora - para o caso de você ousar trilhar este caminho de fazer jogos de tabuleiro. A primeira indicação é um livro introdutório em português, com boas dicas. Os demais não dispõem de tradução (são em inglês) e indicados para aqueles que quer ir mais a fundo:

- Como Fazer Jogos de Tabuleiro. Manual Prático
- Building Blocks of Tabletop Game Design: An Encyclopedia of Mechanisms
- The Art of Game Design: A book of lenses Third Edition.

Referências

Costa, L. E. O. *Stand Nerd Virtual 1ª edição*, 2021. https://www.even3.com.br/standnerd2021/. Ultimo acesso em 06 de março de 2022.

FORTUNA, T. R. *Jogo em aula Recurso permite repensar as relações de ensino aprendizagem.* Revista do Professor. Porto Alegre, v.19, n.75, p.15-19, 2003.

Guia Escolas. *O que é educação sociemocional?* Portal Guia Escolas. Website disponível em: http://www.portalguiaescolas.com.br/acontece-nas-escolas/metodologia-de-ensino/o-que-e-educacao-socioemocional/ ultimo acesso em 06/05/2020.

Huizinga, J. (1999). *Homo Ludens: o jogo como elemento da cultura.* Perspectiva: São Paulo.

Instituto Ayrton Senna. *BNCC: construindo um currículo de educação integral: Desenvolvimento pleno.* Website disponível em: https://institutoayrtonsenna.org.br/pt-br/BNCC/desenvolvimento.html

Johansson, M.; Verhagen, H.; Åkerfeldt, A.; Selander, S. (2014). *How to design for meaningful learning – finding the balance between learning and game Components.* Proceedings of the European Conference on Games-based Learning. 1.

Devir 2018. *BNCC e Jogos de Mesa.* Disponível em https://devir.com.br/escolas/arquivos/BNCCJogosDeMesa.pdf ultimo acesso em 06/05/2020.

Devir 2016. *Neuroeducação e Jogos de Mesa.* disponível em https://devir.com.br/escolas/arquivos/Neuroeducacao.pdf, ultimo acesso em 06/05/2020.

ESCH, G. S.; OLIVEIRA NETO, J. A.; BATISTA, K. K. S.; COSTA, L. E. O. *Roda de Conversa: Stand Nerd.* In 1ª Semana Virtual de Arte, Cultura, Extensão, Pesquisa e Inovação do Campus Rio de Janeiro do IFRJ, 2020.Disponível em: https://www.youtube.com/watch?v=F_oYLGR28Pc&t=961s último acesso 06 de março de 2022.

La Carretta, M. (2018). *Como Fazer Jogos de Tabuleiro.* Manual Prático. Appris, 169 páginas.

Engelstein, G. & Shalev. I. (2019). *Building Blocks of Tabletop Game Design: An Encyclopedia of Mechanisms.* CRC Press 516 paginas.

Schell, J. (2019) *The Art of Game Design: A book of lenses.* Third Edition. CRC Press 654 paginas.

Ludografia

GARFIELD, Richard. *Magic: the Gathering.* São Paulo: Devir, 1993.

Epílogo...

Depois do fim, é o começo. É verdade que você tem muito o que pensar, planejar, criar e experimentar, a partir da imensa quantidade de informação reunida em Jogos de Tabuleiro na Educação. *Mas também é verdade que há tanto mais a descobrir, que decidimos oferecer, de última hora, uma espécie de "mapa da mina", um roteiro seguro e interessante para que você possa identificar caminhos de aprendizagem, perceber como diferentes saberes contribuem no campo de estudo dos jogos de tabuleiro na educação, e quais são as principais ferramentas digitais na aquisição do conhecimento nessa área - com direito a passo a passo de navegação em algumas delas!* (**Arnaldo V. Carvalho**)

Por onde se aprende sobre jogos de tabuleiro e educação

Quando um estudante termina um curso, quando um leitor termina um livro, quando uma experiência incrível chega ao fim, dá vontade de saber mais. Dá vontade de se envolver, aprofundar, realizar. Nem sempre o "fim" dá suporte ao que vem em seguida, mas isso não vai acontecer agora, neste livro. Sua aventura está apenas começando. Para seguir pelo "caminho dos tijolos de ouro" em se aprender sobre jogos e educação, muita coisa já foi dita por aqui. É hora de sistematizar o que foi falado e oferecer contextos práticos para quem deseja avançar rapidamente. O que estamos oferecendo neste epílogo é algo que geralmente os pesquisadores levam por vezes anos para conseguir esmiuçar, porque aos pioneiros, de "quando tudo era mato", coube a descoberta solitária, passo a passo, pontual, de uma realidade ainda muito fragmentária relacionada ao estudo dos jogos de tabuleiro, suas relações com a educação, suas especificidades e metodologias. Aliás, até hoje, mesmo entre especialistas, sabe-se muito sobre um lado do conhecimento, e pouco sobre outro. Agora você terá a oportunidade única de uma visão global sobre os estudos de jogos e educação e como eles são utilizados por quem estuda o contexto específico dos jogos de tabuleiro.

A primeira coisa a se ter em mente é que os estudos sobre jogos na educação se apoiam em três pontos:

• **ESTUDO TEÓRICO**, cujas fontes mais utilizadas são os livros, artigos e bancos de dados acadêmicos e não acadêmicos.
• **REDES DE APRENDIZAGEM**, que se formam em ocasiões esporádicas (como relacionadas a eventos), ou na interação entre pesquisadores em grupos e organizações (grupos de estudo acadêmicos e não acadêmicos, redes virtuais, organizações não governamentais, dentre outros).
• **PRÁTICA**, mais uma vez, através de eventos e da iniciativa pessoal dos educadores e interessados em jogos em educação.

Interrelacionados, tais pontos compõem a tríade da aprendizagem sobre jogos de tabuleiro em educação:

Imagem: *Tríade da Aprendizagem sobre Jogos de Tabuleiro em Educação (criação do autor)*.

Uma coisa puxa a outra: quanto mais você participa das redes, mais terá subsídios teóricos e prático;. a prática te faz retornar ao estudo e compartilhar com as redes; e o estudo precisa ser analisado e aplicado, o que pode ser feito junto aos pares das redes e praticado em seu ambiente de trabalho. Não há uma ordem ou uma prioridade. Os três pontos dessa tríade de aprendizagem são igualmente importantes, e por isso iremos ver detalhes de cada um deles, no que diz respeito aos jogos de tabuleiro, e como você pode aproveitar cada um deles e suas interações..

ESTUDO TEÓRICO

Até bem pouco tempo, um educador a usar jogos de tabuleiro em educação era um autodidata. Utilizando sua formação, sua experiência docente e seu gosto pelo jogar, ou ainda, na identificação do jogo como demanda das/dos alunas/alunos, ele foi criando e realizando suas propostas. Hoje, no entanto, há uma profusão de estudos, vídeos, sites, redes etc., que permitem o uso de uma série de fontes combináveis. Aqui, apontaremos para os livros fundamentais para as teorias utilizadas em jogos de tabuleiro na educação, mas também para aqueles que trazem os diferentes jogos na prática; para as plataformas, revistas e demais meios eletrônicos também destinados à teoria, e aqueles à experimentação e prática; e, finalmente, os grandes bancos de dados, tanto aqueles por onde se encontram contribuições científicas para o campo, como aqueles que funcionam como repositórios imensos em que são armazenadas fichas e descrições de milhares de jogos de tabuleiro. Comecemos por conhecer a literatura consagrada, especialmente a existente em língua portuguesa.

Os cânones de quem estuda jogos de tabuleiro e educação

As pesquisas em educação com jogos de tabuleiro são as mais diversas. As variadas disciplinas que gravitam em torno do tema e seus pesquisadores mostram o caráter multidisciplinar da atividade. Dentre as publicações oferecidas por esses campos, há verdadeiros cânones que merecem ser lidos por quem deseja ir a fundo no entendimento dos potenciais e possibilidades que tais investigações podem oferecer. Dependendo do ponto por onde você começa, diferentes caminhos podem ser percorridos.

Veja esse organograma de saberes e seus autores:

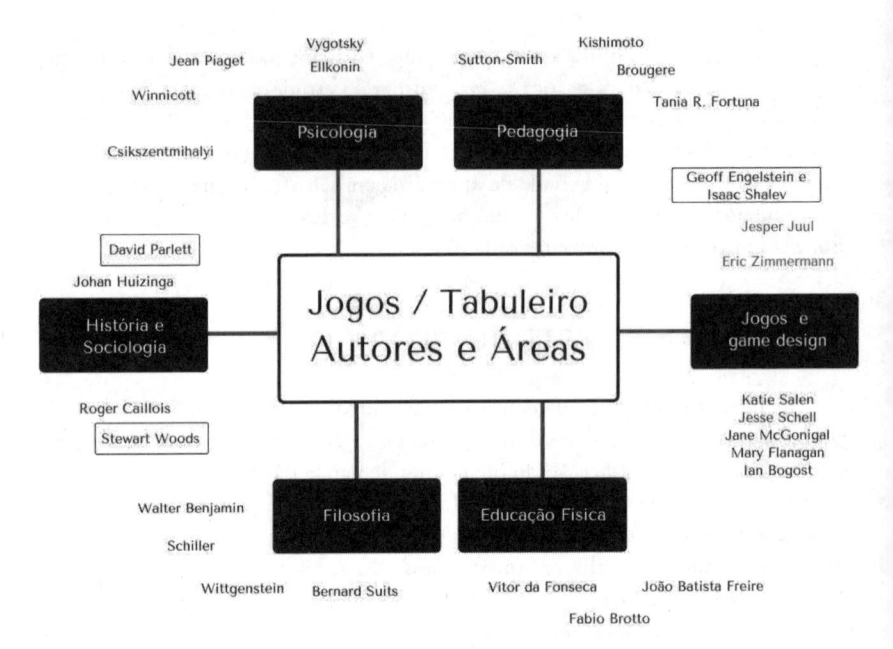

```
                Vygotsky              Kishimoto
    Jean Piaget  Ellkonin    Sutton-Smith
                                       Brougere
  Winnicott
                                       Tania R. Fortuna
              ┌─────────────┐ ┌─────────────┐
  Csikszentmihalyi │ Psicologia │ │ Pedagogia │
              └─────────────┘ └─────────────┘
                                          ┌──────────────────┐
                                          │ Geoff Engelstein e│
                                          │   Isaac Shalev    │
                                          └──────────────────┘
                                           Jesper Juul
    ┌──────────────┐                       Eric Zimmermann
    │ David Parlett│
    └──────────────┘  ┌─────────────────┐
     Johan Huizinga   │ Jogos / Tabuleiro│
  ┌──────────────┐    │ Autores e Áreas │  ┌─────────────┐
  │  História e  │────│                 │──│  Jogos e    │
  │  Sociologia  │    └─────────────────┘  │ game design │
  └──────────────┘                         └─────────────┘
                                           Katie Salen
   Roger Caillois                          Jesse Schell
   ┌──────────────┐                        Jane McGonigal
   │ Stewart Woods│                        Mary Flanagan
   └──────────────┘                        Ian Bogost

                   ┌─────────────┐ ┌──────────────┐
   Walter Benjamin │  Filosofia  │ │Educação Física│
                   └─────────────┘ └──────────────┘
       Schiller

         Wittgenstein  Bernard Suits   Vitor da Fonseca   João Batista Freire
                                       Fabio Brotto
```

Imagem: ***Dentre autores do jogo mais estudados e citados, poucos publicaram especificamente sobre jogos de tabuleiro. No quadro acima, apenas Parlett, Woods e a dupla Engelstein e Shalev.***

Como podem ver no quadro, muitas são as origens acadêmicas vinculadas aos autores consagrados de jogos de tabuleiro. Todos eles percorrem a imensa nuvem de conhecimentos relacionados a jogos, mas poucos se dirigem especificamente aos jogos de tabuleiro, e menos ainda aos jogos de tabuleiro por uma perspectiva educacional. A natureza interdisciplinar dos jogos e jogar por vezes torna uma produção mais especializada em educação com jogos de tabuleiro escassa, mas, por outro lado, provoca ao pesquisador dedicado uma lateralidade de reflexões que contribuem para o pensamento flexível e a boa interação com todos os campos.

De qualquer forma, este fator mostra que quanto mais você define seus recortes, seu campo, poderá filtrar com mais eficiência "com quem" deseja estudar jogos.

Por exemplo, se você pensa o jogo de tabuleiro como componente dos objetos atrelados à infância, deve começar pela leitura de Kishimoto; se pretende produzir jogos em sala de aula, deve ler os autores de *design* de jogos; se deseja compreender a teoria geral de jogos, possivelmente será útil embarcar em sua semiótica, e precisará passar pelos filósofos do jogo; se o caso é compreender como os jogos de tabuleiro se associam a estímulo cognitivo, desenvolvimento mental e aprendizagem etc., deve ler os psicólogos e educadores; historiadores e sociólogos e - novamente - *designers* - oferecem definições do jogo em suas diversas camadas ao longo do tempo; e assim por diante. Além desses, também podemos recomendar a leitura de outros autores de expressão, incluindo todos os selecionados para a Coleção *Clássicos do Jogo*, da Editora Vozes.

Organizada pela professora Tânia Ramos Fortuna, essa coleção contém livros de alguns dos autores citados na tabela, e ainda outros de importância como *O Brincar da Criança - estudo sobre o desenvolvimento infantil*, de Philippe Gutton; *Simbolismo e jogo*, de Airton Negrine; *Iniciação à atividade intelectual e motora pelos jogos educativos*, de Ovide Decroly e Eugénie Monchamp; e, finalmente, *A brincadeira: a criança em desenvolvimento*, de Chaterine Garvey; e *Jogo e Educação: as ludotecas*, de Jean Vial.

Há, ainda, os autores que não estão especialmente preocupados com jogos, mas cujas contribuições são de importância significativa aos saberes relacionados ao lúdico, como ele ocorre em termos mentais, sociais e culturais, e o que a educação pode aprender, propor e fazer com isso. São nomes a serem investigados: S. Hall, Freud, Montessori, Bowlby, Paulo Freire, Gross, McMilian, Dewey, Decroly, Freinet, Russeau, Comenius, Fröebel e Pestalozzi.

Talvez interesse aos iniciantes saber que a maioria dos autores têm uma fonte em comum, o livro consagrado por praticamente todos os estudiosos do lúdico, independente da área de onde é oriundo, e o mais citado aqui no livro *Jogos de Tabuleiro na Educação*: *Homo Ludens*, do historiador holandês Johan Huizinga. Dos grandes nomes da imagem acima, alguns são contemporâneos (como Piaget), mas apenas Wittgenstein e Schiller são anteriores a Huizinga (que foi leitor de Schiller e comenta brevemente sobre uma teoria deste filósofo). Alguns dos posteriores têm como principal contribuição a busca deliberada pela escrita de um "Homo Ludens 2", teoricamente capaz de expandir conceitos postulados por Huizinga, como fez Caillois em *Os jogos e os homens*. Outros tentaram uma escrita que buscou mais uma vez discutir o fenômeno jogo em relação a diversas facetas da humanidade - como um "Homo Ludens renovado". Foi o que fizeram Katie Salen e Eric Zimmerman no conjunto de quatro volumes da obra *As regras do Jogo*.

Se os estudos sobre jogos de tabuleiro e educação bebem de diferentes fontes autorais, eles não se restringem a livros. O campo, crescido enormemente em compasso à "era digital", vêm adquirindo uma característica cada vez mais multi-autoral. Assim, parte dos conteúdos importantes não estão presentes em livros, mas em comunidades e organizações que recebem e distribuem artigos e produzem vídeos sobre jogos e jogar. Destes, certamente o campo é muito tributário do jornal multidisciplinar Game Studies (http://gamestudies.org/), que congrega centenas de artigos sobre o tema.

Não podemos deixar ainda de citar autores portugueses e brasileiros de artigos, cuja consistência e relevância de trabalhos encontra-se cada vez maior: Micael Souza, Marcos Nicolau, Cristina D'Ávila, Geraldo Xexéo (que está conosco neste livro) e Cynthia Dias são apenas alguns deles. Parte significativa desses autores se reúne na Ludus Magisterium, que, como já dissemos, é uma rede espontânea de interessados em jogos de tabuleiro na educação.

Vídeos e/ou a leitura de materiais de qualidade sobre jogos de tabuleiro e jogos de tabuleiro na educação, presentes na Internet

Há muitos criadores de conteúdo com visão, que conseguem desde explicar jogos com muita qualidade a produzir resenhas e discutir temas pertinentes a jogos de tabuleiro. Há, inclusive, aqueles que dialogam com a educação. Confira esas sugestões:

Youtube	Mídia Escrita
• Gen Con in Portuguese • SPIEL Brazilian Pavilion • VemKaJogar • 1, 2, 3 Valendo • Covil dos Jogos • Aftermatch • Romir Play House • Red Meeple • Na Mira • Canal Gong • Jogos com leite	• Ludosofia • BoardGames São Paulo • E aí, tem jogo? • Luis Perdomo • Tábula Quadrada • Clube do Tabuleiro de Campinas • Desbussolados • Dice Cultural • Game Studies (I) • Ludology Blog (I) • Tá na Mesa Jogos
Podcasts	Instagram
• LCD - Luiz Claudio Duarte • BoarDidi • Tabulices • Gambiarra Board Games • CorujaCast • Jogatina BG • Games em Ação • On Board Games (I)	• @jedai • @ecobrinquedoteca • @SOJG • @oficinasludicas • @standnerd

Naturalmente, esses não são os únicos locais com bons conteúdos, mas já é uma seleção, e se você pode começar a caminhada com direito a curadoria, melhor! Lembre-se de que, por vezes, os mais vistos e votados não são necessariamente os melhores. Na lógica dos algoritmos que ditam a visibilidade de tudo o que há na Internet, não é a qualidade que determina o que é mostrado. Por vezes, é possível encontrar verdadeiras pérolas fora do *mainstream*. E o melhor jeito de "peneirar" na busca desse "ouro perdido" é em conjunto, participando das já referidas comunidades para jogadores e educadores do tabuleiro. Além desses, pense que as comunidades *online* sempre tem fóruns, com todo tipo de conteúdo e qualidade de participação. Há discussões muito boas no meio. Há, ainda, os canais de *Discord* e os grupos de *Telegram* e *WhatsApp* (reitero a proficuidade e qualidade de conteúdos do grupo *Ludus Magisterium*, que é aberto a todos os interessados) e, finalmente, os conteúdos acadêmicos.

Os conteúdos acadêmicos - úteis aos estudos a jogos de tabuleiro na educação - disponíveis na Internet

Normalmente, busca-se por pesquisas científicas no Google Acadêmico ou nos grandes bancos de teses e dissertações disponibilizados por universidades e instituições públicas. Boa parte das universidades públicas, aliás, conta com Bibliotecas Digitais próprias ou Repositórios, de livre acesso. Seguem exemplos:

- Arca / Fiocruz
- Biblioteca Digital Brasileira de Teses e Dissertações (Ibict)
- Biblioteca Digital de Teses e Dissertações da UERJ
- Biblioteca Digital de Teses e Dissertações da USP
- Catálogo de Teses & Dissertações - CAPES
- Repositório Institucional UFBA

No entanto, é comum que o pesquisador se surpreenda com problemas surgidos à medida que localiza artigos, teses, pesquisas etc. e inicia suas leituras. Cabe, assim, uma pequena nota sobre os conteúdos acadêmicos, as razões para acessá-los e filtrá-los:

O conteúdo acadêmico (artigos, trabalhos de conclusão de curso, dissertações e teses) têm características positivas e negativas.

Dentre os fatores positivos, é mais fácil vermos discussões fundamentadas, o que para além do conteúdo em si, nos levam a conhecer autores referenciados; Infelizmente, nem todo material é de qualidade, em parte pela própria qualidade formativa e de escrita dos autores, e em parte porque o conhecimento acerca de jogos de tabuleiro, para a maior parte dos brasileiros, inclusive os educadoeres, parte do senso comum de que os jogos de tabuleiro se resumem a um conjunto restrito de títulos (dependendo da pessoa, pensará em "baralho, xadrez e gamão", ou "jogo da memória, trívia e jogo de trilha", ou ainda "*War, Detetive* e *Banco Imobiliário*"). Assim, se você, por exemplo, estiver interessado(a) em uma amostra de artigos sobre o uso de jogos de tabuleiro no ensino de determinado assunto, pode ser que só encontre relatos de experiência com jogos de trilha. A "moral da história", no final das contas: seja um texto acadêmico ou não, há que garimpar.

Como buscar por jogos de tabuleiro ainda no campo teórico. para levá-los à prática educacional

O último ponto teórico que queremos abordar é aquele que leva os estudiosos a conhecerem os jogos de tabuleiro e ampliar repertórios antes mesmo de experimentá-los na prática. Afinal de contas, não é possível se jogar e assim testar todos os jogos para ver se ele poderia ser útil ou não. É necessária uma triagem, antes da prática. Procuramos, deste modo, responder a duas questões:

- Como escolher, no imenso universo de jogos à disposição, um que contemple determinada atividade pedagógica?
- Como se inspirar em termos mecânicos, narrativos ou estéticos na construção de jogos para determinada situação de ensino-aprendizagem?

Mesmo os professores com grande literacia lúdico-pedagógica utilizam recursos pré-disponíveis, encontrados em livros e, principalmente, na Internet. A busca, em especial, é por exemplos de jogos de tabuleiro que:

- Atendam diretamente aos objetivos pedagógicos; ou
- Inspirem a criar jogos; ou ainda, a
- Dar suporte à criação coletiva dos/com os alunos.

Agora, você vai descobrir os caminhos mais usados por quem atua na área:

a) Livros e revistas com exemplos de jogos

Infelizmente, a maior parte dos livros e revistas contendo exemplos de "jogos para professores" repetem fórmulas que não valorizam diversos dos aspectos possíveis de exploração pelos jogos de tabuleiro. Revistas "educativas", por exemplo, estão recheadas deste tipo de modelo limitado de jogo. Em uma outra ponta, há pérolas "superespecializadas", que embora restrinjam o escopo dos jogos apresentados, ao menos ensinam e oferecem sugestões de qualidade, como livros de interesse da educação sobre jogos de cartas, xadrez, gamão etc. Alguns exemplos:

- **Mancala: o jogo africano no ensino da matemática**. De Rinaldo Pevidor Pereira e Henrique Junior, publicado em 2016 pela Appria.
- **A Magia do Xadrez na Escola**, de Adriano Caldeira, publicado em 2010 pela Ciranda Cultural.
- **Regras Oficiais de Jogos de Cartas**. Publicado em 1985 pela Copag.
- **50 Jogos Com Cartas para Crianças**. Idem.
- **Gamão - o Rei dos Jogos e o Jogo dos Reis**, do meu xará Arnaldo Belmiro, publicado em 1984 pela Ediouro. Um clássico.
- **Jogos de cartas da Abril Cultural**. Outro clássico, irmão do que apresentarei com destaque, a seguir.

Uma pérola dentre os livros é o clássico *Os Melhores Jogos do Mundo*, publicado em 1978 pela Abril Cultural. Ainda um grande exemplo de compilação de jogos, traz seus contextos históricos e suas regras. De qualquer forma, todos os exemplos acima versam sobre jogos tradicionais, sem direitos autorais, com menor apelo comercial, e sobre eles há vários livros. Há muito menos desse tipo de compilação relacionada aos jogos construídos sob a premissa de *design* do século XXI, não apenas por serem recentes - apenas com o tempo saberemos quais jogos "permanecerão", ao lado dos clássicos, e quais serão esquecidos -, mas também porque o modo de analisar, divulgar e compartilhar informação sobre esses jogos mudou o eixo, de livros para redes sociais, que incluem uma tremenda produção audiovisual em torno dos mesmos. Assim, os educadores do tabuleiro recorrem, quase sempre, aos grandes bancos de dados atrelados às maiores comunidades virtuais disponíveis, e você descobrirá agora como fazer isso.

b) Grandes bancos de dados de comunidades dedicadas ao jogo/jogar

Em termos globalizados, pessoas no mundo inteiro se reúnem, interagem e pesquisam sobre jogos de tabuleiro em torno de grandes *sites*, que por sua vez possuem os maiores bancos de dados sobre jogos. São milhares de fichas com informações, imagens etc., de jogos de tabuleiro criados ao longo da história, nas mais diversas culturas. Os educadores e pesquisadores brasileiros utilizam, predominantemente, o *site* estadunidense *Board Game Geek* (BGG), tendo em vista que essa comunidade virtual detém o maior banco de dados mundial em jogos de tabuleiro; e, em segundo lugar, o *site* brasileiro Ludopedia, que assim como o BGG, apresenta um amplo banco de dados, com fichas completas sobre um jogo, ferramenta de pesquisas avançada, e uma comunidade ativa que pode complementar dinamicamente informações ali procuradas.

. Essa relação de preferência pelo BGG em relação ao Ludopedia se inverte quando o pesquisador precisa dos conteúdos em língua portuguesa, seja por dificuldade em relação à inglesa (o que ocorre principalmente entre brasileiros), mas também porque às vezes lhe interessa conhecer os conteúdos desenvolvidos por lusófonos e compreender como as culturas falantes do português se relacionam como os diferentes jogos. O Ludopedia também ganha em interesse quando o assunto é jogo de autoria brasileira ou portuguesa, ou jogos cujos temas remetem a um dos dois países[1].

Em ambos os casos, há três momentos que ocorrem no pesquisar jogos para uso em educação: I) O acesso filtrado ao banco de dados; II) O acesso às informações dos jogos selecionados; III) A troca com a comunidade jogadora. Esses momentos não necessariamente ocorrem nessa ordem, embora esta seja a mais comum. Deixa-

---

1 A presença de jogadores, e ainda mais, de educadores lusofalantes não brasileiros ou portugueses, é muito baixa, entre outras razões porque os demais tais países oferecem uma condição de acesso a Internet bastante ruim à maior parte da população. Como exemplo, ver: PINHEIRO, Oliveira. Como é, de fato, o acesso à internet em Angola. Medium, 2019. In: https://medium.com/@oliveira_pinheiro/como-%C3%A9-de-fato-o-acesso-a-internet-para-os-angolanos-87eb8c8fcdfe

mos um bônus muito especial sobre isso no apêndice do livro: o passo a passo de cada um desses três processos, com um tutorial completo para pesquisa nas plataformas *Board Game Geek* e Ludopedia.

REDES DE APRENDIZAGEM

Embora seja possível jogar em modo solitário, e até mesmo existam jogos de tabuleiro desenvolvidos com esse objetivo (ou levando em conta esta possibilidade), jogar é uma atividade especialmente coletiva. Da mesma forma, os educadores aprendem - e o fazem cada vez mais - com seus pares em comunidades, iniciativas e eventos, e muitos se dedicam a ensinar a outros docentes sobre a "arte" do ensino com jogos de tabuleiro. Assim, aprender e se aprofundar em teoria e metodologia, assim como investigar e participar do desenvolvimento do campo, através de um espírito coletivo, tem sido a grande escolha - e o grande trunfo - de educadores bem-sucedidos. Aqui, você tem o caminho das pedras:

a) Envolva-se com as comunidades de jogos de tabuleiro, de jogos específicos e de jogos e educação

Educadores do tabuleiro se reúnem em diferentes tipos de organização, que apresentam escopos diferentes no tocante ao estudo e intercâmbio de saberes.

Por exemplo, se o interesse é mais abrangente do que jogos de tabuleiro em específico, a grande iniciativa é a Rede Brasileira de Estudos Lúdicos - REBEL.

Já as comunidades de jogadores não são feitas para estudiosos educadores, mas conecta quem joga, quem faz jogos e quem os estuda com ou sem uma perspectiva educacional. Neste caso, além das plataformas Ludopedia e *Board Game Geek*, incluiremos outros *sites* e redes sociais com boa adesão e campo para troca. Já o campo específico de jogos de tabuleiro na educação se reúne principalmente pelo grupo Ludus Magisterium.

Mas há outras redes e organizações preciosas, por onde se pode aprender e trocar conhecimento. Uma delas é a JOGARTA, uma entidade bem estruturada, que começou lidando especificamente com RPG e depois abraçou também *board games*. Assim como a Ludus Magisterium, promove eventos, como encontros, oficinas, jogatinas e projetos educacionais.

Lúdico em geral	Jogos de tabuleiro em geral	Jogos e Educação
Rede Brasileira de Estudos Lúdicos - REBEL	Ludopedia	Ludus Magisterium
	Board Game Geek (I)	JOGARTA - Associação Socioeducacional e de Entretenimento Jogarta
	Board Games Livre (F)	
	Boardgames Brasil (F)	Jogos para a Educação (F)

(F): Facebook; (I): Em inglês.

A lista contempla redes com abrangência nacional. Por vezes, pode ser mais proveitoso se inverter a estratégia, recorrendo a grupos menores, mais locais. Além dessas entidades abertas ao público em geral, é possível trocar com pares acadêmicos ou parceiros de instituições de ensino. Se você é um educador ligado à academia, deve conhecer projetos e grupos de estudo universitários, que tem foco no jogo de tabuleiro - com ou sem uma perspectiva diretamente pedagógica. Eles acontecem em universidades de Norte a Sul do país, além de Institutos Federais tecnológicos e outras Instituições de Ensino.

São exemplos de grupos que estudam jogos de tabuleiro o LÚDICO (UTFPR), LUPEA (UFRJ), LUDES (UFRJ), IGREJOTA (UFC) e STAND NERD (IFRJ).

a) Aprenda sobre o uso de jogos na educação com formadores de excelência

Experts em jogos na educação preocupados com a formação ludopedagógica desenvolveram projetos privados e públicos por todo o Brasil. Estar nessa formações oferece a possibilidade de troca de experiência com outros professores, aumentar a rede de contatos em torno do tema, e aprender jogos, métodos e teorias - ou seus caminhos - com mais profundidade. Alguns exemplos desses projetos:

- JEDAI (versões *online* e presencial - São José dos Campos, SP)
- OFICINAS LÚDICAS (versões *online* e presencial - Salvador, BA)
- GORRO DO SACI (versões *online* e presencial - Niterói, RJ)
- SEMENTES LÚDICAS (projeto de pesquisa e extensão GPIDOC/ISERJ - Rio de Janeiro, apenas presencial)
- FORMAÇÃO LÚDICA JOGARTA (Curitiba - PR)
- FORMAÇÃO LÚDICA UFRJ (versão *online* - Campus Macaé, RJ)
- FORMAÇÃO LÚDICA Comenius UFSC (*online* e presencial - Florianópolis, SC)
- SUA VEZ (*online* e presencial - São Paulo, SP)
- CURSOS PÁ FALCÃO (São Paulo, SP)

A oferta de cursos, oficinas e formações desse gênero tem crescido a cada dia, especialmente suas versões *online*, após a deflagração da pandemia por COVID 19.

b) Esteja atenta/atento e participe dos eventos de jogos

Há uma quantidade de eventos de jogos de tabuleiro, onde se pode jogar, aprender, ensinar, trocar. Sem dúvida a participação em eventos desse tipo representará momentos de "salto" em sua formação ludicopedagógica. Abaixo, estamos colocando uma pequena lista, apenas com eventos que possuem versões presenciais ou são de grande relevância e/ou contemplam a educação com uma programação dirigida a esta perspectiva, mesmo que parcial. Mas procure se informar e, logo, você descobrirá encontros de quem movimenta os jogos de tabuleiro perto de onde reside. Neles, poderá conhecer os jogos, a comunidade "ao vivo", e certamente encontrará outras pessoas interessadas no jogo enquanto abordagem educacional. Segue aqui uma lista de exemplos de eventos que propõem discussões, palestras etc. sobre jogos de tabuleiro, e jogos de tabuleiro em educação, divididos em internacionais (com versões digitais), nacionais e regionais (os exemplos dos regionais são baseados nos que eu frequento. Certamente há outros, em outros locais do Brasil, além de diferentes eventos digitais), mas você já terá um bom ponto de partida para começar!

Eventos internacionais	Eventos nacionais	Eventos regionais
• Spiel (Alemanha, com versão digital) • Gen Con (EUA, com versão digital)	• Diversão Offline (São Paulo) • WRPFest (Curitiba) • CCXP (São Paulo)* • SBGames (rotativo)* • NEXOSGAMES*	• Stand Nerd (Rio de Janeiro) • Business 2 Board** (Rio de Janeiro e São Paulo) • Simpósio Fluminense de Jogos e Educação (Rio de Janeiro)***

* Eventos não específicos de jogos de tabuleiro, mas que oferecem campo para os jogos de tabuleiro.
** Evento que discute os jogos de tabuleiro como negócio - o que inclui a perspectiva educacional.
*** Evento específico sobre jogos de tabuleiro na educação.

PRÁTICA DE APRENDIZADO (JOGAR)

Na prática pedagógica com jogos, podem acontecer diferentes situações:

a) O professor conhece bastante sobre os jogos de tabuleiro e o jogar, mas seus alunos não;
b) Os alunos conhecem sobre os jogos de tabuleiro e o jogar, mas o professor não;
c) Nenhum dos dois conhece os jogos de tabuleiro;
d) Ambos conhecem os jogos de tabuleiro.

Nos casos b) e c), os jogos podem ser explorados, desde que o professor tenha espírito lúdico, e proponha a construção de conhecimento a partir do aluno. Há metodologias diversas de prática pedagógica com jogos, e muitas estão detalhadas na *Parte II: Como usar os jogos de tabuleiro na educação*.

O conhecimento, pelo professor, do jogo de tabuleiro a ser utilizado na prática pedagógica, contudo, faz muita diferença em todas as dinâmicas educacionais com os jogos. Assim, o professor do tabuleiro não deve se furtar a jogar, a incorporar essa prática como parte de sua vida.

Experimentar o jogar, sua diversidade e suas nuances é, consensualmente, fundamental, e isso não se obtém apenas na teoria, ou lendo manuais. Há um ponto de subjetividade, na observação de como um jogo "mexe" com os sujeitos, que só se alcança adentrando no círculo mágico[1], entregando-se à experiência.

Há três meios principais pelos quais se pode vivenciar o jogo e o jogar: a experiência doméstica, a participação em eventos e a utilização de plataformas que simulam o jogo de tabuleiro.

- Para a experiência doméstica, realizada entre amigos e/ou familiares, há os que adquirem seus jogos de tabuleiro e, com o tempo, constroem uma coleção de experiências diversificadas. Os valores para aquisição individual de um jogo, porém, pode custar caro, e a alternativa pode ser a compra coletiva, construindo-se um acervo particular do grupo de jogo. Outra possibilidade é o aluguel: em diversos locais, sobretudo capitais, já há empresas que alugam jogos de tabuleiro, dispensando-se a necessidade de aquisição. A experiência doméstica é preciosa, especialmente quando o educador é aquele que lê, compreende e explica as regras aos demais - um exercício muito salutar quando se pretende utilizar os jogos em relações de ensino-aprendizagem.

- Já havíamos citado eventos onde se pode jogar mas também assistir palestras, mesas, tomar parte em discussões etc. Mas há os eventos dedicados pura e simplesmente ao jogar (eventos estilo "sentar e jogar"). A participação em eventos em estilo "sentar e jogar" possibilita a experimentação de variados jogos, e isso é excelente! Mas também per-

---
1 *Círculo Mágico* é um termo formulado por Johan Huizinga, já explorado em mais de um capítulo de nosso livro.

mite a apreciação de diferentes *feelings* sociais: você pode sentar para jogar com pessoas completamente diversas em termos de origem, formação, idade, visão de mundo, estilo de jogar etc. Esse tipo de experiência é de uma riqueza única, que auxilia no desenvolvimento de um "faro lúdico" acerca do que funcionará com cada grupo, propondo ajustes dinâmicos, em situações de aula que vão ao encontro das diferentes formas com que cada um aprende e é capaz de apreciar a experiência. O Ludopedia publicou uma lista de abrangência nacional, de eventos e locais onde é possível jogar, em todo o Brasil: https://abre.ai/locaisparajogar[2]. Durante a pandemia, esses encontros que ocorriam de forma regular (em geral, mensal), em parcerias com clubes, restaurantes, entidades apoiadoras e outros espaços, foram suspensos. Mas com o sucesso da vacinação em nível nacional, aos poucos eles vêm voltando a acontecer.

- Já o jogar em plataformas que simulam o tabuleiro viabiliza um jogar mais frequente e controlado, uma vez que se pode encontrar pessoas dispostas a jogar, de diferentes níveis de experiência num dado jogo, praticamente a qualquer hora do dia - lembrando que as plataformas são utilizadas por pessoas de todo o planeta. Haverá uma perda do *feeling* social em relação às pessoas, e também sensorial em relação aos materiais, mas isso não invalida a experiência. Segue abaixo, uma lista com muitas opções de plataformas e suas características.

---

[2] Link encurtado, para facilitar o acesso. O link oficial para a lista é: https://www.ludopedia.com.br/lista/14986/onde-jogar&id_ludo_list_item=145826#id_ludo_list_item_145826

Lista de plataformas de jogos de tabuleiro online		
Site	Link	Observações
Board Game Arena	https://boardgamearena.com/welcome	Há versão em língua portuguesa. Jogos gratuitos e jogos com versão *premium*. Quase 350 jogos.
Yukata	https://www.yucata.de/en	Quase 200 jogos. Em inglês. Gratuito.
Tabletopia	https://tabletopia.com/	Além de jogos prontos, há muitos protótipos (jogos não lançados comercialmente) para testar. Tem a desvantagem de não ser tão automatizado. Versões básica e *premium*. Em inglês.
Boite a Jeux	https://www.boiteajeux.net/	63 jogos. Em inglês. Gratuito.
Dominion online	https://dominion.games/	Plataforma exclusiva de um jogo de tabuleiro considerado o responsável pela popularização da mecânica *Deck Buiding*. Versão gratuita.
Roll 20	https://roll20.net/	Plataforma para se jogar RPG por meio de câmeras, compartilhamento de telas etc. É como uma plataforma de teleconferência personalizada para esse tipo de jogo. Oferece mapas, fichas pré-programadas de vários sistemas, dados digitais para rolar, dentre outros recursos. O narrador pode organizar e exibir informações para jogadores específicos. Versões gratuitas e pagas.

Agora você aprendeu o caminho das pedras, e pode estar prontíssimo(a) a avançar em relação ao maravilhoso universo dos jogos de tabuleiro e educação! Boas aprendizagens e bons jogos!

Referências (Prelúdio e Epílogo)

TADEU, Tomas (Org). HARAWAY, Donna. KUNZRU, Hari. *Antropologia do ciborgue: as vertigens do pós-humano.* Belo Horizonte: Autêntica Editora, 2009.

LE GOFF, Jacques. *A História deve ser dividida em pedaços?* São Paulo: Unesp, 2015.

GORDON, Noah. *O Físico: a epopeia de um médico medieval.* Rio de Janeiro: Rocco, 1993.

REDAÇÃO GALILEU. *Cientistas recriam voz de múmia egípcia de 3 mil anos: ouça.* Galileu, 2020
In: https://revistagalileu.globo.com/Ciencia/Arqueologia/noticia/2020/01/cientistas-recriam-voz-de-mumia-egipcia-de-3-mil-anos-ouca.html

SCHELL, Jesse. *The Art of Game Design: A Book of Lenses.* Boca Raton: A K Peters/CRC Press, 2019.

HUIZINGA, Johan. *Homo Ludens: o jogo como elemento da cultura.* Editora Perspectiva. São Paulo, SP. 2017.

SALEN, Katie, ZIMMERMANN, Eric. *Regras do Jogo: fundamentos do design de jogos.* São Paulo: Editora Blücher, 2014.

CARVALHO, Arnaldo V. *Para onde irão os jogos de tabuleiro em uma sociedade virtualizada?* (Palestra). 4º Evento Lúdico. Online: UTFPR, 2021.In: https://www.youtube.com/watch?v=_pd4uT1nsFU

PINHEIRO, Oliveira. *Como é de fato o acesso a internet em Angola.* Medium, 2019. In: https://medium.com/@oliveira_pinheiro/como-%C3%A9-de-fato-o-acesso-a-internet-para-os-angolanos-87eb8c8fcdfe

SEABRA, Mario. *Os melhores jogos do mundo.* São Paulo: Editora Abril, 1979.

ELKONIN, Daniil. *Psicologia do Jogo.* São Paulo: Martins Fontes, 2009.

D'ÁVILA, Cristina. FORTUNA, Tania. (ORGS.). *Ludicidade, cultura lúdica e formação de professores.* Curitiba: CRV, 2018.

WITGENSTEIN, Ludwig. *Investigações filosóficas.* Petrópolis: Vozes, 2009.

ENGELSTEIN, G. SHALEV, I. *Building Blocks of Tabletop Game Design: An Encyclopedia of Mechanisms.* CRC Press, 2019.

TUBELO, Liana. *O cérebro gosta de brincar.* In: JUNIOR, Alípio R. P. SILVA, Tiago A. C. S. (Orgs). O Fenômeno do Brincar: Ciência e Imaginação. São Paulo: Supimpa, 2019.

FONSECA, Vitor da. *O Enigma Psicomotor do Jogo e o seu papel no Neurodesenvolvimento da Criança: Ensaio de Ludologia.* Slides do Congresso Internacional de Brincadeiras e Jogos (anotações pessoais). 2019.

Ludografia

BRAND, Inka. BRAND, Markus. *Andor Junior*. São Paulo: Devir, 2020.
TEUBER, Klaus. *Catan*. São Paulo: Devir, 2020.
WREDE, Klaus-Jürgen. *Carcassonne*. São Paulo: Devir, 2019.
SEYFARTH, Andreas. *Puerto Rico*. São Paulo: Devir.
ELWEN. MÍN. *As ruínas perdidas de Arnak*. São Paulo: Devir, 2021.

APÊNDICE I: TABELA COM COMPONENTES OBSERVADOS COM FREQUÊNCIA EM JOGOS DE TABULEIRO

Componente	Função principal	Observações
Dado	Oferecer dados determinados por aleatoriedade; classificar.	Além do dado comum de 6 lados, muitas outras figuras geométricas são utilizadas com a função de dado. Recebem nomes de acordo com o número de lados, precedidos pela letra d: d4, d6, d8, d10, d12 e d20 são os mais utilizados. Esses dados diferentes do 6 são populares sobretudo nos jogos de RPG.
Carta	Conferir poderes, exibir, registrar poderes que modificam as determinações matemáticas do jogo; determinar aleatoriedade.	A versatilidade deste componente tem permitido que muitos jogos recebam, inclusive, versões apenas com cartas (que excluem tabuleiros, peões e outros componentes), incluindo jogos antigos como *Monopoly*, por exemplo.

| Ficha, ficha, ficha (*chip, token, tile*) | Utilizadas para diferentes funções: recursos, peões, marcações, ativações, moedas, informação oculta, aleatoriedade, determinação de quantidades etc.; podem combinar mais de uma função, no mesmo jogo. | Há mais de um tipo de ficha - peças chata, normalmente circulares, hexagonais ou quadradas; podem ser plásticas ou cartonadas. Em língua inglesa se distinguem as diferentes fichas, conforme o formato e função que ocupam. A fronteira distintiva, no entanto, não é rígida.

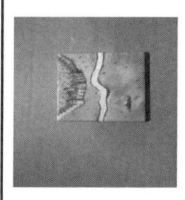

Tiles são normalmente fichas quadradas e ilustradas (*tile* tem entre suas traduções possíveis "azulejo", "plaquinha" ou ainda "cartelinha", e há quem simplesmente nomeie como "peça", porque é verdade, não há uma tradução totalmente confortável). *Tiles* também são o nome de peças sólidas maiores, como plaquinhas ou tijolinhos de *Mahjong* e similares. Nesse sentido, mesmo a peça de dominó deveria receber esse nome, mas não recebe. A cultura subverte lógicas.

Já os *tokens* (marcadores ou contadores), são fichas utilizadas para determinadas marcações - normalmente decoradas). Por vezes os *tokens* assumem outros formatos não achatados, podendo se parecer com peões ou miniaturas, preservando, porém, função e nome.

Finalmente, temos as tradicionais *chips* (as fichas "tradicionais"), normalmente lisas ou com arte bem abstrata. Elas podem funcionar como moeda do jogo ou como marcadores. |
|---|---|---|

Peão	Peças normalmente em formato abstrato, comumente fácil de se pegar pela parte superior, pois nasceu com a função de movimentar-se em um tabuleiro, mas pode servir para muitas outras funções.	*Meeple* é um peão especial, um pequeno bonequinho, que será descrito quando falarmos dos tipos de jogos. Ele e outros peões podem assumir a função de "trabalhadores", peças especiais cuja função mais comum é ativar áreas do tabuleiro, o que ocorre principalmente em chamados *eurogames*.
Miniaturas	Utilizadas principalmente para designar personagens relacionados à narrativa do jogo.	Pequenas esculturas, que, por vezes, substituem peões, trazendo grande contribuição temática ao jogo.
Dinheiro	Recurso do jogo.	As artes de notas a representar cédulas monetárias estão presentes em muitos jogos. Sua existência inclusive é, por vezes, gerenciada por um participante do jogo que efetivamente não joga - ele será a "banca" e cuida de todas as movimentações financeiras ocorridas ao longo de uma partida.
Fichas de personagem	Descreve as capacidades operacionais de um dado personagem do jogo.	Muito comum em jogos de RPG e *Dungeon Crawler*, mas, por vezes, presentes em jogos temáticos, onde os jogadores representam personagens distintos. Podem ter contribuições concretas que influenciam os mecanismos do jogo ou ser apenas um elemento lúdico-imersivo.
Cubos	Representar recursos, grupos e outros elementos quantitativos úteis ao jogo.	Nos anos 1980, o uso de madeira em jogos de tabuleiro havia se tornado escasso. Na década seguinte, a madeira faria um "retorno triunfal" à cultura lúdica, e seu principal elemento - cubinhos de madeira - se tornou uma marca importante dos chamados "jogos modernos".

Tabuleiro	Servir de cenário ou local em que os principais acontecimentos e ações de um jogo tomam parte.	Quase sempre os tabuleiros são compostos de material cartonado. Alguns possuem dobras para ocuparem o espaço de uma caixa menor, no momento em que não são utilizados. Podem receber fundo revestido em couro. Há ainda os chamados tabuleiros modulares, que consistem em peças encaixáveis que produzem múltiplas variações de tabuleiro, no início ou ao longo de uma partida.
Manual de Regras	Introduzir uma narrativa aos jogadores, quando cabível; demonstrar o funcionamento do jogo.	Com o aumento da quantidade de regras em um jogo, escrever regras claras e sucintas tornou-se um desafio cada vez maior. De uma simples descrição textual, as regras agora apelam amplamente para o uso de imagens, e, por vezes, são complementadas por um campo de perguntas frequentes. Vale mencionar que a Internet tem aproximado jogadores e autores, e, por vezes, atualizações nas regras são propostas diretamente pelo criador de um jogo através das comunidades virtuais. Por outro lado, as regras oficiais dos jogos, por vezes, recebem modificações por um determinado grupo de jogos. São as chamadas *house rules* (regras caseiras).
Tableau	Favorecer o controle de itens individuais em um jogo; apresentar mecanismos que interagem com o tabuleiro principal.	Pequeno tabuleiro, normalmente secundário e controlado individualmente. A palavra *tableau* (lê-se "tablô"), é emprestada do francês e se refere a algo como uma tabela ou planilha.

Primeiro jogador	Controlar a ordem dos jogadores em uma rodada.	Alguns jogos tem mecanismo de ordem de jogadores variável, o que sujeita os jogadores a eventualmente se confundirem. A peça (normalmente uma placa ou ficha) aponta para quem é, em determinada rodada, o primeiro jogador a jogar e, a partir dele, os demais..
Tabela de ajuda (*player aid*)	Fornecer um resumo rápido sobre as diferentes possibilidades e ações de um jogo.	Jogos com muitas regras podem oferecer essa pequena tabela individual, tanto sobre regras, como referentes às diferentes formas de se obter pontos em um jogo, o que reduz as consultas ao manual.
Copos	Ocultar e sortear valores e elementos ocultos/aleatórios, normalmente presentes em dados.	Em plástico ou couro.
Sacos	Ocultar e sortear valores e elementos condicionantes ocultos/aleatórios, normalmente presentes em fichas (*tiles*).	Em couro ou tecidos diversos, incluindo veludo.
Ampulheta	Contar o tempo de uma ação, rodada ou jogo.	Embora as tecnologias de contagem de tempo estejam ao alcance da mão, incorporadas em qualquer celular, as ampulhetas permanecem oferecendo seu charme entre os componentes de alguns jogos. O tempo também pode ser contado por uma mídia ofertada pelo jogo, como um CD ou *link* de acesso a uma trilha sonora própria.

| Outros componentes | Variável | A quantidade de componentes possíveis em um jogo é do tamanho da criatividade das pessoas. Variadas peças de papel/cartonados, madeira e plástico com representações abstratas, geométricas ou concretas e temáticas são as mais comuns. Mas poderíamos lembrar do uso de sementes, peças de vidro, papel, caneta, bola de gude (e outras esferas de materiais diversos), pipetas, bonecos diversos, armadilhas montáveis, réplicas de objetos reais, fitas etc. |

APÊNDICE II: COMO UTILIZAR O BOARD GAME GEEK (BGG) PARA PESQUISAR JOGOS DE TABULEIRO DE ACORDO COM AS CARACTERÍSTICAS DESEJADAS (MESMO NÃO SABENDO INGLÊS)

Na página inicial da plataforma, https://boardgamegeek.com/, clique no campo *Search* (Pesquisa), marcado aqui com uma seta. Se abrirá uma pequena janela. Clique em *Advanced Search* (Pesquisa Avançada).

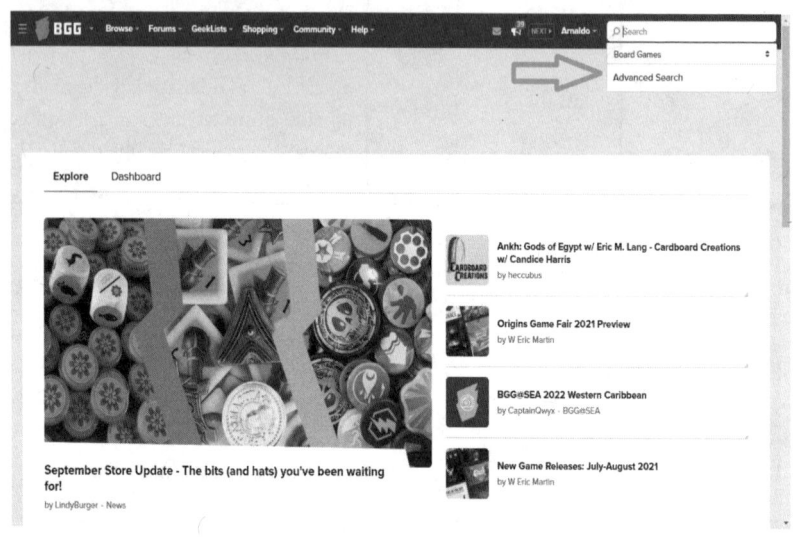

Acesse a pesquisa avançada (*advanced search*):

Aqui, "começa a magia". Preenchendo os campos desejados, será possível encontrar jogos muito diferentes uns dos outros. Ou jogos exatos, de acordo com o conjunto de particularidades que eu assinalei.

Note que os campos *Filter on Board Game Category* (Filtrar a Categoria do Jogo de Tabuleiro); *Filter Board Game Mechanic* (Filtrar a Mecânica do Jogo de Tabuleiro); e *Filter on Board Game Subdomain* (Filtrar o Subdomínio do Jogo de Tabuleiro) vêm fechados.

Todos são acessados com cliques e, uma vez abertos, exibirão grades com muitas opções (no exemplo abaixo, cliquei em no botão das Categorias).

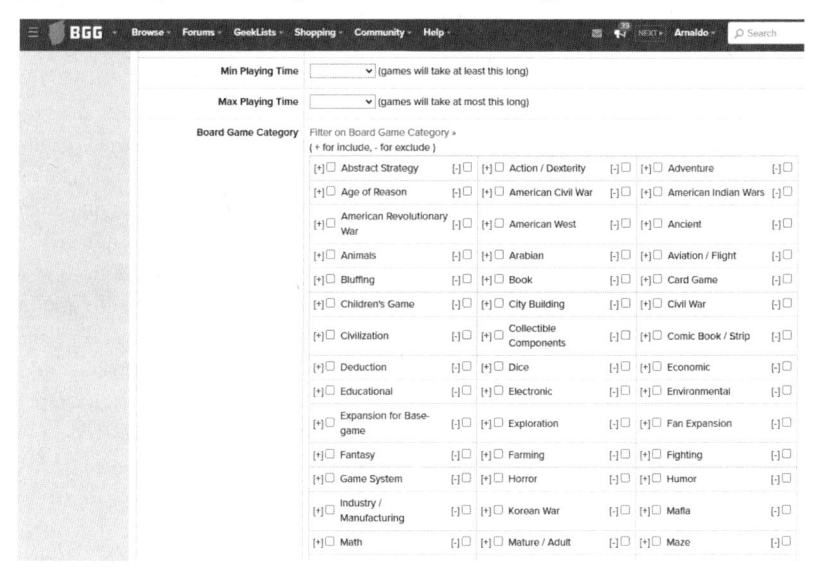

Você pode selecionar *incluir* (marcar a caixa de seleção ao lado esquerdo do campo, adjacente ao símbolo [+]) em qualquer um dos campos, e igualmente pedir que o banco de dados exclua todos os jogos que contém os campos marcados com *excluir* (marcar a caixa de seleção à direita do campo, adjacente ao símbolo [-]).

Na prática, vamos exemplificar. Digamos que você, como professor, esteja procurando um jogo de tabuleiro desafiador para crianças entre 8 e 9 anos, e esse jogo precisa ter no máximo 45 minutos, o tempo de uma aula. Além disso, esse jogo será cooperativo (os jogadores se unem para vencer um desafio proposto pelo jogo), e fugirá dos estilos de jogos mais populares utilizados na escola brasileira - corridas (trilhas), jogo da memória, dominó e trívia (perguntas e respostas), e, ainda, do uso de cartas. Será que existe algum jogo que fuja de todos esses elementos? A expectativa, se tudo der certo, é que apareça algum jogo bem diferente do padrão. Será ele interessante? Veremos. Aqui, os campos a ser marcados serão:

- Definir bem a idade ideal para o jogo requer alguns passos menos óbvios do que à primeira vista possa parecer. Se defino querer jogos para qualquer idade, podem aparecer jogos para crianças muito pequenas, e eles podem não ser tão desafiadores para a faixa que pretendo atingir. Normalmente, quando a idade mínima está alinhada com a idade do jogador-mirim, ele mal entrou no estágio natural de desenvolvimento mental que o torna apto a esse jogo. Por isso, nesse exemplo, marque que o jogo precisa ser para a idade mínima de 8 anos; clique no campo *Minimum Age* (Idade mínima) e digite "8". Mas isso ainda não basta. Sendo idade mínima, o sistema do BGG retornará todos os jogos que encontrar com essa descrição, inclusive jogos mais complexos, destinados ao público juvenil e adulto. Para evitar isso, desça até o campo *Filter on Board Game Subdomain* (Filtrar o Subdomínio do Jogo de Tabuleiro), e marque a caixa *Children's Games* (Jogos para Crianças).
- Agora defina o tempo do jogo. Suba e localize o campo *Max Playing Time* (Tempo máximo de jogo). Marque o tempo máximo em 45 minutos (considerando que, aparecerem jogos com o tempo menor, é possível realizar mais de uma partida ou explorar o jogo de outras maneiras).
- Agora vamos aos campos que vão garantir que o jogo ou os jogos que o banco de dados vai retornar será algo realmente diferente, fugindo do que antes já havíamos mencionado. Em *Filter on Board Game Category* (Filtrar Categoria do Jogo de Tabuleiro), clique na caixa [+] do item *Children's Game* (Jogo de Criança), e na caixa [-] dos seguintes itens: *Card Game* (Jogo de Cartas) e *Trivia*. Em *Filter on Board Game Mechanic* (Filtrar a Mecânica do Jogo de Tabuleiro), marque [-] em todos os itens relacionados a cartas e baralhos: *Campaign/Battle Card Driven* (Campanha/Batalha dirigida por Cartas), *Card Drafting* (Seleção de cartas) e *Card Play Conflict Resolution* (Resolução de conflitos por meio de cartas), além de *Deck Construction* (Construção de Baralho) e *Deck, Bag, and Pool Building* (Construção de Baralho, bolsa ou reservatório); igualmente exclua, marcando em [-], a categoria *Memory* (Memória) e também *Roll / Spin and Move* (Rolar / Girar e Mover); finalmente, marque [+] em *Cooperative Game* (Jogo Cooperativo) para garantir esse estilo de jogo.
- Além de todas essas marcações, para aumentar a chance do jogo ter alguma versão publicada no Brasil, vale marcar o nome de uma editora nacional (use a mesma lógica, caso esteja em outro país). Neste exemplo, vamos buscar pela Devir: vá em *Publisher/Manufacturer* (Editora/Fabricante) e digite Devir. Um campo com o nome da editora aparecerá. Clique nela.

Bom, parece que agora está tudo em ordem, e com sorte aparecerá um jogo com todos os detalhes que você programou. Clique no botão *Submit* (Enviar) e vejamos o resultado:

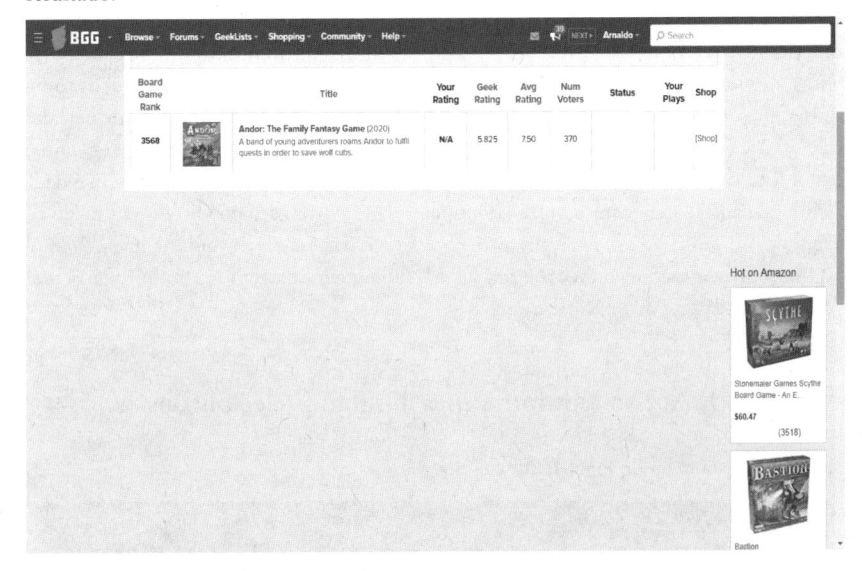

Board Game Rank		Title	Your Rating	Geek Rating	Avg Rating	Num Voters	Status	Your Plays	Shop
3568		Andor: The Family Fantasy Game (2020) A band of young adventurers roams Andor to fulfil quests in order to save wolf cubs.	N/A	5.825	7.50	370			[Shop]

Segundo o *Board Game Geek,* apenas um resultado cobre nossa pesquisa, o jogo *Andor: The Family Fantasy Game.* Caso queira desconsiderar a editora, e ter um panorama de todo o catálogo mundial que atenda a filtragem que você delimitou, o resultado seria esse:

Board Game Rank		Title	Your Rating	Geek Rating	Avg Rating	Num Voters	Status	Your Plays	Shop
539		Zombie Kidz Evolution (2018) Save the school from a cartoonish zombie horde. Unlock fun new content as you play!	N/A	6.852	7.83	2543			New Amazon: $22.99 [Shop]
2824		Whoowasit? (2007) Coax animal witnesses to share details, deduce the bewitched thief, save the kingdom!	N/A	5.937	6.81	868	Want In Trade Want To Buy Want To Play		[Shop]
3806		Go Away Monster! (1997) Draw from a bag to decorate your bedroom, but watch out for the monsters!	N/A	5.798	6.48	749			[Shop]
7614		Cranium Cariboo (1998) Use your key to open the right gates, collect balls and open the treasure.	N/A	5.593	6.10	351			Used Amazon: (unavailable) [Shop]
3858		Orchard (1986) Harvest all the fruit before the crow comes to gobble it up.	N/A	5.793	6.37	909			New Amazon: $49.99 [Shop]
2624		First Orchard (2009) Harvest the fruit in the orchard before the raven reaches the end of the trail.	N/A	5.974	6.74	1085			New Amazon: $29.99 [Shop]
4666		Mmm! (2015) The cat is on his way to the kitchen! Can the mice get all the food in time?	N/A	5.720	6.43	523			[Shop]
4676		Hoot Owl Hoot! (2010) Help all the owls reach the nest before the sunrise in this co-operative game.	N/A	5.719	6.47	548			New Amazon: $16.95 [Shop]

Voilà! 91 jogos! *Andor* é o décimo da lista. Note que, por padrão, o resultado da pesquisa é ordenado por padrão segundo eventuais votos próprios (*Your voting* - como pode ver, o campo está com "N/A", o que significa que nenhum desses jogos exibidos foram votados por este *login*). O segundo fator padrão de ordenação é o *Geek Rating*, que é uma nota que o jogo recebe, baseado em um algorítimo que combina média de votos, número de votos e outros fatores possíveis.Mas você pode reordenar os jogos como quiser, pelo *ranking*, pela média, pelo número de votos, e até pela quantidade de partidas que você já jogou e registrou no BGG. Recomendo que sempre dê uma olhada em como fica a lista dos jogos segundo o *ranking*, que não é um critério fidedigno de qualidade (embora conte), mas com certeza de popularidade entre os jogos listados. Em nosso exemplo, se reordernarmos segundo o *ranking*, *Andor* estará em quinto lugar. Vamos seguir com esse jogo e conhecer a sua ficha; clique nele (imagem ou título) e passemos para a segunda fase de nossa pesquisa.

I) Acesso às informações dos jogos selecionados

A tela da ficha do jogo *Andor* é essa:

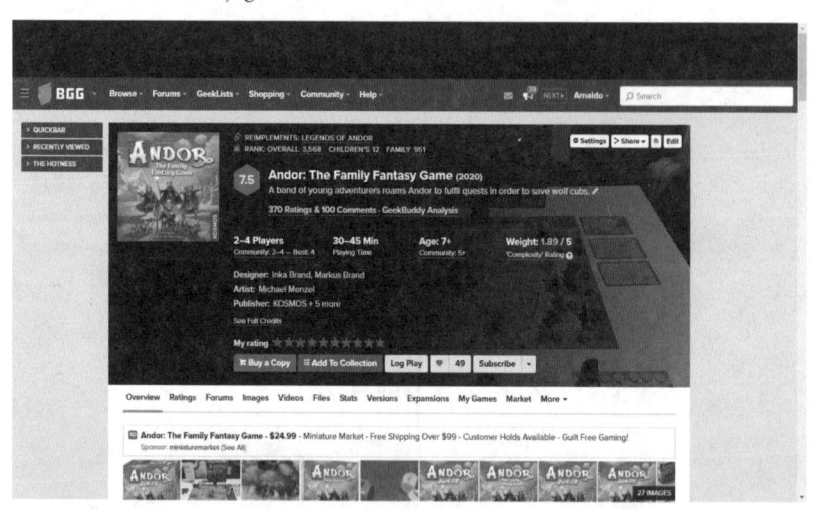

Quanta informação! Sim, todas as fichas de BGG tem uma "capa" com o básico: uma foto da caixa, os devidos créditos de autor, artistas envolvidos, editoras/fabricantes, sua nota, sua posição em diferentes *rankings* (vejam que se no *ranking* geral *Andor* ocupa a 3568º posição, dentre os jogos para crianças ele é o décimo segundo!), e ainda oferece espaço para o usuário registrar diversos dados, da atribuição pessoal de uma nota, o registro de partidas (quantidades e datas), e mesmo um *status* que define se você o tem na coleção ou deseja tê-lo, dentre outras opções. Uma observação: para inserir dados, é preciso ter conta no *site* e ter feito o *login*.

. Há ainda, nesse "básico" um critério interessante, o *Weight*, o peso do jogo - este é o vocabulário que utilizamos para atribuirmos a complexidade dos jogos de tabuleiro. Jogos leves são simples, fáceis de aprender e jogar. Do contrário, jogos pesados são muito complexos, com muitas e/ou difíceis regras. *Andor* está com uma nota 1.89 (5 é o máximo), o que condiz com a proposta etária do jogo. Aliás...

> **Um defeitinho...**
> Se notar, a ficha de *Andor* diz que a idade mínima é de 7+ anos de idade. Não havíamos colocado no filtro a idade mínima de 8 anos? Pois é, se você voltar aos resultados da pesquisa, e investigar pelos demais jogos listados antes dele, verá que nenhum é para a idade mínima de oito anos. Aparentemente, esse é um pequeno defeito no sistema de busca avançada do *site*, então esteja em alerta para isso na hora de visualizar os jogo. O jogo *First Orchard*, por exemplo, que aparece em segundo na lista, é indicado para criancinhas com apenas 2 anos de idade!

A ficha dos jogos contém, além dessa capa, uma quantidade de dados incluindo descrição, categorização, fotos, vídeos etc. que você irá explorar para conhecer melhor o jogo. Queremos, dentre tantos, chamar atenção para 3 "lugares" da ficha: *Reviews* (resenhas), *Forum* (fórum) e *Files* (arquivos). Em *Reviews,* você poderá acessar a análise de uma série de pessoas que já testaram o jogo, muitas *experts* no assunto. Pode ser uma boa fonte de consulta. Em *Fórum,* você pode ler e participar sobre qualquer assunto que diga respeito ao jogo, de dúvida de regras, passando por modificações úteis, estratégias de jogo, experiências pessoais ou mesmo tratar diretamente do tema educação. Caso já não haja alguma discussão nesse sentido, você pode abrir um tópico especialmente com esse propósito, como por exemplo: "uso de *Andor* na escola". Finalmente, em *Files,* muitas vezes é possível encontrar arquivos como o manual de regras, por exemplo, o que permite ao interesessado investigar o jogo mais a fundo.

II) O Fórum do BGG como forma de pesquisa

Esta é a terceira etapa na hora de pesquisar seu jogo, mas, como dissemos, você pode preferir desde ir direto nela, ou nem utilizá-la. Mencionamos o Fórum que aparece na ficha do jogo. Mas há muitas discussões sobre o mesmo ou sobre jogos em geral que tenham características as quais você busca acontecendo em um fórum principal. A oportunidade de participar e trocar com milhares de pessoas pode ser bastante enriquecedora, e com bom senso e objetividade, você não se perderá no "mar infinito" de informação que os fóruns proporcionam. Claro, estamos falando de pesquisa; enquanto *hobby*, deixar-se levar por páginas e mais páginas de usuários com diferentes formações e ideias de mundo pode ser uma experiência incrível. O fórum do BGG é acessível pelo menu principal (menu horizontal que aparece no lado superior da tela, a partir da logomarca do *site*). Clique ali e você será levado(a) para a área geral de jogos. São incontáveis os tópicos. De modo que você deve considerar ir direto na ferramenta de busca, marcada aqui com uma seta. Lembre-se de que BGG é uma comunidade onde a comunicação é toda feita predominantemente em língua inglesa, mas há conteúdo também em português, produzido por membros lusófonos.

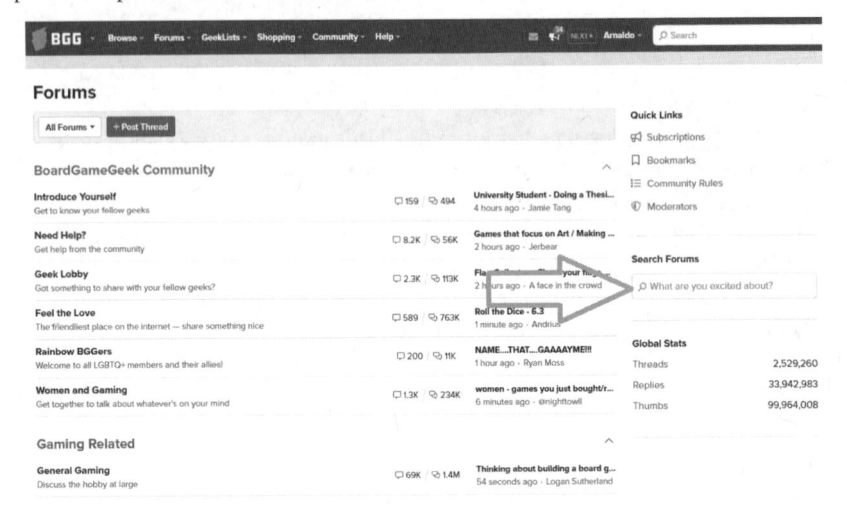

APÊNDICE III: COMO UTILIZAR O SITE LUDOPEDIA PARA PESQUISAR JOGOS DE TABULEIRO DE ACORDO COM AS CARACTERÍSTICAS DESEJADAS

O método é semelhante ao utilizado para pesquisa no BGG, seguindo o caminho:

Pesquisa avançada > ficha do(s) jogo(s) que aparecem na filtragem > acesso aos conteúdos > acesso ao fórum da plataforma

No entanto, alguns campos combinatórios para as pesquisas são um pouco diferentes. Abaixo, para você não ler mais do mesmo, apenas aponto para o lugar em que poderá ir diretamente para o campo de Pesquisa Avançada. Na coluna de opções à esquerda da tela, alcance com o *mouse* o ícone de um foguetinho (após a logo Ludopedia - símbolo amarelo - é o terceiro de cima para baixo). Um menu se abrirá, exibindo dentre as opções, o *link* para a Pesquisa Avançada. É só clicar ali:

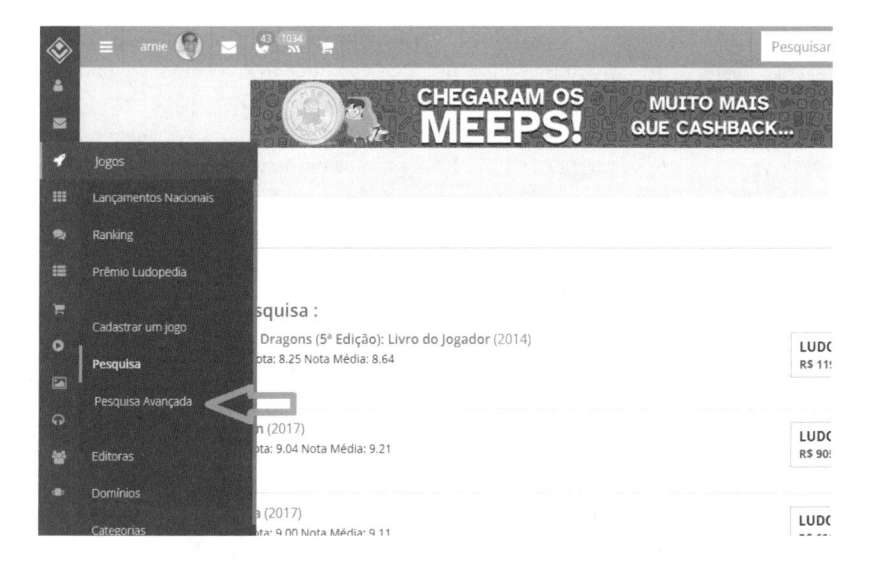

Também te conto que há algumas vantagens em pesquisar no *site* brasileiro além do idioma e na questão da comunidade. A primeira delas é que a ferramenta geral de pesquisa (no alto, à direita, quando se utiliza um computador, pesquisa não somente por jogos, mas por todas as áreas do *site*, incluindo o fórum; no BGG, a ferramenta de busca da página inicial apenas pesquisa jogos).

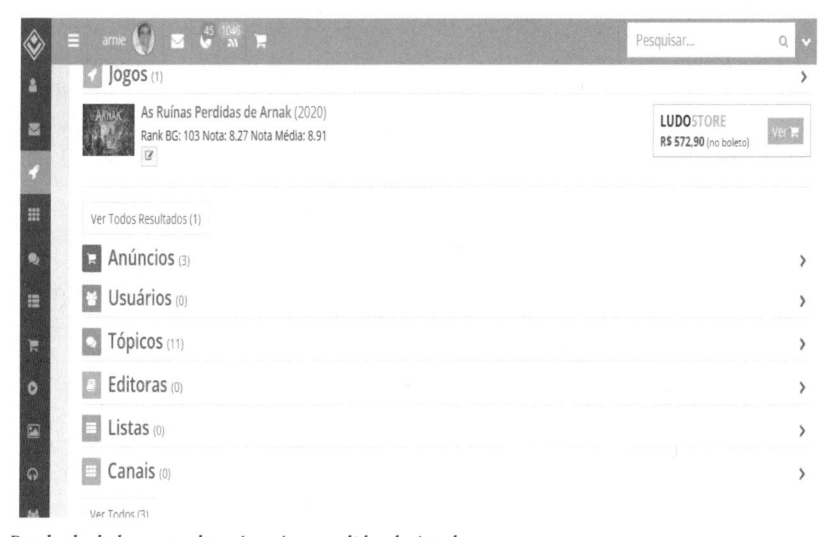

Resultado da busca geral por As ruínas perdidas de Arnak.
Fonte: print *de tela do autor. A imagem foi modificada para remover anúncios.*

Veja na imagem que a busca atende a diferentes áreas sobre determinada entrada que você insira. Nesse caso, busquei por um jogo de tabuleiro específico, de modo que ele me retornou apenas uma entrada em "jogos". Ele também mostra que há anúncios de venda do jogo (3) e 11 tópicos no fórum sobre tratando do mesmo. Experimente buscar por *Devir Brasil*, e você a verá entre os tópicos do fórum, mas também constará como editora. Agora experimente a entrada *educação*. Vários tópicos, e algumas listas - criadas por membros, com jogos que eles consideram ser de algum modo relacionados ao tema.

Outra grande vantagem de pesquisar no Ludopedia é que você pode optar por pesquisar só por jogos de tabuleiro lançados no Brasil (independente do fabricante). Essa escolha aumenta muito as chances de se ter contato direto com esses jogos, caso você more aqui. Há, porém, uma desvantagem, que não é culpa do Ludopedia: as pesquisas por idade retornarão com diferença em relação às realizadas no *Board Game Geek* (que, como já leram, também tem problemas, mas por outra razão). Isso acontece não porque o perfil de jogador no Brasil modificaria isso, mas porque as editoras no Brasil alteram as idades para adaptarem-se à legislação vigente (discussão complexa que foge ao escopo deste livro). No geral, a idade indicada na versão internacional de um jogo (e registrada no BGG) é bem mais próxima da esperada pelos jogos reais do que aquelas presentes nas caixas dos jogos nacionais e espelhadas em suas fichas do banco de dados do Ludopedia.

Poderíamos ainda utilizar outros campos interessantes de pesquisa presentes em ambos os *sites*, como o sistema de *rankings*. Atenção apenas ao fato de que *rankings*, assim como análises de jogos, refletem um grupo específico, que é de adultos jogadores *hobbistas*, isto é, não educadores, oriundos em especial de determinada condição socioeconômica, recorte geográfico etc.

Finalmente, vale dizer que, caso você deseje pesquisar de forma mais abrangente, através de uma palavra-chave que pode te levar tanto a jogos como a discussões, pode valer a pena, ao invés de ir nas ferramentas de busca dos *sites*, usar o Google, especificando que quer que ele exiba uma varredura do que encontrar com a palavra-chave no *site*. Para isso, utiliza-se a fórmula:

[PALAVRA-CHAVE] site:endereço_do_site

Nos exemplos abaixo, utilizei a chave "cooperativo" vinculados aos *sites* Ludopedia e *Board Game Geek*, respectivamente:

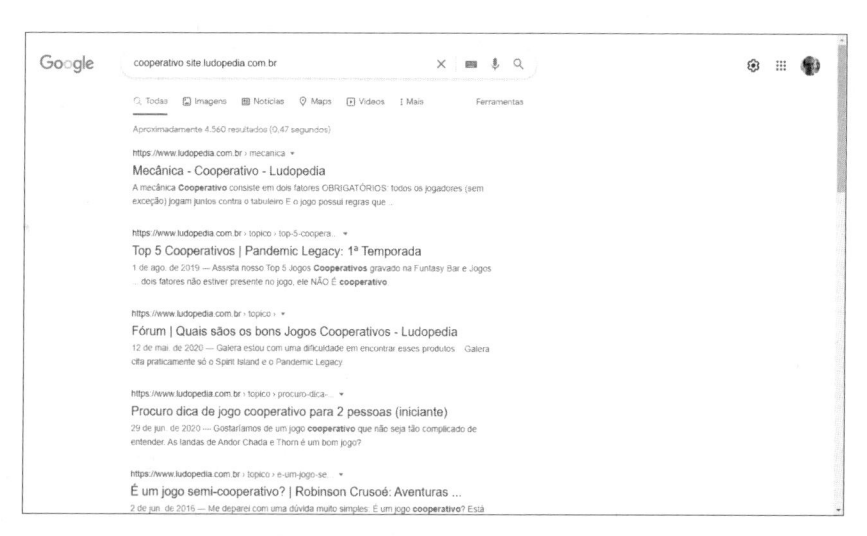

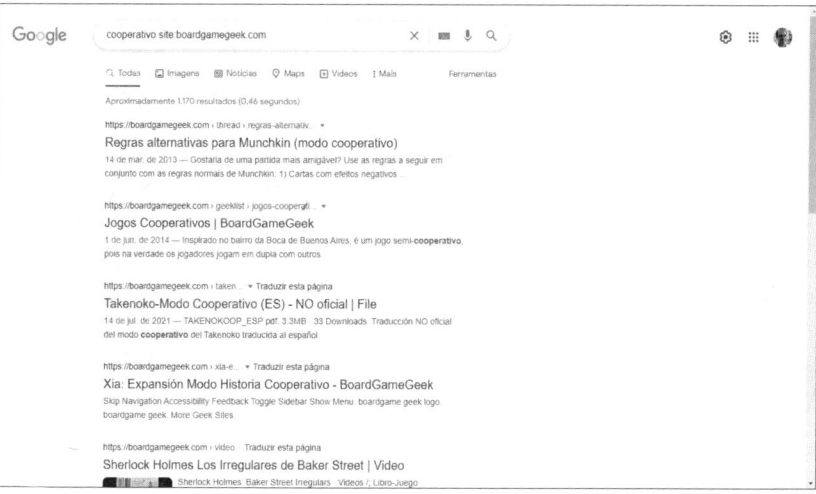

Como podem ver, é possível, em pesquisas gerais, que este método substitua a própria ferramenta interna de pesquisa nos *sites* mencionados.

TÍTULO	AUTOR	LANÇAMENTO NO BRASIL	CAIXA DO JOGO
LEO	Leo Colovini	07/08/2017	
ILHA PROIBIDA	Matt Leacock	19/09/2016	
CÓDIGO SECRETO	Vlaada Chvátil	23/06/2016	
FAST FOOD FEAR	Dario Dordoni	30/10/2017	
DIÁRIO DE UM BANANA	Jeff Kinney	01/01/2016	
LENDAS DO ANDOR	Michael Menzel	04/05/2016	

APÊNDICE-DESAFIO: EXPANDINDO O VOCABULÁRIO LÚDICO

As disciplinas envolvidas em compreender, experimentar, utilizar e desenvolver em torno de jogos percorrem caminhos diferentes e formam um emaranhado de linhas de trabalho. Um "novelo" que formula um vocabulário lúdico extenso, relacionado ao jogar em geral e aos termos específicos dos jogos de tabuleiro.

O professor Arnaldo V. Carvalho preparou como desafio uma nuvem de palavras relacionadas ao universo lúdico. Algumas delas você já aprendeu aqui pelo livro; várias outras porém desafiam até mesmo *educadores do tabuleiro* experientes! Então, quais você conhece? Quais não? O desafio de pesquisar e aprender expande seu vocabulário, contribui para seu letramento lúdico e sua habilidade em lidar com os jogos e torná-los experiências proveitosas em seu cotidiano educacional. Experimente!

Jogo, jocoso, ludo, brinco, vinco, vínculo, brinquedo, brincadeira, ludodidática, aprendizagem baseada em jogos, jogo de tabuleiro, tabuleiro, mesa, jogo de mesa, jogo de sociedade, social, *tabletop, board game*, lúdico, ludus, iludir, ludismo, ilusão, ilusionismo, luz, brincar, analógico, digital, *eurogame, ameritrash*, jogador, jogada, turno, rodada, *evergreen,* divertir, diversão, prazer, oxitocina, dopamina, 4x, círculo mágico, agon, alea, jogos de entrada, *heavy gamer,* tema, mecânica, gênero, autoria, *downtime,* curva de aprendizado, *analysis paralysis (AP),* peso do jogo, TCG, CCG, LCG, categorias, domínios, mecânicas, *party games,* festivos, *gateway, deck building,* colecionar componentes, *draft,* vaza, controle de área, *meeple, tile,* ficha, *dungeon crawler, dungeon master, game master,* personagem jogador, mestre, mestre do jogo, narrador, RPG, cenário, jogo narrativo, *setup, unboxing,* ação simultânea, *fumble,* advogado de regras, *alpha player,* gangue contra o líder, alocação de dados, alocação de trabalhadores, pontos de ação, pontos de prestígio, pontos de vitória, aventura, campanha, BG, cooperativo, d20, eliminação de jogador, Essen, Gen Con, falha crítica, interatividade, rejogabilidade, jogo base, *core set,* expansão, em tempo real, assimétrico, *doff, spiel,* editora, *stand-alone, token,* ver mesa, *filler,* jogos legacy, informação aberta, ludopedia, ilha do tabuleiro, *board game geek, lore, yukata, board game arena,* tabletopia, mestre de jogo, *mulligan,* envelhecer bem, *overlay, overpower,* torre de dados, recursos, professor do tabuleiro, iteração, educador do tabuleiro, literacia lúdica, letramento lúdico, alfabetização lúdica, ludificação, ludofobia, ludomania, máquininha de pontos, sessão de jogos, *sleeve,* protetor de cartas, *designer* gráfico, artista gráfico/ilustrador, *designer* de jogos, desenvolvedor, jogo apertado, economia apertada ou escassa, XP, tabuleiro modular, balanceamento, roubar, ladrão, trapacear, destreza, dependência de idioma, *dummies,* combar, OOP, ir pra mesa, jogada pokemon, *playtest, fiddly, flavor text,* interação, *king making, design* preguiçoso, *microgame, multiplayer solitaire,* ortogonal, *overlord, out of print, mat, player aid, P&P, print and play, draw and play, write and play,* instinto lúdico, quebrado, salada de pontos, ficha de personagem, *sandbox,* solo, spiel des jahres, *coop, tableau,* variante, Cleiton, Xuxulu, Cthullu.